Was ist für Sie
der Sinn des Lebens?

AUF DER SUCHE NACH DEM SINN

INTERVIEWS

ANJA SCHAUBERGER

FOTOGRAFIEN

SUSANNE SCHRAMKE

KNESEBECK

Inhalt

Vorwort

Vielleicht gab es nie eine bessere Zeit, sich die größte aller Fragen zu stellen: Was ist der Sinn des Lebens? Aufgrund der vielen Ereignisse und Veränderungen um uns herum fragen sich im Moment viele: Was bleibt eigentlich, wenn die Arbeit wegfällt oder eine sichere Zukunft? Welche Dinge sind wirklich wichtig im Leben? Was wollen wir hinterlassen, wenn wir einmal nicht mehr sind?

Ich habe mich auf die Suche nach Antworten begeben und in einem Jahr mit vierzig Menschen über den Sinn des Lebens gesprochen. Auf dieser Reise habe ich viel mehr gelernt, als ich hier aufschreiben könnte – über das Leben, über Menschen und auch über mich selbst. Die spannendsten, lustigsten und berührendsten Antworten sind in diesem Buch gesammelt. Vielleicht können sie dem einen oder der anderen ein guter Ratschlag sein, eine unterhaltsame Geschichte, womöglich findet man sich in einigen Erfahrungen wieder. Lernt etwas dazu oder erweitert den eigenen Horizont. Mein Horizont ist in jedem Fall gerade so weit wie noch nie.

Manche Interviewpartner:innen, die ich getroffen habe, sind noch auf der Suche nach ihrem Sinn und erzählen, wie man einer Antwort auf die größte aller Fragen näherkommen kann. Andere meinen, der Sinn würde sich im Laufe des Lebens immer wieder verändern, weil sie selbst genau diese Erfahrung gemacht haben. Manchmal heißt es, der Sinn des Lebens wäre, einfach glücklich zu sein, und manchmal, dass es überhaupt keinen gibt – und das auch gut so sei. Bei manchen Gesprächspartner:innen sind die Antworten sehr klar – und bei anderen gibt es bis zum Schluss nicht die eine Antwort.

In den Gesprächen haben wir uns dem Sinn des Lebens auf religiöser, biologischer, philosophischer, medizinischer, moralischer und humanistischer Ebene genähert. Da war der verurteilte Mörder, auf dessen Terrasse wir stundenlang bei Kaffee und Kuchen saßen. Oder der katholische Pfarrer, der von dem traurigen Moment erzählte, in dem er an Gott gezweifelt hat. Da war der alte Weltenbummler, der fast 200 Länder bereist und mehrere Flugzeugabstürze überlebt hat. Die junge Frau mit dem Gehirntumor, die nicht weiß, wie lange sie noch zu leben hat. Die muslimische Soldatin bei der Bundeswehr, die zweimal in Afghanistan stationiert war. Die Therapeutin, die selbst zwei Kinder verloren hat und heute anderen schwer kranken Kindern und ihren Familien beim Abschiednehmen hilft.

Dabei ist jede:r Interviewte auf seine oder ihre Art beeindruckend – auch wenn die Personen an sich nicht verschiedener sein könnten. Jede:r hat etwas Einzigartiges zu erzählen und viel Prägendes erlebt. Das müssen nicht immer negative Erfahrungen sein und trotzdem sind es oft unsere Krisen, die uns am meisten beeinflussen, die haften bleiben. Und die auch mich als Autorin am nachhaltigsten beeindruckt haben, denn sie zeigen, was man als Mensch alles schaffen kann. Und es lohnt sich, immer wieder von diesen Krisen zu erzählen, weil man mit ihnen nie allein ist. Nun aber viel Freude beim Lesen, Nachdenken und Selbst-auf-die-Suche-Begeben!

»Vielleicht gab es nie
eine bessere Zeit, sich die größte
aller Fragen zu stellen:
Was ist der Sinn des Lebens?«

CHRISTINE BRONNER

Vorstand des Ambulanten Kinderhospiz München

Christine Bronner ist Sozialpädagogin, Musikpädagogin, Psychotraumatologin, Kinderschutzfachkraft, Palliativfachkraft und Kriseninterventionsfachkraft. Nachdem zwei ihrer fünf Kinder und ihre Eltern gestorben waren, begann sie zunächst im Erwachsenenhospiz zu arbeiten. 2004 gründete sie die Stiftung Ambulantes Kinderhospiz München (AKM) – die erste Einrichtung dieser Art in ganz Bayern. Mittlerweile betreuen hier hundert Hauptamtliche und 300 Ehrenamtliche Familien mit schwer kranken Kindern und Jugendlichen oder schwer kranken Eltern, aktuell rund 500 Familien im Jahr. Man könnte meinen: Wer so viele Berührungspunkte mit dem Tod hat, der hat nicht mehr viel zu lachen. Doch ganz im Gegenteil: Christine Bronner strahlt übers ganze Gesicht. Sie ist der beste Beweis dafür, dass sich unbändige Lebensfreude und Zerbrechlichkeit überhaupt nicht ausschließen müssen.

Wenn man so viel mit dem Tod zu tun hat, verändert das den Blick auf den Sinn des Lebens? Durch den ständigen Umgang mit dem Sterben habe ich auf jeden Fall gelernt, bewusster zu leben. Natürlich schützt mich das nicht davor, wie jeder andere auch einmal im Alltagstrubel zu versumpfen, aber ich komme schneller wieder heraus, weil ich weiß: Es gibt viel Wichtigeres als das! Vor allem, wenn man Kinder in den Tod begleitet – wenn das Leben schon da endet, wo es eigentlich anfangen soll, zweifelt man schnell einmal am Sinn.

Sie haben selbst zwei Kinder verloren. Wie findet man aus dieser Krise wieder heraus? Das ist ein langer Prozess und geht nicht von heute auf morgen. Deshalb versuche ich auch nicht, den Eltern, die ich betreue, zu sagen »Alles wird bald gut!« – es gibt erst einmal keinen Trost. Oder sie mit irgendwelchen Phrasen zu trösten, so wie, wenn ein Baby stirbt, »Du kannst ja noch eines bekommen«. Ich weiß, dass diese

Sätze aus der Hilflosigkeit entstehen, aber sie sind so unsäglich grausam, weil ich nicht das eine mit dem anderen ersetzen kann. Wenn du jemanden liebst, dann ist das einmalig und ein Mensch ist nicht ersetzbar. Wer ein Kind verliert, dem wird erst einmal die komplette Lebensenergie entzogen. Es ist ein langer Weg, bis man dahin kommt, dass man dieses als Teil der eigenen Biografie annehmen kann. Und es dauert, bis man sich traut, den Weg des Lebens weiterzugehen – danach natürlich anders und mit mehr Gepäck im Rucksack. Als meine Kinder gestorben sind, wären wir als Familie beinahe an dem Tod zerbrochen – denn keiner war so richtig da für uns.

Wie gehen Sie heute selbst mit den Eltern um, die ihre Kinder und damit auch erst einmal den Sinn im Leben verloren haben? Zuerst einmal bin ich einfach da. Wenn jemand einen geliebten Menschen verloren hat, gibt es zunächst nicht viel zu sagen – das ist ein sehr intimer Moment. Es ist, als ob die Zeit stehen bleibt und Luft holt. Ich sorge immer dafür, dass Ruhe einkehrt,

die Maschinen wegkommen und alle Zeit der Welt sein darf. Kinder werden den Eltern beim Sterben oft in den Arm gelegt. Die Trauer und der Abschied beginnen allerdings häufig schon mit einer lebensbedrohlichen Diagnose. Plötzlich steht das Leben Kopf – eigentlich kommt ein Kind ja zur Welt, um die Zukunft zu sein, um hineinzugehen ins Leben. Wenn ich da an meine Enkelin denke: Die platzt vor Energie, ein Kinderlachen geht so tief rein und sagt einem: »Komm, das Leben ist schön!« Ein Kind und eine Schwangerschaft sind eigentlich das Symbol für das Leben an sich. Deshalb stellt sich schon viel früher, bei der Diagnose, die Frage nach dem Sinn des Lebens, weil eigentlich das, was das Leben für uns bedeutet, grundsätzlich hinterfragt wird.

Was ist für Sie persönlich der Sinn des Lebens? Das Leben selbst. Der Sinn des Lebens liegt im Lachen meiner Enkelin und in einer Begegnung mit meiner Tochter, wenn wir uns zufällig frühmorgens im Garten treffen. Der Sinn lag in meinem Hund, der leider verstorben ist. Und er liegt in einem Waldspaziergang mit

ÜBER DAS GESPRÄCH HINAUS

Es gibt für jede:n ein Ehrenamt, das ihr oder ihm besonders nahegeht. Bei mir ist es die Arbeit mit kranken Kindern. Seitdem ich vor Jahren eine Pressemitteilung vom Ambulanten Kinderhospiz erhalten habe, lässt mich das Thema einfach nicht mehr los. In meinem alten Job hatte ich deshalb eine Spendenaktion für das AKM ins Leben gerufen, die immer noch läuft – obwohl ich

nun schon Jahre nicht mehr dort arbeite. Für dieses Interview habe ich Christine Bronner zum ersten Mal treffen können – und weiß die Stiftung, jetzt wo ich das Gesicht und die Geschichte dahinter kenne, nur noch mehr zu schätzen.

meinem Mann. Wenn ich morgens aufwache und weiß, mein Mann ist bei mir und es geht ihm gut. Wenn meine Söhne mich anlachen, vor Leben platzen und vor lauter Ideen übersprudeln. Wenn sie über ihre Freundinnen reden, in die sie beide so verliebt sind. Wenn ich meine Kinder ansehe und mich über ihr Glücklichsein freue. Wenn meine Schwiegermutter meine Hand hält, mich anlacht und mir übers Gesicht streicht, obwohl sie dement ist. Ich könnte noch so viele Situationen nennen.

Ist es auch Ihre Arbeit? Klar, der Sinn des Lebens liegt auch darin, wenn das Mädchen, das ich seit vielen Jahren beinahe täglich betreue, mir schreibt und sagt »Ich hab dich lieb« – ihre Mutter ist psychisch sehr schwer krank, ich wurde zu einer Art mütterlichen Freundin. Und wenn mich ihre Mutter umarmt und sagt »Mir geht's gut«, obwohl sie schon zwei Suizidversuche hinter sich hat, und wir sie beide Male retten konnten, dann bedeutet mir das viel. Für mich war die Arbeit auf der Palliativstation der Anfang eines neuen Lebensabschnitts. Ich hab viel gelernt und bin reich beschenkt worden mit wunderschönen Erlebnissen. Ich werde nie vergessen, wie ich neben einem Herrn saß, dessen Frau im Sterben lag. Wir haben stundenlang über seine Erinnerungen gesprochen, darüber, was sein Leben mit seiner Frau ausgemacht hat. Das war bestimmt mit die eindrucksvollste und schönste Nacht meines Lebens, weil sie so unendlich ruhig war. Die Frau ist ganz friedlich eingeschlafen am nächsten Vormittag.

Sie waren oft dabei, wenn Menschen gestorben sind. Was denken Sie, was nach dem Tod mit uns passiert? Ich bin ein sehr gläubiger Mensch. Ich glaube, Kinder sind gefühlt noch näher am Himmel und ich habe immer wieder erlebt, dass sie ein fast schon übersinnliches Gespür für ihren eigenen Tod haben. Wie die kleine Lucia, die zu unserem Ehrenamtlichen gesagt hat: »An Weihnachten bin ich ein Engel« – da war es April. Und das stimmte, sie ist wirklich an Weihnachten gestorben.

Sie haben etwas so Wichtiges aufgebaut. Was möchten Sie selbst einmal hinterlassen? Wenn meine Familie glücklich und versorgt ist, dann reicht mir das eigentlich. Und es wäre schön, wenn die Stiftung weiterläuft. Für meinen Mann würde es sicherlich am schwersten werden, wir sind mittlerweile schon 35 Jahre verheiratet. Ich möchte nur, dass alles geordnet ist und keiner eine Mühe hat mit dem, was ich hinterlasse, dasitzt und sich denkt: »Oh Mama, ehrlich, hättest du das doch mal ein bisschen

CHRISTINE BRONNER

Haben Sie Angst vor dem Tod?

»Je älter man wird, desto mehr kann man es annehmen, dass die eigene Zeit begrenzt ist. Wenn man jung ist, findet man diese Befristung gar nicht in Ordnung und schiebt das weg, aber irgendwann denkt man sich: Es ist gut, dass das Leben weitergeht – irgendwann auch ohne mich.«

besser organisiert«. Ich habe drei stabile Kinder, die kriegen das schon hin. Vorm Sterben hab ich nicht so viel Angst! Aber davor, dass ich allein zurückbleibe – ich hasse Abschiede.

Sie haben keine Angst mehr vor dem Tod? Je älter man wird, desto mehr kann man es annehmen, dass die eigene Zeit begrenzt ist. Es muss ja ein Generationenwechsel stattfinden – wie furchtbar wäre es, wenn wir alten Socken ständig hier abhängen würden? Wenn man jung ist, findet man diese Befristung gar nicht in Ordnung und schiebt das weg, aber irgendwann denkt man sich: Es ist gut, dass das Leben weitergeht – irgendwann auch ohne mich. Das ist übrigens etwas, was ich oft auch bei kranken Kindern und Jugendlichen beobachte: Die Bereitschaft zu gehen ist da, nur die Angehörigen tun sich oft schwer damit loszulassen.

Sind das auch Geschichten, die man nach der Arbeit mit nach Hause nimmt? Sicherlich, das ein oder andere nimmt man mit. Wenn man damit aber nicht umgehen kann, wird man sehr schnell mit dieser Arbeit aufhören. Man muss lernen, dass das nicht das eigene Leben ist – man darf nicht in den Raum der Familie rutschen, sag ich immer. Man darf sich nicht neben die Familie stellen, sondern muss immer im eigenen Raum bleiben. Also die nötige Distanz wahren, ohne dabei eine Mauer aufzuziehen oder die Empathie zu verlieren – das ist die Kunst.

Bei all Ihren Erfahrungen, die Sie schon gemacht haben: Was haben Sie da über das Leben gelernt? Dankbar zu sein für die Menschen um einen herum. Gerade die Familie – man streitet sich so oft wegen nichts! Und dann entstehen Gräben, die mit der Zeit unüberwindbar werden.

Ich habe das oft in der Erwachsenenhospizarbeit erlebt. Wenn ein Kind stirbt, schweißt das – zumindest anfangs – die Familie in der Regel noch fester zusammen. Wenn ein alter Mensch stirbt, ist es oft nicht mehr möglich, Brücken zu bauen und die Familie zerbricht.

Gibt es einen Ratschlag, den Sie immer gerne weitergeben? Genieße die kleinen Augenblicke in deinem Leben! Und wenn du das verlernt hast, dann nimm dir fünf Steine in die linke Hosentasche und jedes Mal, wenn du etwas Schönes erlebst, dann nimm einen Stein und steck ihn in die andere Hosentasche. Und am Abend schaust du mal, wie viele Steine du in der rechten Hosentasche hast und erinnerst dich an die kleinen Augenblicke.

Eine letzte Frage: Braucht es vielleicht auch den Tod, um das Leben wertzuschätzen? Der Tod macht einem den Wert des Lebens bewusster, verändert die Schwerpunkte und fokussiert auf das Wesentliche, aber es braucht ihn nicht, um das Leben wertzuschätzen – ganz im Gegenteil: Man liebt das Leben vor allem dann, wenn man sich besonders lebendig fühlt. Wenn man richtig verliebt ist oder bei einem tollen Sonnenuntergang am Meer steht. Ach, es gibt so viele schöne Momente: Wenn ich einen runden Geburtstag mit all meinen Freunden feiere, wenn ich einen Heiratsantrag bekomme – so wie meine Tochter in Venedig auf der Brücke. Wie romantisch! Dann ist das Leben schön, dafür muss ich keine schrecklichen Erfahrungen machen, in dem Moment könnte ich einfach nur den Himmel umarmen. Als mein erstes Kind auf die Welt kam und jedes weitere Kind, das ich in die Arme nehmen und begrüßen durfte. Mein Gott, was gibt es Schöneres?

TR30
3. OG/1. RANG

OSIEL GOUNEO

Erster Solist des Bayerischen Staatsballetts

Nach einer Ausbildung an der National Ballet School in Havanna und drei Jahren beim Norwegischen Nationalballett tanzt Osiel Gouneo heute als erster Solist im Bayerischen Staatsballett. Er hat schon einige Auszeichnungen gewonnen – 2017 war er ›Tänzer des Jahres‹. Sein Talent und seine harte Arbeit haben ihn von Kuba in eine andere Welt gebracht: Osiel musste seine Heimat verlassen, um Karriere zu machen. Heute lebt er mit seiner Frau und seinem kleinen Sohn in einer schönen Altbauwohnung in München. Auf dem Weg nach oben hat er auch Diskriminierung und Rassismus erlebt. Doch wenn man ihn heute vor der Kamera beobachtet, könnte man meinen, er hat all diese Erfahrungen einfach wieder abstreifen können – wie ein Kostüm.

Ist es so einfach: Ist Tanzen dein Sinn des Lebens?
Auch wenn ich beruflich alles erreicht hätte, ohne die Unterstützung meiner Familie wäre ich gar nicht hier. Deshalb sind sie mein Sinn im Leben. Sie haben mich immer ermutigt, dem zu folgen, was ich tun will. Eine Familie, in der man kreieren kann, was man möchte, ist wahrscheinlich eines der wichtigsten Dinge. Nicht weniger wichtig: Mit sich selbst glücklich sein, bevor man jemand anderen zufriedenstellen möchte.

Deine Familie lebt in Kuba, wie geht es dir damit?
Wenn man von zu Hause weggeht, ist es das Schwerste, damit auch seine Familie zu verlassen. Im Dezember hat mir meine Mutter eine SMS geschrieben: »Weihnachten ist langweilig ohne dich. Du fehlst!« Wenn meine

> »Irgendwann habe ich dann verstanden, dass es darauf ankommt, dass man weitermacht. So schreibt man nämlich Geschichte – und nicht indem man zurückschaut und grübelt.«

Familie in Europa leben würde, wäre das alles einfacher. Ich könnte mit dem Zug zu ihnen fahren – mit einem neugeborenen Baby zu fliegen ist leider unmöglich.

Du hast jetzt deine eigene Familie. Hat das deine Sicht auf das Leben verändert? Mein Sohn ist acht Monate alt. Noch während der Schwangerschaft war es für mich unmöglich zu verstehen, dass er bald kommen würde. Und jetzt, weil er da ist, hat sich mein Leben komplett verändert. Noch vor ein paar Monaten habe ich nicht gewusst, wie ich es schaffen soll, nachts nicht durchzuschlafen. Und heute ist genau das das Schöne für mich: Ich diene einem Zweck, der größer ist als ich selbst – einer Familie.

Du tanzt jetzt seit über 13 Jahren professionell. Wie hat alles angefangen? Meine Mutter war diejenige, die mich dazu gedrängt hat. Ich muss sagen »gedrängt«, weil Ballett und professioneller Tanz einfach nicht auf meinem Radar waren. In der Stadt, aus der ich komme, gibt es eine Menge Tanzkultur, aber eben eher traditionell wie Rumba und Salsa. In meiner Familie war Ballett nie ein Thema. Als ich neun Jahre alt war, ging ich in die Bibelschule und machte viel Sport. Zu dieser Zeit hatte ich auch noch nie einen Schwarzen gesehen, der Ballett tanzt.

Wie hast du es geschafft, dir ohne Vorbild einen Zugang zu verschaffen? Das erste Jahr war furchtbar, weil ich den Sinn des Ganzen nicht verstand – und meine Mutter sagte mir: »Wenn du kein Gefühl fürs Ballett findest, dann mach etwas anderes.« Irgendwann zeigte man uns in der Tanzschule eine Videokassette mit vielen international bekannten Tänzern drauf, einige aus Kuba, andere aus dem Ausland mit großen Karrieren in London oder Paris. Es war das erste Mal, dass ich ein Ballettvideo sah – ich war sprachlos, was diese Tänzer mit ihren Körpern machen konnten. Von diesem Moment an verstand ich, warum wir jeden Morgen an der Stange stehen und das Demi Plié üben mussten, warum eine aufrechte Haltung so wichtig ist. Das tägliche Training wurde zu einem Ritual. Es ist eine Routine, etwas, an das man sich wirklich halten muss, weil der Körper sonst nicht mitmacht.

Was musstest du lernen? Meine Karriere basiert im Grunde auf viel harter Arbeit. Und zum Teil auch darauf, mit Diskriminierung umgehen zu können. Ich musste mich vielen Widrigkeiten stellen, um etwas zu erreichen. Und ich wusste lange nicht, ob ich bereit bin für die Welt oder ob die Welt bereit ist für mich. Irgendwann habe ich dann verstanden, dass es darauf ankommt, dass man weitermacht. So schreibt man nämlich Geschichte – und nicht indem man zurückschaut und grübelt.

Welche Form der Diskriminierung hast du erlebt?
Man spürt, wenn die Person einem nicht gut gesinnt ist. Eifersüchtig ist oder den Grund nicht versteht, warum du dort bist, wie du es so weit schaffen konntest. Ich habe das alles schon erlebt. Habe gearbeitet, gekämpft, geblutet und dann wurde mir der Job vor der Nase weggeschnappt – einfach so. Danach habe ich mir geschworen, dass mir so etwas nie wieder passieren würde. Und zum Glück ist es das auch nicht.

Was war der schönste Moment auf der Bühne?
Ich habe viele gute Erinnerungen von der Bühne: Lachen, weinen, sich wundern – was absolut fantastisch ist, wenn man auf der Bühne steht. Einer meiner schönsten Momente war sicherlich, als ich mit Roberto Bolle auf Tournee war und in Verona vor 14.000 Menschen getanzt habe! Eine andere Situation, an die ich mich sehr gut erinnere: Als ich nach ein paar Jahren zurück nach Kuba kam und für meine Familie, Freunde und meine alten Lehrer getanzt habe.

Du hast Kuba vor Jahren für deine Karriere verlassen. War das ein Moment, der dein Leben verändert hat? Auf jeden Fall! Es war der Moment, als ich meiner Familie sagen musste, dass ich weggehe. In Kuba war ich ein angesehener Tänzer, ich hatte eigentlich keinen Grund, mich zu beklagen, aber ich konnte nicht für immer am selben Ort bleiben und jeden Tag das Gleiche erleben. Und ich wollte mich selbst herausfordern, um zu sehen, wie weit ich mit meiner Kunst gehen kann – allein, ohne an die Hand genommen zu werden. Also zog ich zuerst nach Norwegen. Für mich war es völlig anders dort, in jeder Hinsicht das Gegenteil von Kuba – die Kultur, die Sprache, sogar der Tanzstil ist verschieden.

Du hast in Oslo, London und jetzt in München gelebt – würdest du sagen, jede Nation sieht einen anderen Sinn im Leben? Oh ja, und ich denke, das Wetter spielt dabei eine große Rolle! In Kuba verabredet man sich nicht, sondern sieht sich einfach spontan auf der Straße. Organisiert einen Tisch, vier Stühle und eine Flasche Rum – oder spielt mitten auf der Straße Baseball. In den kälteren Ländern wie Deutschland oder Norwegen möchte man sich dagegen nur zu Hause verkrümeln – und trotzdem kennt man seine Nachbarn kaum! In Kuba kennst du jeden einzelnen Menschen in deinem Block. Diese Atmosphäre vermisse ich, und deshalb fahre ich jeden Sommer nach Kuba – egal, wie beschäftigt ich bin.

Bei all der Erfahrung, die du hast – was hast du dabei über das Leben gelernt? Ich habe gelernt, geduldig zu sein – besonders beim Tanzen, weil wir viel unter Zeitdruck stehen. Denn wenn man es überstürzt, kommt meistens

AUF DER SUCHE NACH DEM SINN

>»Alle erwarten immer Perfektion im
Ballett und das ist etwas, das es einfach nicht gibt.
Nichts auf dieser Welt ist perfekt.«

nichts Gutes dabei heraus. So ist es bei mir schon zu schlimmen Verletzungen gekommen. Also nehme ich mir immer die Zeit, die ich brauche! Die andere Sache, die ich gelernt habe, ist: Jedes Mal, wenn ich ein Problem habe, das ich nicht lösen kann, einen Schritt zurückzugehen und alles von außen zu betrachten.

Abgesehen vom Tanzen – was macht dich glücklich? Wenn ich mich gesund fühle und mein Körper das macht, was ich von ihm möchte. Zu wissen, dass meine Familie glücklich und gesund ist. Und die kleinen Dinge, die wir in unserem Alltag so oft vergessen. Mein Job kann sehr schnelllebig sein. Es haben sich viele Möglichkeiten ergeben, eine Zeit lang habe ich alle mitgenommen, nie Nein gesagt. Und letztendlich war ich gebrochen, im wahrsten Sinne mit einem gebrochenen Fuß. Seitdem schätze ich meine Gesundheit noch mehr, vor allem die hier (fasst sich an den Kopf).

Was glaubst du, was nach unserem Tod passiert? Das ist eine große Frage. Jedes Mal, wenn es mir nicht gut geht, schaue ich hinauf und frage meine Großeltern um Rat, sie sind schon vor Jahren verstorben. Ich denke, dass da etwas auf uns wartet nach unserer Zeit hier – ich weiß natürlich nicht, was es ist – aber ich glaube an Reinkarnation. Meine Großeltern haben mir einmal erzählt, ich sähe wie jemand aus ihrer Vergangenheit aus, der ihnen sehr nahestand. In Kuba sind die Menschen sehr religiös.

Es gibt sowohl Christen als auch Yoruba. Ich bin mit verschiedenen Einflüssen der Religionen aufgewachsen. Für einen kubanischen Jungen ist es also fast unmöglich, vom Glauben abzukommen.

Was möchtest du zurücklassen, wenn du nicht mehr bist? Ich habe mich für eine Karriere im Ballett entschieden und hatte das Glück, schon sehr früh die Liebe zu meinem Beruf und damit eine Bestimmung zu finden. Ich würde mir wünschen, dass mein Vermächtnis ist, dass die Menschen Ballett endlich nicht mehr in eine Schublade stecken. Alle erwarten immer Perfektion im Ballett und das ist etwas, das es einfach nicht gibt. Nichts auf dieser Welt ist perfekt. Es geht mir nicht darum, die Nummer eins zu sein. Ich versuche nur, der Beste zu sein, der ich sein kann. Und indem ich das tue, bin ich glücklich und der Zuschauer ja vielleicht auch.

RAINER MARIA SCHIESSLER

Römisch-katholischer Pfarrer

Rainer Maria Schießler gehört zu den bekanntesten Kirchenmännern in Bayern – vor allem weil er viele Dinge anders macht: Er ist seit 25 Jahren mit einer Frau zusammen, auch wenn er betont, dass ihre Beziehung nichts mit Sexualität zu tun hat. Er segnet in seiner Kirche in München wie selbstverständlich Homosexuelle und einmal im Jahr bei seiner »Viecherl-Messe« auch Haustiere. Früher noch hat er auf dem Oktoberfest gekellnert und seine Einnahmen gespendet. Im Bayerischen Rundfunk hatte er seine eigene Talkshow und seine Bücher gehen weg wie warme Semmeln. Wir treffen uns in der St. Maximilian Kirche in München, danach lädt er uns noch in sein Pfarrbüro ein. Wer mit ihm spricht, hat von Anfang an das Gefühl, ihn alles fragen zu können. Und wenn er lacht, dann muss man einfach mitlachen.

Was antworten Sie, wenn Sie von jemandem aus der Gemeinde gefragt werden, was der Sinn des Lebens ist? Mit sich selber zufrieden zu sein. Das Leben ist ein unglaubliches Geschenk, eine riesige Gabe. Und zugleich – weil es sich nicht einfach abspielt, sondern du auch der Gestalter bist – eine Aufgabe. Und wenn das gelingt: dass Gabe und Aufgabe ineinander übergehen, wenn du spürst, dass das, was dich ausmacht, was dir zugemutet wird, ineinandergreift, dann stellt sich so etwas wie Zufriedenheit ein und da steckt das Wort Frieden drin. Im Frieden mit sich selbst sein.

Also ist der Sinn des Lebens etwas, was man gar nicht für die Zukunft beantworten kann, sondern immer nur fürs Jetzt? Absolut! Für mich heißt Christ sein, im Heute Gottes leben. Das Vergangene ist vorbei, da muss ich mich nicht mehr groß anstrengen. Das ist leider auch ein großer Fehler, den die Kirche macht: sich immer mit der Vergangenheit zu beschäftigen. Unsere Kirchen sind keine musealen Tempel, sondern Versammlungsstätten, Lebensräume – sie sind Orte, wo alles sein darf: weinen, lachen, hoffen, kotzen. Eine Kirche muss im Hier und Jetzt stattfinden. Und was die Zukunft betrifft: Da habe ich eine grundsätzliche Befreiung bekommen, nämlich die Erlösungsbotschaft. Ich bin – und das ist das Osterereignis – von der Grundsorge befreit, dass mein Leben verloren geht. Und damit habe ich viel mehr Energie, Kraft und Fantasie, um mich auf das Jetzt zu konzentrieren.

Leben Sie selbst denn eher in der Vergangenheit, in der Gegenwart oder in der Zukunft? Ein Freund von mir, den ich beim Kellnern auf der Wiesn kennengelernt habe, ist Freeclimber. Das sind diese Wahnsinnigen, die ohne Sicherung klettern gehen. Ich habe ihn mal gefragt: »Wie is'n des, wenn du da in deiner Wand drin hängst? Wo schaust du hin? Runter, wie tief es ist, falls du jetzt fällst oder schaust du nach oben, wie weit du noch musst?« Und seine Antwort war: »Ich schaue gerade in die Wand, weil das ist meine Lebensversicherung.« Das ist für mich ein gutes Bild dafür, was Leben bedeutet: Ich weiß, unter mir ist der Abgrund, die Vergangenheit, aber da ist nichts mehr zu machen. Vor mir ist eine Zukunft, aber die ist vage, ich kann nicht abschätzen, wie es weitergeht. Also was nützt mir das ganze Spekulieren nach oben oder das Sinnieren in die Vergangenheit? Ich muss die Gegenwart im Blick haben.

Im Christentum ist der Sinn des Lebens, Gott zu lieben und ihm zu dienen. Können Sie das für sich unterschreiben? Jeden Satz, aber ich versteh's nicht so militärisch, sondern wie

eine Art Malbild, das ich für mich selbst gestalte. Für mich geht Gott lieben nur über den anderen, über den Menschen. Das war schon die revolutionäre Erfindung eines Jesus von Nazareth: Nächsten- und Gottesliebe auf eine Ebene zu stellen, unter der Voraussetzung der absoluten Selbstachtung. Ich bin außerdem mit dem Kernsatz groß geworden: »Nur wenn i mi mog, konn i di meng«. Zuerst muss ich mich selber mögen, um dich mögen zu können. Wenn ich nicht genießen kann, bin ich ungenießbar. Und so ist es mit der Liebe auch.

Zum Thema Liebe: Sie sind seit 25 Jahren mit Ihrer Lebenspartnerin zusammen. Kann die partnerschaftliche Liebe auch eine Antwort auf den Sinn des Lebens sein? Ich bin überzeugt: Dass du diesen einen Menschen triffst, ist eine Bestimmung. Und damit beginnt eigentlich Liebe, dass sie bestimmt ist. Sie passiert nicht zufällig, ist aber auch nicht fremdgesteuert. Für mich ist das Vorsehung, was aber nicht bedeutet, dass der liebe Gott irgendwelche Strippen zieht, wie bei einer Tombola und dann kommt irgendein Preis heraus. Das ist es nicht, denn das würde bedeuten, dass ich nicht mehr in meiner Freiheit bin. Wenn ich Vorsehung sage, dann meine ich damit, dass alles, was in meinem Leben passiert, eine Bestimmung für mich hat.

Wie schön, dass Sie Ihre Bestimmung gefunden haben! Wie hat Ihr Umfeld eigentlich auf Ihre Beziehung reagiert? Ich habe viel Zuspruch bekommen, auch wenn ich ihn gar nicht gebraucht habe. Das war mein Weg, meine Entscheidung – ich bin damals mit 15 voller Leidenschaft in diese alternativlose Lebensweise gegangen. Ich habe das immer als Experiment und brutale Herausforderung gesehen, aber ich war auch von Anfang an der Meinung, dass zölibatär nie bedeutet, allein und vereinsamt zu leben und zu sterben. Das kann nicht im Sinne des Schöpfers sein. Dann müsste mich Gott anders erschaffen, wenn's geht ohne Hirn und ohne Unterleib.

Viele Leute finden ihren Sinn in Kindern. Ist es Ihnen denn schwergefallen, keine Familie gründen zu können? Eine Familie zu haben, ist etwas Wunderschönes, aber jeder muss für sich selber spüren, ob man Mutter oder Vater werden möchte. Unsere Nachbarn haben zwei kleine Kinder – und wenn ich durch den Pfarrhof gehe, riecht es nicht nach Weihrauch, sondern nach verschissenen Windeln. Das ist das Leben und ganz wunderbar, aber es war nie mein Wunsch. Ich hab's auch niemals vermisst, sondern wollte immer einen anderen Weg gehen.

Während Ihres Theologiestudiums sind Sie Taxi gefahren. Was haben Sie bei diesem Nebenjob über das Leben gelernt? Einfach alles! Das Taxi war wichtiger als der Hörsaal, das intensivste Pastoralpraktikum. Als ich Jahre später das erste Mal im Beichtstuhl saß, dachte ich: Das ist wie im Taxi – du sitzt da, die Tür geht auf, ein Unbekannter kommt rein und du weißt nicht, wohin die Reise geht. Mir ist erst im Nachhinein bewusst geworden, wie wichtig das für meinen Beruf war: Zu lernen, sich auf Menschen einzulassen und Situationen zu erspüren.

Außerdem haben Sie zehn Jahre lang auf dem Oktoberfest gekellnert und die Einnahmen gespendet. Fällt es leichter, so einen harten Job zu machen, wenn man es für andere macht? Es wäre gar nicht anders gegangen. Nach meinem ersten Wochenende hat mir alles wehgetan – für kein Geld der Welt hätte ich das weitergemacht. Durch einen Zufall bin ich auf die Schweizer Entwicklungshelferin Lotti Latrous aufmerksam geworden und habe ihr eine Mail geschrieben, dass ich das Geld gerne ihrer Arbeit spenden möchte. Die dachte zuerst, das wäre ein Scherz. Aber auch abseits von den Spenden war die Arbeit wichtig: Ich habe die Religion an einen Ort gebracht, wo man sie eigentlich nicht antrifft. Und das muss die Kirche für die Zukunft lernen, wenn sie bestehen will.

ÜBER DAS GESPRÄCH HINAUS

Rainer Maria Schießler war mein erster Interviewpartner für dieses Buch – für mich ist das Gespräch bis zum Schluss als eines der schönsten in Erinnerung geblieben. Pfarrer wie ihn könnte die katholische Kirche im Moment einige brauchen, denn er ist authentisch und kritisch, holt das Thema Religion endlich in die Neuzeit. Seit unserem Interview höre ich seinen Podcast ›Schießlers Woche‹, der für mich eher spirituell als religiös daherkommt. Nun möchte ich auch endlich einmal eine Messe von ihm besuchen – und das obwohl ich ja längst aus der Kirche ausgetreten bin.

Sie haben durch all die Bestattungen auch viel mit dem Tod zu tun. Haben Sie das Gefühl, dass man irgendwann weniger Angst vorm Sterben hat? Heute war meine 1427. Beerdigung, aber es wird nie leichter, weil jeder Tod anders ist. Bei manchen Bestattungen bin ich unheimlich mitgenommen, bei anderen nur der Moderator. Bei all dem, was ich erlebe, muss ich sagen, ich empfinde meinen Beruf als unwahrscheinlich sinnstiftend. Ich kann mir keine Arbeit vorstellen, die so lebhaft, umfangreich, kreativ, wertschöpfend und frei ist. Deshalb kann ich es gar nicht verstehen, dass heute keiner mehr Pfarrer werden will.

Wenn man als Christ daran glaubt, dass es ein Leben nach dem Tod gibt – warum hat man dann Angst? Weil man trotzdem loslassen muss. Es ist weniger die Angst davor, dass da nichts ist, sondern eher, was da kommt. Etwas in mir weigert sich einfach zu glauben, dass die Geschichte mit dem irdischen Ende ein absolutes Ende findet. Das geht mit meinen Vorstellungen von Identität nicht zusammen. Jetzt sitzen wir hier, jeder von uns hat seine eigene Persönlichkeit, ist ein Individuum. Und das kannst du mir nicht klarmachen, dass wir einfach so weg sein sollen, wenn die biologische Uhr zu Ende tickt.

Wenn es bei Ihnen einmal so weit ist: Was möchten Sie dann hinterlassen? Ich bin gerade dabei, eine Stiftung aufzubauen – nachdem ich keine Familie habe, muss ich ja schauen, was ich hinterlassen kann. Aber das ist ja kommerziell. Ich glaube – und das sage ich auch oft auf Beerdigungen –, dass jeder Mensch eine Spur hinterlässt. Manche Spuren sind sehr deutlich und andere weniger deutlich, aber es gibt niemanden, der keine Spuren hinterlässt. Und ich bin dafür verantwortlich, ob meine Spuren erkennbar sind und von anderen Menschen wahrgenommen werden.

Welchen Ratschlag geben Sie immer weiter? Jetzt leben! Die größte Sünde ist das ungelebte Leben. Ich betreue viele alte Menschen, die am Ende ihres Lebens etwas bereuen – und das hat nie mit materiellem Einsatz zu tun. Aber irgendwann ist es zu spät und das sollte jedem bewusst sein! Es gibt Momente in diesem Leben, da sind Entscheidungen nicht mehr revidierbar. Das ist keine Drohung, sondern die Wirklichkeit. Und darum: Jetzt tun, was dir einfällt, jetzt machen! Ich Volldepp war vor einigen Jahren in New York, am selben Abend hat Bruce Springsteen in der Carnegie Hall gespielt, es gab sogar noch Tickets – aber mir waren die 78 Dollar pro Karte zu teuer. Das ärgert mich heute noch, dass ich da zu geizig war!

Was haben Sie beim Taxifahren
über das Leben gelernt?

»Einfach alles! Das Taxi war
wichtiger als der Hörsaal, das intensivste Pastoralpraktikum.
Als ich Jahre später das erste Mal
im Beichtstuhl saß, dachte ich:
Das ist wie im Taxi – du sitzt da,
die Tür geht auf, ein Unbekannter kommt rein und du weißt
nicht, wohin die Reise geht.«

> »Für mich sind Glaube und Zweifel keine Widersprüche, sondern Geschwister, die Hand in Hand durchs Leben gehen.«

Und gibt's einen Ratschlag, den Sie gerne früher befolgt hätten? Ich hatte immer eine große Ungeduld in mir – und da schießt man schnell einmal übers Ziel hinaus und verletzt andere. Seitdem ich meine Lebenspartnerin kenne, ist sie meine Kontrolle, die mich immer ermahnt: »Jetzt tu langsam, fahr runter!« Der heilige Franz von Assisi hat gesagt, wenn jemand voller Elan und Tatkraft in seinen Orden eintreten wollte, würde er ihn zuerst ein Jahr in eine Einsiedelei stecken und danach entscheiden. Also geht es auch darum, rechtzeitig auf den Rat anderer zu hören. Das sage ich auch jungen Menschen immer: Wir geben euch keine Ratschläge, um euch zu beherrschen, sondern weil wir wollen, dass ihr einen Schritt voraus seid.

Was haben Ihre Eltern Ihnen raten wollen? Mein Vater hat einmal zu mir gesagt: »Ich werde dich immer kritisieren, auch wenn ich neunzig bin und du längst erwachsen. Ich hab nichts davon, ich möchte nur, dass du etwas davon hast.« Und so war es auch, bis er gestorben ist. Er saß jeden Sonntag in der letzten Reihe und hat sich meine Predigten angehört. Nach dem Gottesdienst kam er dann mit seinem Urteil – und das war so wichtig!

Haben Sie eigentlich auch mal an Gott gezweifelt und damit am Sinn des Lebens? Ich hab nie an ihm gezweifelt, aber es gab Momente, in denen ich ihn nicht verstanden hab. Zum Beispiel im Krankenhaus bei der Taufe der vierjährigen Anna Viktoria, die schwerbehindert war und bald darauf gestorben ist: Ich bin vor dem Kind gekniet – es war blind, taub und hat geröchelt. Der kleine Arm in einem Verband. Und ich sollte da meine Sprüche sagen, wie man sie bei der Taufe so sagt, aber ich hab nur gedacht: »Lieber Gott, was erlaubst du dir?« Nach der Taufe bin ich so schnell wie möglich aus der Klinik, ich kam mir vor wie ein Verbrecher. Ich war verloren. Es heißt auch »Der liebe Gott ist ein Abgrund« – und es ist mir immer wieder passiert, in diesen Abgrund hineinzustürzen. Als meine Mama gestorben ist oder mein Vater am 11. September 2001. In dem Moment, in dem der erste Turm eingestürzt ist, hat sein Herz aufgehört zu schlagen. Symbolisch war er mein Turm, der da zusammengebrochen ist. Du kannst noch so oft fallen, du wirst dich nie daran gewöhnen. Letzten Sonntag stand in meiner Predigt: »Unser Leben hängt an einem seidenen Faden, der seidene Faden ist die Hoffnung. Und wenn dieser Faden reißt, dann fällst du in ein Netz, das da heißt Vertrauen und das nennen wir Gottes Hand.« Für mich sind Glaube und Zweifel keine Widersprüche, sondern Geschwister, die Hand in Hand durchs Leben gehen. Ich werde immer wieder neu verzweifeln, aber auch immer wieder neu vertrauen.

Wann sind Sie glücklich? Wenn die Löwen aufsteigen (lacht)! Ich bin blau aufgewachsen, das ist wie eine Konfession.

DOMINIQUE DE MARNÉ

Mental Health Advocat und Autorin

Borderline, Depression und Alkoholsucht – als Dominique de Marné vor Jahren diese Diagnose bekam, dachte sie im ersten Moment: Das bin ich nicht! Heute spricht sie in Schulen und auf Bühnen ganz offen über dieses Thema, teilt ihre Erfahrungen in Büchern und auf Blogs. Mit dem ›BERG & MENTAL‹ hatte sie Deutschlands erstes Mental Health Café eröffnet – leider hat ihr Laden die Corona-Pandemie nicht überlebt. Noch vor der Schließung trafen wir Dominique dort – sie war zu diesem Zeitpunkt gerade schwanger und voller Vorfreude. Heute geht es ihr gut, doch das war auch einmal ganz anders. Wir sprechen über Suizid und Sinnlosigkeit – und wie wichtig es ist, über psychische Krankheiten genauso offen zu sprechen, wie über ein gebrochenes Bein.

Welche Momente fühlen sich heute für dich besonders sinnerfüllt an? Es sind vor allem die, in denen ich vor Schulklassen über das Thema mentale Gesundheit spreche und merke, wie viel man verändern kann. Dass ich meine Geschichte ehrlich erzählen und anderen damit helfen kann, zeigt mir, diese schlimme Zeit in meinem Leben hatte doch irgendwie einen Sinn.

Wie schaffst du es, so offen über deine Diagnose zu reden? Psychische Krankheiten sind heute ja oft noch ein Tabuthema. Für mich war es ein Prozess. Es fing mit Schreiben an, so konnte ich alles sortieren. Wenn ich anderen davon erzählt habe, bekam ich zum Glück oft ermutigendes Feedback. Mich treibt heute an, dass es mir selbst damals sehr geholfen hätte, wenn mein Umfeld so offen mit psychischen Krankheiten umgegangen wäre. Wenn ich gewusst hätte: Man kommt da auch wieder raus, man kann sich Hilfe suchen.

Viele denken bei Borderline an Selbstverletzung, aber die Krankheit ist ja weitaus mehr als das. Eigentlich steht hinter dieser Krankheit ein Zuviel an Gedanken und Gefühlen. Viele Borderline-Betroffene sind sehr empfindlich, haben offenere Sinne und bekommen Stimmungen deutlicher mit. Zu diesen äußeren Eindrücken kommt hinzu, dass das eigene Gefühlserleben sehr intensiv ist. Alles ist extrem und die Stimmungen können schnell wechseln: Im einen Moment denke ich, das Leben ist toll, ich schaffe das. Und im nächsten kehrt sich alles durch einen einzigen Reiz ins Gegenteil. Dieser Wechsel und die Intensität sind wahnsinnig überfordernd. Viele Symptome, wie die Selbstverletzung, sind meiner Meinung nach Mechanismen, um mit diesem Zuviel klarzukommen.

Wie hast du versucht, damit umzugehen? Mein Versuch war der Alkohol. Ich habe gemerkt, dass alles etwas gedämpfter ist, wenn ich trinke. Daraus hat sich eine Depression entwickelt. Irgendwann war mir das Trinken wichtiger, als mich mit jemandem zu treffen. Ich war einsam, Suizid spielte eine große Rolle. Dann hatte ich irgendwann diese Dreierbande bei mir – Alkoholsucht, Depression und Borderline – noch immer ohne zu wissen, dass ich krank bin. Die Diagnose kam erst mit Mitte zwanzig.

Alkohol trinken gehört in unserer Gesellschaft dazu, ab wann hast du gemerkt, dass du süchtig bist? Ich dachte immer, ich hätte es im Griff. Nach außen hin wirkte ich stabil. Mein Freund war der Erste, der meinte: Du machst dir etwas vor! Der Alkohol hat mir viel ermöglicht, aber mich auch kaputt gemacht. Es hat mir anfangs wahnsinnige Angst gemacht, ihn loszulassen – was er für mich geleistet hat,

musste ich erst einmal selbst lernen. Heute macht es mir manchmal sogar Spaß, den Finger in die Wunde der Gesellschaft zu legen, die sagt, ohne Alkohol gehe vieles nicht – so wie Feste feiern.

Mittlerweile wird immer mehr über psychische Erkrankungen gesprochen. Wie findest du das? Ich freue mich, wenn das Thema platziert wird, weil wir einfach immer noch nicht offen genug darüber sprechen. Aber in vielen Berichten stimmt der Ton nicht ganz. Das führt dazu, dass das Thema entweder extremer dargestellt wird, als es ist, oder verharmlost wird – nach dem Motto: Du musst nur ein bisschen meditieren, dann hast du's im Griff.

Welche Sätze kannst du nicht mehr hören, wenn es um psychische Krankheiten geht? Das sind Floskeln wie »Reiß dich mal zusammen« oder »Morgen sieht die Welt schon besser aus«. Noch mehr nerven mich aber die Klischees und Ängste: Dass viele denken, psychisch kranke Menschen seien gefährlich und selbst schuld an dem, was sie durchmachen. Ich mag es auch nicht, wenn Diagnosen so alltäglich gebraucht werden wie »Ich bin heut wieder depressiv« oder »Das war jetzt aber traumatisch«.

Du hast wahrscheinlich auch oft am Sinn des Lebens gezweifelt, oder? Oh ja, gerade in meinen dunklen Jahren. Damals bin ich nicht davon ausgegangen, dass ich überhaupt dreißig Jahre alt werde. Mir hat absolut der Sinn gefehlt. Ich hab mich nur von einem in den anderen Tag geschleppt, hatte kein Ziel, keine Richtung. Als ich eine meiner letzten sehr großen Krisen hatte, in der ich viel über Suizid nachgedacht hatte, waren es noch drei Monate bis zur neuen Staffel Sherlock – ich liebe diese Serie!

Und ich dachte mir: »Du kannst nicht sterben, ohne die gesehen zu haben. So lange musst du durchhalten und dann diskutieren wir wieder neu.« Es klingt so banal, dass mir eine Fernsehserie geholfen hat, aber da es in mir keinen Grund gab weiterzuleben, musste ich mir Gründe im Außen suchen. Heute brauche ich das zum Glück nicht mehr.

Gibt es noch etwas, was dir früher einmal wichtig war und heute egal ist? Ganz klar: Was andere von mir denken – das hat mich so lange eingeschränkt. Im Studium habe ich deshalb eine Sozialphobie entwickelt. Ich saß immer ganz hinten, damit mich bloß keiner sieht. Ich war mir sicher, dass mich meine Kommilitonen ständig bewerten. Irgendwann habe ich gelernt: Die Leute sind so mit sich selbst beschäftigt, ich bilde mir das ein – das war ein wichtiger Moment!

Wann fühlst du dich heute lebendig? Da fällt mir eine Situation in den Bergen ein, in der ich Todesangst hatte. Wir sind einen Klettersteig hoch, links und rechts ging es steil runter – man musste sich an einem Seil und danach an der Felswand einhalten. Als ich das geschafft hatte, wurde mir klar: Eben habe ich das Leben total intensiv gespürt, obwohl ich nicht wusste, ob ich da überhaupt lebend durchkomme.

Du bist gerne und viel in den Bergen. Wann bist du sonst glücklich? Wenn ich Sachen tue, die mir guttun und ich keine Rücksicht auf irgendwelche Pflichten nehmen muss. Zum Beispiel wenn ich viel Arbeit habe und mir trotzdem gönne, in die Natur zu fahren. Und wenn ich merke, dass meine Arbeit etwas bewegt. Wenn ich auf einer Bühne stehe und die Leute applaudieren – das soll nicht eingebildet klingen –, erfüllt mich das wahnsinnig mit Glück.

Für viele besteht der Sinn im Glücklichsein. Welchen Sinn hat das Leben deiner Meinung nach? Ich glaube, es gibt keinen universellen, nicht die eine Antwort für uns alle. Jede und jeder da draußen hat einen eigenen Sinn und ich freue mich, wenn er oder sie ihn findet, weil ich weiß, dass es wahnsinnig schwer ist und vielen auch einfach nicht gelingt.

ÜBER DAS GESPRÄCH HINAUS

Dominique und ich haben uns bei der Arbeit für ein Onlinemagazin kennengelernt. Einmal im Monat trafen sich alle Schreiber:innen zu einer kleinen Redaktionssitzung – vor allem aber trafen wir uns, um gemeinsam zu trinken. Ich wusste damals schon von der Diagnose Borderline, von Dominiques Alkoholsucht las ich erst viel später in ihrem Buch. Es ist immer wieder erstaunlich, wie unsichtbar Krankheiten sein können und wie wenig man sich an solchen Abenden über die wirklich wichtigen Dinge unterhält. Wie wenig man oft über Menschen weiß, mit denen man zusammenarbeitet.

> »Wir reden viel zu wenig über den Tod, halten uns für unverwundbar, haben nicht mal eine Patientenverfügung. Manchmal beneide ich andere Kulturen, in denen der Tod sogar gefeiert wird.«

Und was ist für dich persönlich der Sinn? Die Welt ein Stück besser zu machen – dort, wo ich etwas bewirken kann. Und dankbar zu sein, dass andere Leute sich andere Sinne gesucht haben, sodass ich mich auf meinen konzentrieren kann.

Du hast viel erlebt. Was hast du über das Leben gelernt? Dass es schön sein kann. Früher habe ich das nicht gesehen. Und wie toll es ist, wenn man sich auf den nächsten Tag freut.

Was gibt dir Kraft weiterzumachen, wenn alles bedeutungslos erscheint? Wenn sich Gedanken in diese Richtung andeuten, ist das für mich heute ein sicheres Zeichen, dass ich über meine Kräfte gegangen bin und ich mich dringend um mich selbst kümmern muss. Was dann hilft: Mir in Erinnerung zu rufen, was ich schon alles geschafft habe, Nachrichten von Menschen zu lesen, denen ich durch meine Arbeit helfen konnte. Ganz wichtig in solchen Momenten: Achtsamkeit. Was kann ich jetzt tun, damit es mir besser geht? Vielleicht ist gerade nicht alles ideal, aber was zählt, ist das Hier und Jetzt.

Eure ›Mental Health Crowd‹ ist mittlerweile eine wichtige Anlaufstelle für Betroffene. Welchen Ratschlag gibst du gerne weiter? Reden hilft immer! Egal, ob über psychische Krankheiten oder Konflikte am Arbeitsplatz. Man redet so oft aneinander vorbei oder denkt, der andere

müsste wissen, was im eigenen Kopf vorgeht. Nein, wir können alle keine Gedanken lesen.

Welchen Ratschlag hättest du selbst gerne schon früher erhalten? Der jüngeren Dominique würde ich gerne sagen: Du musst das nicht alleine schaffen! Wir holen uns für alles Hilfe – wenn du ein Instrument lernen willst, wenn das Auto kaputt ist, wenn du dir ein Bein brichst – und deshalb ist das auch bei psychischen Problemen völlig okay.

Du hattest viele Berühungspunkte mit dem Tod. Wie denkst du heute über ihn? Ich glaube, ich hab ein sehr gutes Verhältnis zum Tod. Zum einen musste ich mich durch die Krankheit meines Vaters schon früh damit auseinandersetzen. Zum anderen weil mein eigenes Leben so oft auf der Kippe stand. Wir reden viel zu wenig über den Tod, halten uns für unverwundbar, haben nicht mal eine Patientenverfügung. Manchmal beneide ich andere Kulturen, in denen der Tod sogar gefeiert wird. Als wir diesen Laden eröffnet haben, hatten einige Bedenken: Ist das eine gute Adresse für ein Mental Health Café – direkt gegenüber vom Friedhof? Ja, denn der Tod gehört ganz einfach zum Leben dazu.

NIKLAS FRANK

Autor und Nachfahre eines NS-Verbrechers

Niklas Frank war sieben Jahre alt, als sein Vater bei den Nürnberger Prozessen schuldig gesprochen wurde: Der Naziverbrecher Hans Frank – unter seinen Opfern auch als der »Schlächter von Polen« bekannt – wurde für den Mord an mehr als drei Millionen Juden gehängt. Niklas Frank arbeitete später als Journalist, 1987 erschien sein Buch ›Der Vater. Eine Abrechnung‹, in dem er sehr offen nicht nur über diese Beziehung, sondern auch über seine ganze Familie schreibt. Wie diese an den Taten des Vaters zerbrach – ein Bruder wurde alkoholabhängig, ein anderer starb mit Anfang fünfzig, die Schwester beging Selbstmord im selben Alter, in dem der Vater starb. Wir treffen Niklas Frank am Schliersee, hier ist er unter anderem aufgewachsen. Zuerst bin ich etwas irritiert über die Offenheit, mit der Niklas Frank erzählt, dann begreife ich: Sie ist der einzige Weg, sinnvoll mit der Vergangenheit umzugehen.

Sie haben nicht nur Bücher über den Nationalsozialismus, sondern auch eines über Liebesbriefe geschrieben. Welche Rolle spielt für Sie die Liebe, wenn es um den Sinn des Lebens geht?
Die Liebe war für mich immer sehr wichtig, ich war wahnsinnig gern verliebt. Diese Schmetterlinge im Bauch fand ich vom Anfang meines Lebens an wunderbar. Man kann auch mehrere große Lieben haben – in meinem Buch sind es ja zwölf – und trotzdem gibt es dann doch irgendwie die eine. Ich habe einmal gelesen, dass glückliche Paare durch Innigkeit eine eigene Sprache entwickeln. Das ist meiner Frau und mir gelungen. Aber am Ende entscheidet der Alltag, also wie man handelt, ob man sich gegenseitig respektiert und auch eine gewisse Gaudi miteinander hat, darüber, wie glücklich man miteinander ist.

Wann sind Sie denn besonders glücklich? Immer wenn ich wieder heimkomme zu meiner Frau. Auch wenn ich nur kurz einkaufen war – das ist schon immer ein schönes Glücksgefühl. Außerdem wenn die Enkel kommen und ich mit unserer Tochter zusammen sein kann. Da bin ich schon ein richtiger Familienmensch.

Wie schaffen Sie es dann, sich von Ihrem Vater abzukapseln, er ist ja auch ein Teil von Ihnen? Das ist er sicher, aber das Leben ist einfach stärker. Entweder Sie werden ein Wrack oder Sie bauen – unbewusst natürlich – eine gewisse Distanz auf. Und das ist mir gelungen. Ich wollte immer ein pralles Leben führen und das habe ich zum Glück geschafft.

Sie sind eigentlich gegen die Todesstrafe, aber Ihrem Vater gönnen Sie es, sagen Sie. Wie geht das zusammen? Das geht nicht zusammen, außer in meinem Hirn und meinem Herzen, meinem Charakter und meinem Verstand. Das ist eben so. Wenn er überlebt hätte, hätte er sicherlich meine Gedanken vergiftet, darum hab ich kein gutes Verhältnis zu ihm. Ich konnte ihn nie leiden, weil er mich zurückgewiesen hat, behauptete, dass ich nicht sein Sohn sei, sondern der seines besten Freundes, mit dem meine Mutter wohl eine Affäre hatte.

Wie fühlen Sie sich heute, wenn Sie an Ihren Vater denken? Ich verachte ihn sehr. Es gibt keinen Tag, an dem in der Zeitung nicht irgendetwas steht, das mit dem Dritten Reich zu tun hat. Da denke ich sofort wieder an ihn und frage mich: Warum hat er da mitgemacht? Als Anwalt hätte er anstandslos seine Kinder und seine Frau durchbringen können. Es macht mich rasend. Mein Vater hatte die Chance zu studieren, er wurde vom bayerischen Staat unterstützt. Er war hochgebildet und trotzdem für Massenverbrechen verantwortlich – das zeigt, die Bildung hat mit deinem moralischen Verhalten überhaupt nichts zu tun.

Was treibt Sie an? Warum setzen Sie sich heute gegen rechts ein? Ich war einmal von der jüdischen Gemeinde in London eingeladen und saß dort mit Leuten am Tisch, die Teil von jenem Kindertransport waren, als die

ÜBER DAS GESPRÄCH HINAUS

Niklas Frank ist ein Mann, der polarisiert. Am eindrucksvollsten an ihm finde ich, dass er auch unbequeme Wahrheiten laut ausspricht, selbst wenn er damit aneckt. Dass er sich scheinbar für nichts schämt – auch nicht für seine Familiengeschichte, obwohl sie sehr düster ist und die Familie oft das Intimste ist, was wir haben. Er ist eigenwillig, wie das ältere Männer hin und wieder sind, er ermahnt mich, dass ich nicht so oft »Okay« sagen soll, aber wir lachen auch viel miteinander – über das Rauchen auf Balkonen, die erste gemeinsame Wohnung und das Bücher schreiben.

Engländer kurz vor Kriegsbeginn Zehntausende jüdischer Kinder aus Deutschland rausgeholt hatten. Die meisten haben ihre Eltern nie wieder gesehen. Man kann eh nur ein Millionstel dieser wahnwitzigen Todesangst nachempfinden, die diese Eltern und Kinder hatten, doch wer das nicht in sich fühlt …! Deshalb: Wer heute AfD wählt, ist mir vollkommen unbegreiflich und macht mich wütend. Wenn ich mir vorstelle, ich wäre mit meiner Frau aus dem Haus geholt worden, auf einen Lastwagen geschmissen, zur Bahn gebracht, drei Tage und Nächte auf engstem Raum gefahren, und dann nimmt man uns unsere Tochter weg? Das ist so fruchtbar, was wir da an entsetzlichem Leid verteilt haben. Wer kann da heute noch nach rechts schielen? Und es gibt heute keinen Deutschen, der das nicht mitbekommen hat, ob im Fernsehen oder in der Schule.

Sie sagen, Sie tun Ihre Arbeit auch für Ihre Kinder und Enkel. Unsere Tochter ist aufgewachsen mit meinen Recherchen. Ich habe immer gesagt: »Stell dir vor, was ich gerade wieder über deinen Großvater gefunden habe!« Das wäre es halt gewesen, wenn alle deutschen Familien zu ihren Kindern nach dem Krieg ganz offen gesagt hätten: »Pass auf, da war ich feig!« Bei den Recherchen für mein Buch habe ich mir Akten über das breite Volk geben lassen, die alle in der NSDAP waren. Was für ein Druck auf jedem Dorf herrschte und was für eine Verräterei – das versteh ich, aber das hätten sie alles weitererzählen müssen.

Was könnte in der Aufarbeitung heute noch besser laufen? Bei jedem Deutschen ist sofort die Verklemmung da, sobald das Wort »Jude« fällt. Das zeigt doch, man geht nicht richtig damit um. Zuallererst geht es um

die Anerkennung dieser Verbrechen, für die unsere Generation nicht schuldig ist. Und als Nächstes gilt es, diesen Schmerz auszuhalten.

Was kann jede:r von uns gegen die rechte Stimmung von heute tun? Das Einzige, das Sie selber in der Hand haben, ist Ihr sogenannter Bürgermut – ich nenne es nicht mehr Zivilcourage, weil das so abgelatscht ist. Mir schreiben immer wieder Leser, dass unter ihren Freunden plötzlich viele Richtung AfD gehen – und da muss man aufstehen! Das ist wirklich das Einzige, woran Sie arbeiten können: Ihr Umfeld. Und dann natürlich noch entsprechende Parteien wählen. Ich bin immer dafür, dass sich junge Leute engagieren. Früher wollte ich in die Politik gehen, aber ich hab gedacht, dass ich immer auf meinen Vater reduziert werde. Heute weiß ich: Es war nur Feigheit – und ich habe mich hinter meinem Vater versteckt.

> »Ich glaube nicht an irgendetwas Jenseitiges.
> Vielleicht ist das auch der Grund, warum ich so gerne lebe –
> weil ich weiß, es geht nirgends weiter.«

Was ist denn für Sie der Sinn des Lebens?
Das kann ich Ihnen nicht beantworten. Nachdem ich die Shoah verstanden habe, habe ich damit auch den unschätzbaren Wert des Lebens kapiert und jeden Tag genossen. Ich bin ein fröhlicher Frühaufsteher, nie depressiv, ich lebe jeden Tag. Das habe ich schon in der Schule gemacht, vor allem im Internat – da wusste ich ganz genau, das ist meine unbeschwerteste Zeit.

Also könnte man dann sagen, der Sinn des Lebens ist es, glücklich zu sein. Ist es so einfach? In gewisser Weise haben Sie recht, aber ich würde nicht sagen, dass ich je so ein Glücksgefühl habe – ich lebe halt einfach gern. Dass ich lebe und noch lebe, ist Glück, wenn ich rings um mich in den Todesanzeigen sehe, dass weitaus jüngere Leute als ich schon gestorben sind.

Wenn wir schon beim Tod sind: Spielt die Religion für Sie eine Rolle bei der Suche nach dem Sinn des Lebens? Ich kriege häufig Mails mit Zitaten aus der Bibel, ich solle doch in die Religion kommen, weil sie nun mal tröstet. Ich muss sagen, ich halte jede Religion für eine Minimalisierung des Lebens, weil ich damit immer an etwas anderem hänge – etwas Jenseitigem, Höherem – und dadurch mich relativiere. Dass ich mit dem, was ich in meinem Leben erreicht habe, noch lange nicht das Ende erreicht habe, sondern da gibt's noch was anderes. Alles wird plötzlich relativiert und das halte ich für eine Schande für die Menschen.

Wenn Sie nicht religiös sind, glauben Sie wahrscheinlich auch nicht an ein Leben nach dem Tod? Ich bin überzeugt, dass es keinerlei Nachleben gibt. Dass wir wirklich ein Evolutionsergebnis sind – allerdings von miserablem Charakter (lacht). Aber ich glaube nicht an irgendetwas Jenseitiges. Vielleicht ist das auch der Grund, warum ich so gerne lebe – weil ich weiß, es geht nirgends weiter.

Gibt es eine Tätigkeit, die sie besonders gerne leben lässt – bei der Sie das Zeitgefühl verlieren? Beim Schreiben. Als ich mein Buch ›Raubritter‹ schrieb, wollte ich ein Leben lang schreiben – und das hab ich dann auch gemacht. Da ging es mir so, dass ich nicht mehr wusste, wo ich bin und wo ich war. Und das hab ich jetzt auch beim neuesten Buch wieder erlebt. Wenn ich mich richtig ins Schreiben von Szenen und so weiter vertiefe, dann weiß ich plötzlich nicht, wo ich sitz.

FYNN VON KUTZSCHENBACH

Jungunternehmer

Fynn von Kutzschenbach ist mit 16 Jahren einer der jüngsten Gründer Deutschlands. Seine Agentur ›Marketing Bees‹ hat momentan schon elf Mitarbeiter. Fynn ist soeben in seine erste eigene Wohnung gezogen und auch sonst hat sein Leben wenig mit dem eines Jugendlichen zu tun: Er sitzt teilweise bis spätnachts im Büro, hat täglich Kontakt mit Kund:innen und überlegt sich, wie er sein Unternehmen vergrößern kann. Damit er in seinem Alter schon eigene Geschäftsentscheidungen treffen darf, hat er vor Gericht extra einen Antrag eingereicht. Wir treffen Fynn vor seiner ehemaligen Schule, die er erst vor Kurzem abgebrochen hat. Er meint, alles, was er für seinen Job und sein Leben braucht, lernt er sowieso beim Machen – und wenn man ihm zuhört, dann merkt man recht schnell: Er ist wahnsinnig klug und inspirierend. Und weiß für sein Alter auch schon erstaunlich viel über den Sinn des Lebens.

Würdest du sagen, die Arbeit ist dein Sinn des Lebens? Ich glaube, den Sinn des Lebens wird man nie herausfinden. Da kann man sich so viele Gedanken machen, wie man will. Aber ich bin mir ziemlich sicher, dass ich jetzt einen anderen Sinn im Leben habe als mit dreißig oder vierzig. Irgendwann ist vielleicht eine eigene Familie mein Sinn des Lebens. Würdest du mich morgen nach dem Sinn fragen, würde ich sicher was anderes sagen als heute.

Und wenn wir unsterblich wären – meinst du unser Leben hätte dann auch einen Sinn? Nein, dann würde man sich ja niemals reinknien, um seine Ziele zu erreichen, weil man denkt, man hätte sowieso noch genug Zeit. So ein bisschen Zeitdruck ist schon wichtig, wenn man seinem Lebenssinn nachgehen möchte – und der ist für jeden etwas anderes, muss ja nicht die Arbeit sein. Jeder Mensch hat seine eigenen Vorstellungen und Lebensinhalte.

»*Ich bin mir ziemlich sicher, dass ich jetzt einen anderen Sinn im Leben habe als mit dreißig oder vierzig.*«

Du bist noch jung. Gibt es trotzdem etwas, was du jetzt schon über das Leben gelernt hast? Dass es Höhen und Tiefen gibt. Sobald etwas Positives passiert, kommt auch relativ zeitnah was Negatives – zumindest beobachte ich das bei mir. Daraus habe ich gelernt, dass man mit den negativen Dingen genauso umgehen sollte wie mit den positiven: Man darf nicht in Trauer verfallen, aber auch nicht in Übermut, sondern muss immer das Gleichgewicht halten.

Wie bewertest du dein bisheriges Leben? In Schulnoten (lacht)? Ich würde sagen: turbulent. Es kam zwar alles peu à peu, aber auch sehr schnell – viel Negatives, viel Positives. Ich bin oft ins kalte Wasser gesprungen.

Eine klassische Business-Frage: Wo siehst du dich in fünf Jahren? Das ist eine schwierige Frage, die kann ich so gar nicht beantworten. Jeder Tag ist anders und es kann plötzlich ein Anruf kommen, der das ganze Leben umkrempelt und genauso kann es aber auch sein, dass dieser eine Anruf nie kommt und ich in fünf Jahren immer noch in meinem Büro sitze und dasselbe mache. Aber eigentlich möchte ich gar nicht auf Dauer im Marketing bleiben, meine große Leidenschaft sind eigentlich eher Ideen. Sobald die Projekte laufen, wird mir fast ein bisschen langweilig. Das Coolste ist für mich, eine neue Idee ins Rollen zu bringen. Ich hoffe allerdings, dass ich dann immer noch gesund bin. Ich habe mir erst vor ein paar Wochen den Arm gebrochen beim Rollerfahren.

Vorher wurde ich noch nie operiert, jetzt hab ich also auch diese Erfahrung mal gemacht und einen gesunden Arm zu schätzen gelernt. Nun weiß ich: Nie mehr einhändig Roller fahren (lacht)!

Hast du nicht manchmal das Gefühl, du verpasst deine Jugend? Ein bisschen schon, weil ich seitdem ich 14 bin eigentlich nur mit Erwachsenen zusammenarbeite. Und dadurch, dass ich nicht mehr auf der Schule bin, verpasse ich auch viele Trends. Ich kann also jetzt schon nicht mehr behaupten, dass ich die Generation Z verstehe – das ist total verrückt. Aber dadurch, dass ich selbstständig bin, nehme ich mir tagsüber immer wieder Zeit. Ich muss also nicht mehr warten, bis der Schulgong läutet, sondern kann mich zwischendrin zwei Stunden mit einem Freund treffen. Aber klar: Wenn ich abends nach Hause komme, dann will ich nur noch schlafen, auch wenn ich mir eigentlich vorgenommen habe, jede Woche ein Buch zu lesen.

Das klingt alles sehr ambitioniert. Schaffst du es denn überhaupt, in der Gegenwart zu leben oder bist du schon immer einen Schritt weiter? Absolut im Hier und Jetzt. In der Vergangenheit habe ich bei der Arbeit noch viele Fehler gemacht, weil ich es einfach noch nicht besser wusste. Würde ich also in der Vergangenheit leben, würde ich vermutlich durchdrehen. Und in der Zukunft würde ich mir nur Sorgen machen: Was ist, wenn der Kunde abspringt?

Was ist, wenn uns das Büro gekündigt wird? Was ist, wenn mein Mitarbeiter geht? Ich habe natürlich Fixkosten und eine Verantwortung. Manche meiner Mitarbeiter haben schon Kinder, eine Frau oder einen Mann, eine eigene Wohnung. Und ich bin derjenige, der das Geld zum Überleben gibt. Da kann man noch so sehr Realist oder Zahlenmensch sein, das baut schon enormen Druck auf.

Glaubst du, es kann auch Druck aufbauen, dass wir immer denken, dass unser Leben einen Sinn haben müsste? Auf jeden Fall, vor allem, weil man sich die Ziele und Erwartungen hier selbst steckt. Als Beispiel: Wenn man sich sagt, der Sinn des Lebens ist es, mit dreißig eine Familie zu haben, dann wird es ziemlich enttäuschend sein, wenn das nicht eintrifft. Warum ausgerechnet mit dreißig den Sinn des Lebens erreichen müssen? Ich glaube ehrlich gesagt, man erreicht ihn nie.

Gibt es andere Dinge, die du noch erreichen möchtest? Spannende Frage. Eigentlich sehr vieles, aber ich stelle es mir auch schön vor, irgendwann im Ausland zu leben und mein Geld für mich arbeiten zu lassen. Und mich dann auf die Projekte zu konzentrieren, die mir wirklich Spaß machen – soziale oder auch total verrückte Projekte. Dann kann ich machen, was ich die letzten Jahre verpasst habe. Zum Beispiel Fußballspielen.

Obwohl du ja sehr eng getaktet bist: Gibt es eine Tätigkeit, bei der du das Zeitgefühl verlierst? Wenn ich unter Menschen bin und mich unterhalte. Dann sind plötzlich Stunden rum und ein paar Tage später denke ich mir oft: Jetzt würde ich doch gerne wieder hier sitzen und quatschen anstatt E-Mails zu beantworten. Es sind die kleinen Momente, die mich faszinieren.

Worauf kannst du auf der anderen Seite gut verzichten? Eigentlich auf gar nichts! Wenn man auf etwas verzichtet, dann fehlt diese Erfahrung. Und wenn die Erfahrung fehlt, dann fehlt wiederum ein Puzzleteil. Man muss sich eigentlich glücklich schätzen, dass man das alles erleben darf. Lieber verzichte ich auf gar nichts und kriege vielleicht viel Schmerz ab, aber dafür auch sehr viele Glücksgefühle. Wie bei meinem Rollerunfall: Ich hab im Krankenhaus echt spannende Leute kennengelernt. Und es fordert mich gerade neu heraus, mit einer Hand weniger meinen Alltag zu meistern.

»Nie mehr einhändig Roller fahren« – gibt es sonst noch einen Ratschlag, den du gerne weitergibst? Machen! Das war's schon eigentlich. Wenn man eine Idee hat, dann sollte es nicht am Finanziellen scheitern, nicht an der Zeit

AUF DER SUCHE NACH DEM SINN

»*Lieber verzichte ich auf gar nichts und kriege vielleicht viel Schmerz ab, aber dafür auch sehr viele Glücksgefühle.*«

und vor allem nicht an den eigenen Zweifeln. Wenn es nicht klappt, dann macht man eben etwas anderes.

Und welchen Ratschlag hättest du für dich selbst gerne schon früher erhalten? Sich Fehler eingestehen können! Wenn ich etwas verbockt habe, es mir selbst eingestehen und offen darüber sprechen. Sich nicht verkriechen und in Angst verfallen.

Was tust du, damit die Welt ein bisschen besser wird? Ich versuche, die kleinen Erfahrungen, die ich schon gemacht habe, anderen in meinem Alter weiterzugeben. In dieser Phase haben viele Angst vor dem Schulwechsel, dem Abi, der Ausbildung. Vor der ersten Bewerbung, dem ersten richtigen Job. Ich möchte weitergeben, was ich bisher erlebt habe. Wie mit Kritik umzugehen ist – besonders der von Erwachsenen. Dass man mit Kritik leben muss und kann, das verstehen viele in meinem Alter noch nicht.

Viele in deinem Alter glauben auch nicht an Gott – Religion ist »out«. Bist du gläubig? Tatsächlich nicht. Ich hab zwar den Koran, die Bibel und die Thora gelesen, aber mehr aus wirtschaftlichen Gründen, weil ich dann eher weiß, wie jemand tickt, der daran glaubt. Ich verstehe, wenn Religion für manche Menschen Antworten auf gewisse Fragen birgt, aber diese Fragen würde ich gerne für mich

selbst beantworten, ohne dass mir ein Buch etwas vorgibt. Ich respektiere den Glauben, finde ihn auch cool – viele Dinge sind schön beantwortet. Vielleicht ist es tatsächlich so passiert, vielleicht gibt es wirklich jemanden da oben. Ich weiß es natürlich nicht, aber ich glaube nicht dran.

Was denkst du denn, was nach dem Tod mit uns passiert? Das ist wie einschlafen. So als ob man sich nachts hinlegt, die Augen schließt und sie dann einfach nicht mehr öffnet. Manchmal liege ich abends im Bett und denke, eher aus Spaß: Was ist, wenn ich jetzt nicht mehr aufwache?

CHRISTOPH BIEMANN

Moderator, Autor, Regisseur

Christoph Biemann kennen viele wahrscheinlich als den »Christoph von der Maus«. Mit der Sendung haben Armin Maiwald und er einen Meilenstein im deutschen Fernsehen geschaffen: Seit über fünfzig Jahren gibt die Maus mit ihren Lach- und Sachgeschichten nun Antworten auf Kinderfragen – und in all den Jahrzehnten kam für Christoph Biemann niemals so etwas wie Langeweile auf. Er wohnt mit seiner Frau in Köln – und arbeitet hier auch immer noch für den WDR. Ein Grund, warum er keine Lust auf die Rente hat: Er liebt an seinem Job, dass er jeden Tag etwas Neues lernt. Als wir ihn treffen, sieht er genauso aus, wie man ihn aus dem Fernsehen kennt. Vielleicht ist sein Jugendelixier tatsächlich seine unstillbare Neugier.

Sie sind selbst Vater. Verleihen Kinder dem eigenen Leben einen neuen Sinn? Ich glaube schon, denn nach meiner Beobachtung stellen sich Eltern von kleinen Kindern diese Frage nie. Weil der einfach da ist, der Sinn.

Was fasziniert Sie am Kinderfernsehen? Ich war noch jung, als ich mich an der Filmhochschule für diese Richtung entschieden habe, aber ich habe die Wahl nie bereut, weil Kinderfernsehen ein sehr offenes Berufsfeld ist. Man muss sich nicht so festlegen, kann eigentlich alles machen. In meinem Job kann ich fragen, was ich will, und werde dafür auch noch belohnt. Normalerweise nimmt die Neugier mit dem Älterwerden ab, denn nachfragen bedeutet, dass man etwas nicht weiß, und das gibt man als Erwachsener natürlich nicht so gerne zu.

Woher kommt Ihre Neugier? Ich würde sagen, die ist angeboren. Die Eltern meiner Freunde sagten früher schon immer: »Bring den nicht mit, der fasst immer alles an!« Ich war einfach so neugierig, dass ich immer alles genau untersuchen wollte.

Hatten Sie einen Traumberuf als Kind? Ganz lange wollte ich Biologe werden. Nur leider konnte ich dann schlecht durchs Mikroskop gucken, meine Augen werden da schnell müde. Das ist natürlich für einen Pflanzenforscher essenziell. Dann bin ich halt Fernsehmensch geworden und mit der Maus ja irgendwie auch Biologe.

Was haben Sie selbst bei der Maus gelernt? Oh, jede Menge! Ich habe wahrscheinlich so viele Fabriken von innen gesehen wie kein anderer.

Wenn man beim Dreh stundenlang neben einer Maschine steht und einen Arbeiter den ganzen Tag begleitet, dann weiß man, warum er es macht und was er für Probleme hat. Wenn man mit Menschen spricht, die am Fließband arbeiten und immer dieselben Handgriffe machen, sagen die oft, sie sind total glücklich damit. Man kann bei der Arbeit gut abschalten und wenn man abends nach Hause geht, fängt das Leben an.

Wer am Fließband arbeitet, beantwortet die Frage nach dem Sinn sicherlich anders. Das denke ich nicht unbedingt. Das Problem ist ja, sobald man sich die Frage stellt, ist es eigentlich schon zu spät. Denn es gibt keine wirkliche Antwort. Ich würde sagen, der Sinn liegt darin, etwas Sinnvolles zu tun. Auf die Umwelt aufzupassen, auf seine Mitmenschen und so zu leben, dass man Rücksicht aufeinander nimmt. Dass man sich persönlich weiterentwickelt und sich mit den Gedanken anderer beschäftigt. Dabei ist es egal, was man arbeitet.

Was ist denn für Sie persönlich der Sinn des Lebens? Ich hab keinen persönlichen Sinn. Es ist nicht so, dass ich mein Leben als sinnlos empfände, aber die Frage stellt sich für mich gar nicht. Ich denke mir eher: Die armen Leute, die sich diese Frage stellen.

Aber es gab doch sicherlich Momente in Ihrem Leben, die sich besonders sinnerfüllt angefühlt haben? Tatsächlich war ein sehr bewegender und beglückender Moment für mich, als ich im Freiburger Fraunhofer Institut auf einen jungen Wissenschaftler traf, der mir die Hand schüttelte und sagte: »Wegen dir bin ich hier!« Da hatte ich das Gefühl, doch was richtig gemacht zu haben.

CHRISTOPH BIEMANN

*»Das Problem ist ja, sobald man sich die Frage
nach dem Sinn stellt, ist es eigentlich schon zu spät.
Denn es gibt keine wirkliche Antwort.«*

*Da fühlt man sich auf jeden Fall geehrt. Wann sind
Sie sonst glücklich?* Wenn die Sonne scheint,
wenn alle um mich herum glücklich sind, das
ist wichtig. Und wenn ich im Flow bin, wenn
ich an etwas arbeite und dann auf etwas anderes komme. Glück empfindet man ja immer
nur als einen Moment. Manche wollen diese
Momente immer wieder erleben, wie Drogensüchtige. Leider funktioniert das nicht und
endet nur im Frust. Zufriedenheit dagegen
ist ein Zustand, der lange anhalten kann und
kein Nachtanken braucht. Ich bin ein zufrie-
dener Mensch, was auch mit meinem Naturell
zu tun hat.

*Glück ist ja auch deshalb so erstrebenswert, weil
man in diesen Momenten das Zeitgefühl verliert.
Wann ist das bei Ihnen der Fall?* Beim Socken-
anziehen morgens. Ich sitze und sinniere
vor mich hin, bis ich plötzlich merke: »Oh, zehn
Minuten vorbei!« – und dabei habe ich nur
einen Socken angezogen. Das sind Momente,
in denen ich komplett die Zeit vergesse.

*Sie haben in den Jahrzehnten bei der Maus viel
erlebt. Welchen Ratschlag geben Sie heute gerne
weiter?* Neugierig zu sein! Das rate ich gerne
und auch aus vollem Herzen, voller Überzeugung. Neugierig sein und sich wundern sind
die Grundlage von allem: von Wissenschaft,
von Erkenntnis, von Lernen.

*Ist es das, was Sie auch bisher über das Leben
gelernt haben? Oder gibt es da noch mehr?* Ich bin
natürlich viel rumgekommen und habe
viele Menschen kennengelernt. Aber ob das das
Leben ist, weiß ich nicht. Es ist ja für jeden
nur ein Ausschnitt. Ich denke, wenn man etwas
über das Leben wissen will, dann sollte
man Bücher lesen. Ins Leben anderer Menschen
einzutauchen oder andere Geschichten zu
erleben, das finde ich schön.

*Gibt es etwas, was Sie selbst gerne noch lernen
würden?* Ich würde gerne ein Musikinstrument
spielen können. Kein bestimmtes, es geht mir
nur darum, eine Melodie, die mir in den Kopf
kommt, spielen zu können. Ich habe ein
wahnsinnig gutes musikalisches Gedächtnis.
Wenn man mir eine Melodie einmal vorge-
spielt hat, dann kann ich die.

*Bei der Sendung mit der Maus beantworten Sie
häufig auch Fragen, die Kinder Ihnen zugeschickt
haben. Haben sich die Kinderfragen eigentlich
in den letzten fünfzig Jahren verändert?* Es ist
deutlich, dass Umweltaspekte heute eine
große Rolle spielen. Vor fünfzig Jahren wurden
wir nicht gefragt: Was passiert denn mit
dem Plastikball, wenn der mal kaputtgeht?
Damals hat man ihn einfach weggeschmissen.
Aber heute wird gefragt: Wird der recycelt,
geht das Plastik ins Meer, fressen die Fische das?
Der Blickwinkel ist ein anderer geworden.

»*Glück empfindet man ja immer nur als einen Moment. Manche wollen diese Momente immer wieder erleben, wie Drogensüchtige. Zufriedenheit dagegen ist ein Zustand, der lange anhalten kann und kein Nachtanken braucht.*«

Und doch sind die Kinder einfach neugierig – genauso wie vor fünfzig Jahren, daran hat sich nichts geändert.

Gibt es eine Kinderfrage, an der Sie verzweifelt sind? Verzweifelt nicht, aber Tod und Gott sind Themenbereiche, wo man passen muss.

Glauben Sie eigentlich selbst an Gott? Ne.

Wie blicken Sie denn auf den Tod: Wir sterben und das war's? Ja. Vielleicht hinterlasse ich was mit der Fernsehsendung, aber wenn ich das nicht täte, dann wäre es eben so und das wäre auch kein Problem. Die Leute, die an den Himmel oder an Wiedergeburt glauben, brauchen das vielleicht, und das kann ich auch gut verstehen. In gewissen Situationen spendet das sicherlich Trost, aber ich persönlich finde es unrealistisch.

Haben Sie Angst vor dem Tod? Nein. Ich bin sicher, ein ausreichend gutes Leben geführt zu haben.

Das klingt so, als würden Sie nur selten in der Vergangenheit oder in der Zukunft leben. So ist es, ich lebe sehr in der Gegenwart.

Glauben Sie denn, dass unser Leben auch einen Sinn hätte, wenn wir unsterblich wären? Das wäre keine gute Idee. Es ist eigentlich ganz gut, dass wir sterblich sind, weil das auch irgendwie alle gleich macht. Am Schluss eines jeden Lebens steht der Tod.

Wann fühlen Sie sich auf der anderen Seite denn besonders lebendig? Jetzt. Ich bin nicht tot, da bin ich ganz sicher (lacht).

Was ist Ihr Elixier, das Sie jung hält? Vielleicht ist es meine Neugier … aber vor allem sind es meine Kinder und meine Frau. Weil sie dafür sorgt, dass ich mich nicht berühmt fühle. Dieses Interview führen wir ja gerade nur deshalb, weil ich öfter im Fernsehen bin. Da ist nichts Besonderes dran. Ich mache eine gute Arbeit und das ist es.

Haben Sie neben der Arbeit eigentlich noch andere Hobbys? Die Arbeit ist doch mein Hobby (lacht)! Mit meiner Frau habe ich verabredet, dass ich abends im Normalfall um halb acht zu Hause bin, sonst würde ich sicher noch länger sitzen bleiben.

CARLA SITSEN

Grundschülerin

Carla wohnt mit ihren Eltern und ihrem kleinen Bruder in einem Vorort von Düsseldorf. Sie war in einem evangelischem Kindergarten und ist nun in die Schule gekommen. Später möchte sie einmal Erfinderin werden. Wenn sie sich nicht gerade verrückte Dinge ausdenkt, die unser Leben leichter machen könnten, rennt sie durch das Haus oder über den Sportplatz. Sie liebt klettern, Trampolinspringen, turnen. Und sie stellt jede Menge Fragen, aber noch besser: Wenn sie die Antwort nicht weiß, sagt sie ganz gelassen »Weiß ich nicht«. Nachdem wir all ihre Puppen und Superhelden kennengelernt und fotografiert haben, erweist sie mir noch eine besondere Ehre: Ich darf in ihr Freundebuch schreiben!

Carla, was meinst du: Hätte unser Leben auch einen Sinn, wenn wir unsterblich wären? Dass, wenn man stirbt, man sofort wieder neu geboren wird? Das wäre toll. Dann könnte man machen, was man will. Vom Hausdach hundert Meter runterspringen und dann steht man einfach wieder auf.

Wann fühlst du dich denn sehr lebendig? Also wenn ich schlafe, dann fühle ich mich ganz normal. Aber wenn ich was träume, dann fühl ich mich total lebendig. Manchmal habe ich auch Albträume, aber nur ganz selten.

Gibt es einen Traum, den du gerne mal träumen würdest? Dass ich fliege und dann einen Gullydeckel finde, der komisch aussieht, und eigentlich Schrott ist, und dann nehme ich den hoch und baue Turbodüsen dran, stelle mich drauf und dann macht es Woosh und ich fliege ins Weltall.

CARLA SITSEN

> »Alle Menschen auf der Welt, ob Diebe oder nicht,
> egal ob nett oder nicht, gehören zusammen.«

Du willst also gerne mal ins All? Ja, weil da rennt man riesige Schritte – und in der Weltraumkapsel wird einem nie langweilig: Man kann Purzelbäume schlagen, wenn man Zähne putzt, und die Zahnbürsten fliegen im Bad herum. Das ist ja lustig, ich habe mir gerade vorgestellt: Wenn ein Becher fliegt und umkippt, fliegt das Wasser trotzdem weiter.

Gibt es etwas, was du tust, damit die Welt ein bisschen besser wird? Mir Dinge ausdenken, die es gar nicht gibt. Ich habe noch nichts erfunden, aber ich möchte mal gerne einen Sessel erfinden, der abhebt. Oder eine Maschine, die Zeitreisen macht. Und einen Regenschirm, der über einem in einem Rucksack ist. Dann läuft man, kann rennen und machen, was man will, aber wird trotzdem nicht nass.

Du möchtest also Erfinderin werden. Wie kam es denn dazu? Ich hab bei der ›Sendung mit der Maus‹ eine Frau gesehen, die auch Erfinderin ist, und einen leuchtenden Regenschirm erfunden hat. Die hat um den Schirm herum so Lichter gemacht, damit sie, wenn sie abends in die Werkstatt geht, nicht mehr in eine Pfütze tritt.

Wenn du nicht gerade Sachen erfindest – bei welcher Tätigkeit verlierst du denn noch das Zeitgefühl? Beim Klettern. Wenn man so super beschäftigt ist, auf einen Baum zu kommen. Weil das auch so schwer ist. Und wenn man dann oben ist, freut man sich. Einmal bin ich von einer Rutsche gefallen und hab mir den Arm gebrochen. Und als die Metallstäbe drin waren, hatten meine Freundin Efi und ich einen riesigen Spaß – die hat nämlich einen Metalldetektor, den haben wir drangehalten und der hat *Piep Piep Piep* gemacht.

So ein gebrochener Arm tut bestimmt weh. Gibt es sonst etwas, was dein Leben verändert hat? Als ich in die Schule gekommen bin. Ich habe mich so gefreut, vor allem auch auf die Schultüte.

Und was hast du bisher gelernt? Lesen! Das mag ich auch ganz gerne. Wenn man im Schlumpf-Comic etwas sieht, was einen total interessiert, zum Beispiel was der in der Sprechblase sagt, dann muss man es lesen! Daran kann ich mich gar nicht hindern, weil es so spannend ist.

Gibt es etwas, was dir besonders wichtig ist? Also mir ist wichtig, dass ich abends eine Geschichte vorgelesen bekomme. Manchmal lesen wir abends auch Comics. Die hat mein Papa für mich aufgehoben.

Und abgesehen von Comics – was macht dich noch glücklich? Wenn wir ins Schwimmbad gehen und da so tolle Sachen machen wie tauchen und rutschen. Ich kann schon auch mit offenen Augen tauchen, aber am liebsten bin ich unter Wasser mit Augen zu. Und mit meiner Freundin spielen, macht mich auch glücklich.

Und worauf kannst du auch gut verzichten? Ähm, auf Obst.

Worüber freust du dich ganz besonders? Wenn es in der Früh Pancakes gibt. Mit Nutella. Und wenn es Spaghetti mit Tomatensoße gibt. Meine Oma macht die besonders gut!

Denkst du eigentlich, dass das Leben einen Sinn hat? Ja.

Und was glaubst du, was der Sinn ist? Dass alle Menschen auf der Welt, ob Diebe oder nicht, egal ob nett oder nicht, zusammengehören.

Glaubst du denn, dass es böse und gute Menschen gibt? Ja, aber trotzdem gehören alle zusammen und alle können wieder zu einem Herz werden.

Also kann man als böser Mensch auch wieder gut werden? Klar! Man kommt ins Gefängnis und überlegt sich, man möchte doch lieb sein und sagt dem Polizisten, wo man die Sachen versteckt hat, sagt Entschuldigung und gibt sie zurück. Und dann kommt man wieder aus dem Gefängnis und ist ein ganz normaler Mensch. Gute Menschen können aber auch zu schlechten Menschen werden.

Was ist denn für dich ganz persönlich der Sinn des Lebens? Dass Gott der einzige Mensch ist, der alles erschaffen hat und deswegen ist der Gott das ganze Herz. Der hat also sich den ganzen Menschen geschenkt, nur damit wir alle leben können.

Glaubst du an einen Gott, der im Himmel wohnt? Ich glaube, dass Menschen, die krank sind – die sterben ja dann –, dass Gott die im Himmel dann wieder gesund macht, weil der hat da bestimmt alles, was er braucht, und dann leben die Menschen im Himmel weiter. Vielleicht ist dort ja ein wunderschönes Paradies.

Glaubst du auch daran, dass wir Menschen eine Seele haben? Ja! Und wenn wir sterben, geht's den Seelen ganz übel. Wenn die dann verarztet werden, dann fühlen die sich schon ein bisschen besser. Und wenn sie wieder gesund sind, dann sind sie froh, dass das Schlimme vorbei ist. Wenn eine Seele schon richtig alt ist, dann schwebt die weg. Und eine neue Seele entsteht, indem ein paar Seelen gegeneinander fliegen. Die Seele, die als Erstes im Körper ist, hat gewonnen, und dann gibt es neues Leben.

Das ist ja eine schöne Vorstellung. Und das ist dann ganz zufällig, welche Seelen da aufeinandertreffen? Ja, das ist dann so: Die schnellste Seele gewinnt, und die Seele kann dann als einzige in den Körper fliegen, weil sie die erste ist. Alle anderen knallen nur gegen den Körper. Die können dann nicht mehr in den Körper, außer eine Seele gewinnt mit einer anderen gleichzeitig, dann ist es unentschieden, beide dürfen leben und dann sind es Zwillinge.

GEORG KIRNER

Abenteuerreisender

Heute die Welt zu erkunden, ist eigentlich kein Abenteuer mehr. Doch als Georg Kirner vor über sechzig Jahren mit dem Fahrrad zu seiner ersten Reise aufbrach – über die Alpen zu einer geheimnisvollen Stadt, die ins Meer gebaut wurde – wusste er noch wenig über andere Kulturen. Heute ist er Mitte achtzig, hat fast 200 Länder besucht, mit 67 noch den Südpol überquert und drei Flugzeugabstürze überlebt. Wer den »Schorsch« in seinem Zuhause besucht, der besucht auch ein Museum – und einen Mann, der zufrieden auf sein Leben blickt. Der wahnsinnig viel zu erzählen und zu zeigen hat – alte Fotos, einzigartige Kunstwerke und historische Artefakte. Dabei sind die größten Schätze, die Kirner besitzt, seine Geschichten – über andere Kulturen, Religionen und den Lebenssinn, der überall auf der Welt ein anderer zu sein scheint.

Sind Sie auf Ihren vielen Reisen der Antwort nach dem Sinn des Lebens etwas näher gekommen? Auf jeden Fall! Ich habe fünfzig Jahre lang Menschen besucht, die von der Zeit vergessen wurden – im Urwald, in der Steppe, im Eis. Die teilweise noch nie elektrisches Licht gesehen oder durch eine Fensterscheibe geschaut haben. Mitgenommen habe ich, dass es uns überentwickelten Europäern kaum schaden würde, wenn wir öfter mit dem zufrieden wären, was da ist, anstatt uns immer nach noch mehr zu sehnen. Auch sehr fasziniert hat mich, dass ausnahmslos alle Menschen, die ich besucht habe, eine Gottvorstellung haben. Je nach Kultur kann das auch ein Baum oder die Natur sein.

Glauben Sie selbst an Gott oder etwas Übernatürliches? Irgendetwas ist da. Nach dem letzten Flugzeugabsturz war ich wochenlang bewusstlos und habe immer wieder einen Männerchor gehört. Früher war der Glaube

»*Kein Mensch wusste, wo ich bin, ich wusste es manchmal ja selber nicht. Meine Frau hat oft vergeblich auf Post von mir gewartet.*«

an Übernatürliches auch noch ganz normaler Bestandteil der Bauerntraditionen. Als meine Mutter etwa 17 Jahre alt war, kamen im Ort ein paar Wanderschäfer aus Südtirol auf der Durchreise vorbei. Einer hat ihr damals aus der Hand gelesen. Er konnte sehen, dass ihr Familienname einmal mit K beginnen würde – da kannte sie meinen Vater noch gar nicht –, dass sie drei Kinder haben und keine fünfzig Jahre alt werden würde. Nur drei Monate vor ihrem fünfzigsten Geburtstag ist sie tatsächlich tödlich verunglückt.

Ihre Begegnung mit dem Dalai Lama hatte sicherlich auch etwas Spirituelles. Sie haben drei Monate bei ihm gelebt. Was haben Sie von dieser Begegnung mitgenommen? Zunächst einmal war es enorm schwierig zu ihm zu kommen, er ist ja selbst wie ein Gott. Ich habe Unmengen Empfehlungsschreiben gehabt und tibetische Kinder nach Nepal gebracht – das hat der Dalai Lama mitbekommen und mich eingeladen. Er hat nicht jeden Tag Zeit für mich gehabt, aber etwa jeden zweiten Tag für eine Stunde oder zwei. Dieser Aufenthalt hat mir viel gegeben und mein Leben stark beeinflusst.

Inwiefern? Als ich von meiner Tibet-Expedition zurückkam, empfing mich meine Frau mit Tränen in den Augen: Der Nachbar hatte mich angezeigt, weil unsere Zierhecke fünf Zentimeter zu nah an seiner Einfahrt stand. Ein Staatsanwalt, ein Richter und ein Rechtsanwalt

waren deshalb vor Ort. Da dachte ich mir, wie materiell arm die Leute woanders auf der Welt sind und trotzdem so viel reicher als wir. Ich bin damals mit dem Radl durch Tibet gefahren und niemand hat gefragt, woher ich komme oder was ich plane, sondern nur, ob ich Hunger oder Durst habe. Deshalb habe ich mir auch geschworen, sobald ich einmal Geld hab, tue ich etwas für die Leute dort. Jahre später habe ich bei einer Fernsehshow 100.000 Mark gewonnen – davon habe ich Land gekauft, damit die Ureinwohner in den Gebieten, in denen sie seit jeher ansässig sind, auch weiterhin ungestört leben können. Nichtstun ist einfach zu wenig!

Wann entstand Ihr Interesse für das Reisen? Mein Vater wurde im Zweiten Weltkrieg eingezogen und kam als Invalide zurück. Dadurch war meine Familie verarmt und ich wurde 1948 auf die Alm zu meiner Großmutter geschickt, die Sennerin war. Dort musste ich schwer arbeiten, ernährt haben wir uns von Kälbertrunk – Wasser, Magermilch und Kleie. Das bekamen die Kälber als Aufzuchtmilch, genauso wie auch ich, nur dazu etwas Brot und Kartoffeln. Ich hatte nur wenig Ahnung von Geografie, aber ich habe mich immer gefragt, was wohl hinter dem Berg ist. Auch meine Großmutter wusste nicht genau, wo die Zugvögel hinfliegen. Gelegentlich kamen Holzfäller aus Tirol vorbei, also fragte ich die. Einer meinte, irgendwo südlich gäbe es eine Stadt, die ins Meer hineingebaut wurde. Da dachte ich: Wie kann man denn so blöd sein, eine Stadt ins Meer zu bauen? Ein anderer sagte, noch weiter weg gäbe es Pyramiden, 5000 Jahre alt, über hundert Meter hoch.

Und wann sind Sie dann los? 1959 ist etwas Einschneidendes passiert: In einen Baum, der die Rinder und Kälber immer gegen große Hitze, Regen oder Unwetter geschützt hatte, schlug der Blitz ein und erschlug sieben Kälber. Das waren meine Freunde, ich kannte sie schließlich seit ihrer Geburt. Also sah ich es als Zeichen, dass ich hier nicht mehr erwünscht bin. Ich habe mir das Fahrrad von meinem Vater geliehen und bin damit an den Gardasee gefahren. Von dort aus weiter nach Venedig – da war sie, die Stadt im Meer. Und dann auf einem Boot rüber nach Nordafrika, mit dem Radl bis nach Kairo und weiter nach Gizeh zu den Pyramiden. Ich habe mir einen Jugendtraum verwirklicht.

Ein Jugendtraum war auch, den Nordpol und Südpol zu bereisen, Sie haben hier sogar einen Weltrekord aufgestellt. Wie war diese Erfahrung? Was einem echt zu schaffen macht, ist nicht einmal unbedingt die extreme Kälte, sondern dass es immer hell ist und man trotzdem schlafen muss, damit man am nächsten Tag fit ist. Man braucht viel Energie, um seinen Hundert-Kilo-Schlitten zu ziehen. Und dann gehst du monatelang geradeaus, manchmal auch im Kreis, wenn du Pech hast. Ich habe irgendwann nur noch meine Schritte gezählt. Um einen herum ist nichts, nur Weiß.

Und während all dieser Zeit war Ihre Frau daheim. Haben Sie Ihr Zuhause nie vermisst? Ich musste lernen abzuschalten. Wenn du immer an den Menschen zu Hause denkst,

scheiterst du. Ich habe Kollegen, die wurden mit der Zeit Einsiedler und sind es geblieben – welche Frau macht das mit, dass man monatelang nicht da ist? Kein Mensch wusste, wo ich bin, ich wusste es manchmal ja selber nicht. Meine Frau hat oft vergeblich auf Post von mir gewartet. Aber bei uns gibt es kein Ich, sondern nur ein Wir. Wenn es nicht hinhaut mit dem Ganzen, dann scheitern wir beide.

Bei all den Dingen, die Sie erlebt haben, den Menschen, die Sie kennengelernt haben – was haben Sie über das Leben gelernt? Zufrieden zu sein mit dem, was da ist. Wenn ich nicht mehr habe, brauche ich auch nicht mehr. Die Zeit, die man hat, zu schätzen und dankbar zu sein für gute Freunde und für eine Frau, die zu einem hält.

AUF DER SUCHE NACH DEM SINN

GEORG KIRNER

»Das Schönste war eigentlich immer, gesund und mit vielen Erlebnissen im Gepäck wieder nach Hause zu kommen.«

Was ist Glück für Sie? Glück ist kein Dauerzustand, das sind nur Momente und die sind für jeden anders. Für mich war es, mir meine Jugendträume verwirklichen zu können. Denn wer seine Träume realisieren kann, ist ein reicher Mensch. Auch wenn ich dafür einen hohen Preis bezahlen musste: Ich habe alle Typen von Malaria gehabt, außerdem Hepatitis A und B. Insgesamt 17 Knochenbrüche. In der Schulter habe ich Eisen, auf dem linken Auge sehe ich nichts mehr – beides von dem Flugzeugabsturz.

Wenn man drei Flugzeugabstürze überlebt hat, denkt man danach anders über das Leben? 156 Passagiere, nur vier haben überlebt. Warum gerade ich? Das frage ich mich bis heute. Aber ich komme zu keinem Ergebnis. Erst letzte Woche ist jemand aus unserem Ort mit nicht einmal sechzig Jahren umgefallen und war tot. Darum: Carpe diem, nutze die Zeit.

Haben Sie eigentlich Angst vor dem Tod? Der wird schon kommen. An meinem 85. Geburtstag habe ich einen Antrag für weitere fünf Jahre eingereicht – sonst kann man sowieso nichts machen!

Wann fühlen Sie sich lebendig? Zum Beispiel jetzt, weil ihr da seid und wir dieses Interview machen. Aber auch wenn ich im Gebirge unterwegs bin oder im Wald. Wenn ich auf Skiern stehe oder mit dem Radl fahre – das ist für mich das Höchste. Draußen sein in der Natur.

Worauf könnten Sie dagegen gut verzichten? Auf alles, ich komme immer durch. Ich habe gelernt, wie man Salben für Verletzungen aus verschiedenen Alpenkräutern herstellt. Wenn ich einen Schlafsack habe, brauch ich kein Bett. Ich kann mir überall schnell eine kleine Hütte bauen. Irgendwie geht es immer weiter.

Was würden Sie gerne einmal hinterlassen? Gespräche wie dieses. Dass andere sehen, wie man sein Leben auch gestalten kann, denn meine Großmutter hat mir einmal gesagt: »Deine Eltern haben dir das Leben geschenkt, jetzt mach was draus«.

Eine Familie gründen und sesshaft werden – wollten Sie das nie? Nein, aber klar: Sich eine Familie aufzubauen ist etwas sehr Schönes! Der Sinn des Lebens kann nicht immer sein, dass man verrückte Expeditionen macht.

Was war eigentlich das Schönste, das Sie je gesehen haben? Das bei dieser Vielzahl zu sagen, geht eigentlich nicht. Das Schönste war eigentlich immer, gesund und mit vielen Erlebnissen im Gepäck wieder nach Hause zu kommen. Manches vergisst man wieder, dann sehe ich mir die alten Bilder an und denke mir oft: »Danke, lieber Herrgott – schön war's!«

MICHAEL MARCHETTI

Ehemaliger Pilot

Michael Marchetti arbeitete als Journalist, bevor er sich mit über dreißig dazu entschied, Privatjet-Pilot zu werden. Die letzten Jahre flog er quer durch die Welt, um die Schönen und Reichen zu ihrem Ziel zu bringen. Doch in der ersten Welle der Corona-Pandemie 2020 kamen ihm Zweifel: Was mache ich hier überhaupt? Und was machen wir mit dem Planeten? Kurzerhand kündigte er seinen Job und verkaufte sein Auto. Heute hilft er mit seinem Start-up ›we transform pilots‹ anderen Pilot:innen raus aus ihrem Job und rein in ein neues Leben, das hoffentlich nachhaltiger, in jedem Fall aber entschleunigter ist. Bei unserem virtuellen Interview zwischen München und Wien sprechen wir über das Klima, Yoga und die wichtigste Reise des Lebens: die zu sich selbst.

Vor deiner Kündigung hattest du eine Art Sinnkrise. Was hatte sich verändert? Fliegen war und ist immer noch meine Leidenschaft, aber zum einen ist es mir auf die Nerven gegangen, dass ich immer auf Abruf war. Man konnte nichts planen – nicht einmal Weihnachten oder Geburtstage. Und das ist in einer Familie mit zwei Kindern auf lange Sicht anstrengend. Der Auslöser für meine Kündigung war letztendlich aber die Corona-Krise – der plötzliche Stillstand, dass ich viel Zeit hatte und in der Natur war. Ich bin schon immer gerne draußen, aber plötzlich habe ich diese Verantwortung viel stärker gespürt, die wir ja alle für unsere Umwelt haben.

Gab es dabei ein Erlebnis, das dir im Kopf geblieben ist? Während des ersten Lockdowns bin ich an einem schönen Frühlingsabend am Lagerfeuer in unserem Garten gestanden – und als ich zum Himmel schaue, fliegen gerade die Satelliten von dem Tesla-Gründer Elon Musk vorbei, die der monatlich für sein ›Starlight Project‹ ins All schießt. Es waren Dutzende, eine nicht enden wollende, helle Lichterkette – wirklich gespenstisch. Da hab ich gedacht: Irgendwas läuft doch gewaltig schief bei uns, wenn man die Sterne beobachten möchte und dann diese künstlichen Lichter vorbeifliegen.

Wie kann man sich deinen Job als Privatjet-Pilot vorstellen? Wir haben sowohl Prinzen und Prominente durch die Welt geflogen als auch einfach wohlhabende Familien und Firmen-Chefs. Es sind in jedem Fall viel mehr Menschen, die sich einen Privatjet leisten können, als man das zuerst glaubt. Und die Schere geht immer weiter auf. Manche behandeln dich respektlos, nur weil sie Geld haben. Die sind irgendwie nicht mehr erreichbar auf der menschlichen Ebene, das ganze Leben ist nur mehr Langeweile. Damit habe ich mich irgendwann auch nicht mehr wohlgefühlt, ich möchte nicht den Marotten und Launen dieser Menschen ausgesetzt sein. Natürlich gab es aber auch viele nette und wahnsinnig

zugängliche Leute, die mit uns unterwegs waren. In den Sommermonaten war am meisten los – da bin ich teilweise so viel geflogen, dass ich nicht mehr wusste, wo ich war. Dass dir das morgens mal im Hotelzimmer passiert, gehört als Pilot dazu, aber einmal hatte ich den Moment mitten am Nachmittag auf einem Platz in Bukarest. Ich wusste einfach nicht mehr, in welcher Stadt ich gerade war. Da habe ich ein bisschen Angst bekommen.

Welche Gefühle waren da, als du schließlich gekündigt hast? Da war zum einen der Abschied und das Wissen, dass damit auch viele schöne Momente gehen und so schnell nicht wiederkommen. Wir waren ein super Team, es war oft eine Freude, mit meinen Kollegen unterwegs zu sein. Zum anderen hatte ich natürlich Sorge um die Zukunft, bin ein paar Mal nachts wach gelegen und hab mir den Kopf zerbrochen: Wie wird es weitergehen? Was könntest du tun? Ich wollte nicht sofort in einen nächsten Job, sondern mir erst einmal die Zeit geben. Gleichzeitig ist da aber natürlich der Druck, auch finanziell, dass möglichst bald etwas Neues entstehen soll.

ÜBER DAS GESPRÄCH HINAUS

Beim Interview sind Michael und ich eigentlich sofort auf einer Wellenlänge. Ich bin beeindruckt, wie er in den letzten Jahren sein Leben radikal verändert hat. Ich lernen von ihm: Man kann sich jederzeit in seinem Leben wieder neu erfinden. Man kann jahrzehntelang Auto fahren und dann das eigene verkaufen. Man kann finanzielle Verantwortung tragen

für eine Familie und trotzdem seiner Bestimmung folgen, seinen sicheren Job kündigen. Er hat sich zumindest stückweise von den Erwartungen der Gesellschaft lösen können – und das macht Mut, denn eigentlich hat man ja das Gefühl: Je fortgeschrittener das Leben ist, desto weniger lässt sich noch ändern.

MICHAEL MARCHETTI

»*Die innere Stimme ist der Kompass schlechthin.
Wenn man nicht auf sie hört, geht's schief. Aber wenn man
auf sie hört, kann es eigentlich nur gelingen.*«

*Was ist denn dein ultimativer Tipp für alle, die
sich beruflich verändern wollen?* Ich kann nur
sagen, was für mich gut war: in die Stille
gehen. Also sich zurückziehen, in der Natur sein
und dort einfach schauen, was in einem
passiert. Meistens wird dann sehr schnell klar,
was der nächste Schritt ist. Die innere Stimme
ist der Kompass schlechthin. Wenn man nicht
auf sie hört, geht's schief. Aber wenn man auf
sie hört, kann es eigentlich nur gelingen – das
ist zumindest meine Erfahrung!

*Du warst auch mal Tauchlehrer. Haben Fliegen
und Tauchen sogar etwas gemeinsam?* Man kann
es nicht vergleichen, aber es gibt tatsächlich
viele Parallelen. Für mich ist beides ein Betrachten von Harmonie und Schönheit. Unter
Wasser liebe ich vor allem diese Stille, niemand
spricht, du kannst nur atmen, schauen und
staunen. Das Faszinierende beim Tauchen ist –
im Gegensatz zum Schnorcheln –, dass du
Teil des Ganzen wirst, du tauchst wirklich in
eine andere Welt ab. Und du hast vor Dingen keine Angst mehr, die dir oben noch Angst
gemacht haben.

*Wenn man in der Natur ist, denkt man sich oft:
Alles hier draußen ist so perfekt – wer hat sich das
ausgedacht? Bist du gläubig?* Ich glaub zwar
nicht an den Gott, wie er von der Kirche bildlich
dargestellt ist, der alte Mann mit Rausche-
bart, aber ich glaube an eine göttliche Kraft.
Für mich ist Gott auch die Natur, weil die

Kreisläufe hier so perfekt ineinandergreifen,
wie wir es als Menschen niemals hinbe-
kommen werden. Dieser perfekte Kreis – daran
glaube ich, man muss nur die Augen auf-
machen und hinschauen.

*Hast du eine Vorstellung davon, was nach dem
Tod mit uns passiert?* Ich glaube, dass vor unserem Leben etwas war und dass auch nach
dem Tod etwas sein wird. Was genau, ist gar
nicht so wesentlich – ich vertraue einfach
darauf, dass da etwas Gutes kommen wird.
Viel interessanter ist, was wir während unserer
Lebensspanne hier machen. Als ich noch als
Journalist tätig war, habe ich mal einen Artikel
über Menschen und ihre letzten Augenblicke
geschrieben. Da habe ich gesehen: Es ist egal,
ob du Hotelmanager, Hausfrau oder Handwerker warst – am Ende sind alle gleich. Letztlich saßen sie auf der Terrasse vom Hospiz
nebeneinander und waren einfach froh, die
Sonnenstrahlen im Gesicht zu haben. Das war
sehr berührend. Was ist am Schluss wirklich
wichtig? Was sind die Prioritäten, die man setzen sollte in seinem Leben? Und das ist eben
nicht Geld, und es ist nicht das »Höher, schneller, weiter«, sondern es sind die kleinen Dinge.

*Was wäre eine Alternative zu unserem »Höher,
schneller, weiter«?* Das ist ein total spannender
Punkt – auch in Hinblick auf den Sinn
des Lebens und die eigene Reise. Denn wenn
man ehrlich zu sich selbst ist und sich mal

beobachtet, dann merkt man schnell, dass wir alle diesen Drang nach dem »Höher, schneller, weiter« in uns haben. Zum einen, weil wir so erzogen werden, also nach dem Leistungs-prinzip, zum anderen weil es zu einem gewissen Teil auch in uns steckt – die ewige Suche nach Verbesserung. Ich glaube, man muss sich da immer wieder einfangen und sowohl sich selbst, als auch seiner Umwelt zeigen, dass weniger oft mehr ist. Ich gehe auch immer noch oft meinem eigenen Ehrgeiz auf den Leim und denke, das muss alles noch größer und toller werden. Dann frage ich mich: Wie viel ist eigentlich genug?

Aber müssen wir nicht auch immer nach mehr streben, um uns als Menschen weiterzuentwickeln? Es wird dort gefährlich, wo wir glauben, wir könnten die Natur besser machen – ein gutes oder sehr schlechtes Beispiel sind Staudämme. Ich glaube, es ist überhaupt ein Irrglaube, dass man die Klimakrise mittels Technik bewältigen kann. Das kann ein guter Ansatz sein, wenn die menschliche Intelligenz daran arbeitet, aber das wird niemals die Umstellung des eige-nen Denkens ersetzen können.

Welchen Wandel würdest du gerne noch mit-erleben, wenn es um die Welt und das Klima geht? Ich glaube, dass die Klimakrise eigentlich eine Menschenkrise ist – das ist natürlich nicht mein eigener Gedanke, sondern steht in vielen guten Büchern. Es ist eine Auswirkung von etwas ganz anderem, das eigentlich in uns liegt. Und damit meine ich eben diese eigenen Dämonen, diese menschliche Gier, das Nicht-genug-Bekommen. Und das entsteht bei uns aus einer Unsicherheit, aus der Angst heraus, zu wenig zu kriegen, aus einem Mangel. Ich würde gerne noch erleben, dass die Menschen, aber auch ich, von sich aus noch viel öfter sagen: »Ich brauche das gar nicht!«

Nichts brauchen ist ein gutes Ziel. Wann bist du heute glücklich? Wenn ich spüre, dass die Dinge in einer Harmonie sind. Wenn alles, was da ist im Moment, genug ist, dann fühlt es sich total gut an. Zum Beispiel auf einem Berg-gipfel stehen und alles zu überblicken – das ist so ein Glücksmoment. Aber das gibt es auch im Kleineren: Mal innehalten und aus der Tretmühle des Alltags kurz aussteigen. Zum Beispiel auf der Straße stehen bleiben und einfach nur wahrnehmen, den Himmel anschauen und die Wolken vorbeiziehen sehen. Und dann nach einer halben Minute wieder reinkommen in diese Welt. Das macht schon viel aus.

Hast du eine Vorstellung davon,
was nach dem Tod mit uns passiert?

»Als ich noch als Journalist tätig war, habe ich mal einen Artikel über Menschen und ihre letzten Augenblicke geschrieben. Da habe ich gesehen: Es ist egal, ob du Hotelmanager, Hausfrau oder Handwerker warst – am Ende sind alle gleich. Letztlich saßen sie auf der Terrasse vom Hospiz nebeneinander und waren einfach froh, die Sonnenstrahlen im Gesicht zu haben.«

Sind das auch die Momente, in denen sich dein Leben sinnvoll anfühlt? Genau! Wenn ich in meiner Mitte bin, fühlt sich alles stimmig an. Das heißt achtsam sein, darauf schauen, was ich brauche, und nicht über meine Grenzen hinausgehen. Ich finde diese Achtsamkeit unfassbar wichtig – allem gegenüber, aber vor allem mir selbst.

Hat es deinem Leben noch einen neuen Sinn verliehen, Kinder zu haben? Auf jeden Fall! Das hat sicher eine Dimension geöffnet, die ohne Kinder schwer vorstellbar ist. Und es ist etwas, was den Blick aufs Leben total verändert und bereichert. Da passieren Dinge, die kann man sich nicht vorstellen kann, wenn man keine Kinder hat. Und die sind wahnsinnig schön.

Glaubst du, es braucht Nachwuchs, um etwas zu hinterlassen? Ich glaube, dass wir ständig etwas hinterlassen – mit allem, was wir tun, haben wir einen Impact in dieser Welt. Deshalb ist es auch so wichtig, wie wir miteinander umgehen. Ich denke mir das oft, wenn ich im Supermarkt bin oder in der Arbeit: das eigentlich Wichtige spielt sich hinter den Kulissen ab, hinter dem, was für uns die sichtbare Welt ist.

Gibt es eine Erfahrung – außer deiner Sinnkrise während des Lockdowns – die dein Leben nachhaltig verändert hat? Ich bin mit meiner Frau vor drei Jahren durch Neuseeland gegangen – fünf Monate lang, 3000 Kilometer, nur mit Zelt und Rucksack. Das war für uns ein großer Augenöffner: Zu sehen, wie einfach das Leben sein kann und mit wie wenig man auskommen kann. Vor allem aber, wie glücklich man damit ist. Es war schwer, wieder in unser altes Leben hineinzufinden. An einem

der ersten Abende nach unserer Rückkehr waren wir mit Freunden essen. Meine Frau und ich waren offenbar in der Wahrnehmung der anderen so langsam, dass unser Freund nur gelacht hat und meinte: »Wahnsinn, ihr seid so entspannt, das hab ich noch nie erlebt!«

Merkst du seit dieser Reise, dass dir Verzicht leichter fällt? Auf jeden Fall, die Reise hat da viel gebracht! Ich finde es einen spannenden Gedanken, dass wir bei Verzicht oft nur die Dinge sehen, die wir verlieren, aber nicht sehen, was wir zugleich gewinnen. Kein Auto haben zum Beispiel: Klar, man verliert Bequemlichkeit, aber man bekommt auch etwas. Ich bin jetzt viel mehr zu Fuß unterwegs, bewege mich an der frischen Luft und das ist ja auch wieder schön.

Was hast du bisher über das Leben gelernt? Was ich mittlerweile mit Ende vierzig weiß, ist, dass sich Dinge ändern, dass nichts gleich bleibt. Und wenn ich mich erinnere, was ich früher geglaubt habe, was wichtig ist – auch noch mit dreißig oder mit vierzig – dann ist es schön zu sehen, wie sich der Blick aufs Leben wandelt. Dass ich heute auf ganz andere Sachen Wert lege: weniger im Außen und mehr bei sich zu sein, gute Gespräche mit Freunden zu führen und natürlich Zeit zu haben!

Ist das auch ein Ratschlag, den du gerne weitergibst? Ich gebe keine Ratschläge (lacht)! Der einzige gute Rat ist, auf keinen Ratschlag von anderen zu hören, sondern nur auf sich selbst.

KRISTINA HÄNEL

Fachärztin für Allgemeinmedizin

Deutschland hat eines der strengsten Abtreibungsgesetze in Europa, auch wenn sich das mit der neuen Bundesregierung endlich ändern könnte. Bislang ist der Schwangerschaftsabbruch verboten, nur unter der Beratungsregelung kann er straffrei bleiben. Die Ärztin Kristina Hänel kämpft seit Jahrzehnten für die Abschaffung der Paragraphen 218 und 219a – mit enormen persönlichen Konsequenzen: 2017 wurde sie verurteilt, weil sie auf ihrer Website darüber informierte, dass sie Schwangerschaftsabbrüche vornimmt. Immer wieder tauchen vor ihrer Praxis Abtreibungsgegner:innen auf, schicken sogar Morddrohungen. Nun ist sie vor das Verfassungsgericht gezogen. Wie nebenbei führt Frau Hänel noch ihre Praxis in Gießen, die sie eigenhändig renoviert hat, bietet therapeutisches Reiten für Kinder und Jugendliche an, macht Triathlon und kümmert sich um ihre Enkelkinder. Als sie mir erzählt, dass sie eigentlich eine sehr zurückhaltende Person ist, kann ich das kaum glauben.

Kann eine Schwangerschaft nicht nur Sinn schenken, sondern auch nehmen? Absolut, mir fällt sofort der amerikanische Arzt Willie J. Parker ein, der das Buch ›Life's Work‹ über Schwangerschaftsabbrüche geschrieben hat. Darin heißt es in etwa: »Da sitzen sie alle, und sie haben Ziele, sie wollen eine Ausbildung, einen Beruf, sie wollen! Und ich rette ihnen ihr Lebenswerk, ich rette ihnen ihre Lebensidee, indem ich den Abbruch mache.« Diese Idee ist schon sehr wichtig: dass Frauen ein Leben haben, und dann passiert eine ungewollte Schwangerschaft und sie kommen an ihre existenziellen Grenzen, sind noch mitten in einer Ausbildung oder würden ihren Job verlieren. Manche schaffen es auch nicht mehr, ihre Angehörigen zu pflegen. Es gibt so viele Schicksale und nicht den *einen* Grund für eine Abtreibung.

Warum ist es sogar gefährlich, wenn Frauen sich nicht über Abtreibungen informieren können? Inzwischen gibt es tatsächlich Fake-Beratungsstellen, die darauf setzen, dass sie zu den

KRISTINA HÄNEL

> »Ich kam auf den Beruf in einer Zeit, als ich am Sinn
> des Lebens gezweifelt habe – und das war natürlich spannend:
> Eine Arbeit, die Sinn stiftet.«

Frauen eine emotionale Beziehung aufbauen, sie immer wieder anrufen und hinhalten. Damit verlieren die Frauen wertvolle Zeit, manche kommen über die legale Frist – das ist genau das, was diese sogenannten Abtreibungsgegner wollen. Es gibt aber auch Ärzte, die viel Geld für den Eingriff nehmen und damit durchkommen. Das liegt alles daran, dass Frauen keine Möglichkeit haben, zu überprüfen: Wie ist das denn bei anderen Ärzten? Was kostet das? Welche Methoden gibt es?

Wie kam es eigentlich dazu, dass Sie in dieses Thema eingestiegen sind? Ich hatte ein Kind während des Studiums und eins zum Examen bekommen, also wollte ich erst einmal nicht Tag und Nacht in der Klinik arbeiten. Ich habe dann stundenweise bei Pro Familia angefangen und dort täglich dieses Drama erlebt: Wo können die Frauen hin? Vor allem die, die kleine Kinder haben und kein Auto, die kein Deutsch sprechen? Ich bin immer mehr in das Thema reingeraten und habe die Notwendigkeit gesehen. Man kann nicht einfach sagen, Abtreibung sollte eigentlich nicht sein und damit hat es sich – so einfach ist es nicht.

Abtreibungsgegner:innen behaupten, sie kämpfen »für das Leben«. Was stört Sie an dieser Argumentation? Das stimmt einfach nicht. Es ist den Demonstranten egal, ob die Frauen die ungewollte Schwangerschaft überleben oder nicht. Sie schützen keine Leben, sie riskieren sie.

Immer noch sterben Tausende Frauen weltweit wegen illegaler Abbrüche oder sie suizidieren sich. Ich finde auch den Begriff »Abtreibungsgegner« schwierig, weil das bedeuten würde, dass es Leute gibt, die Abtreibungsbefürworter sind. Jede Frau, die so etwas erlebt hat, weiß, dass man nicht *dafür* sein kann, ebenso kann man nicht dafür Werbung machen – das ist lächerlich. Wir müssen klar unterscheiden zwischen sachlicher Information und Werbung.

Aus welcher Zeit kommen die umstrittenen Paragraphen 218 und 219a? Früher war ein Schwangerschaftsabbruch noch ein Eigentumsdelikt gegenüber dem Ehemann. Das war in etwa so, wie wenn ich das Schaf eines Bauern getötet hätte: Die Schwangerschaft, die in der Frau wuchs, gehörte dem Ehemann. Und wenn sie nicht verheiratet war, gehörte sie dem Vater der Schwangeren. Und jetzt gehört der Uterus halt nicht mehr dem Ehemann, sondern dem Staat.

Sie erhalten aufgrund Ihrer Arbeit sogar Morddrohungen. Sind Sie dagegen mittlerweile abgehärtet? Das geht eigentlich schon seit 35 Jahren so, seitdem ich mich mit dem Thema beschäftige. Gerade ist es etwas stärker, weil ich bekannter geworden bin. Aber ich glaube, da kann man nicht wirklich abbrühen. Wenn diese Mails oder Briefe kommen, ist das immer verletzend und beängstigend. Ich habe auch schon bei der Polizei Anzeige erstattet, aber da wird meistens nichts draus. Ich versuche es also zu verdrängen – zwischendurch ist es weg, aber es kommt wieder, wenn ich auf einer Veranstaltung bin, in der Öffentlichkeit stehe.

Ihr Beruf hat aber auch viele positive Seiten. Warum wollten Sie eigentlich Ärztin werden? Meine Eltern waren auch Ärzte und irgendwie fällt es einem leichter, das zu machen, was man schon kennt. Ich kam auf den Beruf in einer Zeit, als ich am Sinn des Lebens gezweifelt habe – und das war natürlich spannend: Eine Arbeit, die Sinn stiftet. Man kann Leben retten und Menschen helfen. Was man sich eben so vorstellt, bevor man Medizin studiert. Ich habe auch zehn Jahre lang im Rettungsdienst gearbeitet und dachte: Wenn du das schaffst, dann schaffst du alles. Und es hat mir tatsächlich für meine Arbeit eine gewisse Ruhe gegeben. Weil ich immer solche Angst davor hatte, dass eine Frau zu Schaden kommt, weil ich einen Fehler mache. Einmal war es so: Ich hätte jemanden retten können, wenn ich etwas anders gemacht hätte. Es war kein Fehler, aber es hat mich Wochen nicht schlafen und nicht weiter wissen lassen. Diese Erfahrung bleibt für immer, ich werde in der Zukunft immer anders handeln.

Wie lebt man mit dieser »Schuld«? Wenn ich eine Klempnerin wäre, dann gäbe es einen Wasserschaden – und bei mir gibt's im schlimmsten Fall einen Tod. Das ist schon schwer auszuhalten. Zu meinem Beruf gehört allerdings größtenteils, dass ich mich um die Gesundheit und das Wohlergehen von Menschen kümmere. Und dazu zählt für mich eben auch, dass ich mir wünsche, dass Kinder gewollt und geliebt auf die Welt kommen. Das ist übrigens auch die Brücke zu meinem Therapieprojekt mit Pferden und Kindern. Ich ertrage es nicht, wenn man Kindern wehtut.

In all den Jahren als Ärztin – was haben Sie da über das Leben gelernt? Dass man nie ausgelernt hat, dass es so viele Facetten hat – und je mehr ich wahrnehme, desto reicher werde ich. Auch im Beruf mit den ungewollt Schwangeren lerne ich jeden Tag unglaublich viel über das Leben, weil ich so viele

ÜBER DAS GESPRÄCH HINAUS

Den Fall von Kristina Hänel hatte ich in den letzten Jahren über die mediale Berichterstattung natürlich verfolgt. Und trotzdem habe ich viele Dinge erst im Gespräch mit ihr erfahren: dass Ärzt:innen früher sogar umgebracht wurden, wenn man auch nur vermutete, dass sie Schwangerschaftsabbrüche durchführten. Oder dass die beiden Paragraphen 218 und 219a aus einer Zeit stammen, in der das ungeborene Kind noch Eigentum des Mannes war. Eine Sache, die ich allerdings immer noch nicht verstehen kann: Warum sind die meisten Abtreibungsgegner, mit denen Frau Hänel zu tun hat, eigentlich Männer?

Menschen und ihre Schicksale so geballt erlebe. Ich glaube, es gibt kaum etwas Intensiveres – außer vielleicht die Intensivstation – wo man so plötzlich das ganze Leben einer Person vor sich hat: die Wohnung, das Haus, die Angehörigen.

Sie machen viel Sport – Triathlon und früher noch Marathon. Ist das Ihr Ausgleich? Ich habe erst mit Mitte fünfzig mit dem Laufen angefangen und dachte nie, dass ich einmal einen Marathon schaffen könnte. Aber wenn man dann wirklich ins Ziel einläuft, ist das fast mit der Geburt eines Kindes vergleichbar. Beides zeigt einem, man kann Sachen schaffen, von denen man es sich niemals hätte vorstellen können. Und das habe ich mitgenommen ins Leben: dass man über sich hinauswachsen kann. Das ist eine Erfahrung, die mich auch in dieser politischen Auseinandersetzung stärkt.

Ich muss diese Sache mit dem Verfassungsgericht noch zu Ende bringen, dass §219a als verfassungswidrig erkannt wird. Ich habe noch gar nicht groß darüber nachgedacht, was ich mache, wenn es nicht klappt, aber ich habe einen Spruch an der Wand hängen: »Optimismus ist nicht das Wissen, dass etwas gut ausgeht, sondern das Wissen, dass es Sinn ergibt, was ich mache.« Ich muss nicht gewinnen – es macht trotzdem Sinn.

Was ist für Sie der Sinn des Lebens? So wie ich es jetzt mit Mitte sechzig sehe, gibt es tausend Antworten auf die Frage. Der biologische Sinn ist, sich selbst zu erhalten. Und darin steckt sehr viel: dass man auch die Natur erhalten muss, dass man sich nicht gegenseitig umbringen darf. Mit das Wichtigste für mich sind meine Kinder und jetzt die Enkel.

Haben Ihre Kinder Ihnen also noch einmal einen neuen Sinn aufzeigen können? Die Geburt meines ersten Kindes hat mein Leben auf jeden Fall für immer verändert. Da fängt eine neue Zeitrechnung an – für mich gab es ganz klar eine Zeit vorher und eine Zeit hinterher. Aber auch mein schwerer Reitunfall vor ein paar Jahren: Ich bin nur knapp am Tod vorbeigeschlittert. Und das hat noch einmal viel verändert und eine Klarheit geschaffen für das, was wirklich wichtig ist.

Wie gehen Sie mit dem Gedanken an den Tod um? Ist das etwas, was Ihnen Angst macht? Nach meinem Reitunfall war zum ersten Mal der Gedanke da, dass es wirklich passieren kann, dass ich einfach weg bin. Im Moment verbringe ich sehr gerne Zeit mit meinen Enkeln, gerade ist es einfach sehr schön zu leben. Aber klar, wenn ich tot wäre, dann störte es mich ja nicht mehr. Viel schlimmer ist es immer

*»Ich bin nur knapp am Tod vorbeigeschlittert.
Und das hat noch einmal viel verändert und eine Klarheit
geschaffen für das, was wirklich wichtig ist.«*

für die Angehörigen. Ich habe viele Menschen sterben sehen. Einige denken ja, der Sinn des Lebens wäre, möglichst viel Geld und Besitz anzuhäufen. Und so viele von ihnen sind leider sehr einsam gestorben – entweder streiten die Angehörigen oder sie kommen erst gar nicht. Während ich ganz viele arme Menschen sachte und in Frieden habe gehen sehen.

Glauben Sie eigentlich an Gott oder daran, dass wir eine Seele haben? Wenn dann müsste es eine Göttin sein. Von dem, was im Christentum gelehrt wird, finde ich viele Sachen gut, aber viel auch sehr gefährlich. Ich bin ganz fest davon überzeugt, dass es eine Seele gibt. Meine Werte lassen sich vielleicht besser mit humanistisch als mit christlich, buddhistisch oder jüdisch beschreiben. Ich konnte das noch nie, mich einer Gruppe anschließen und sagen: Alles andere gilt nicht. Nur weil Jesus gelitten hat, müssen nicht alle Menschen leiden. Aber gerade beim Thema Tod hilft der Glaube einem unheimlich.

Sie werden in Ihrem Job oft nach Rat gefragt. Welchen Ratschlag geben Sie gerne weiter? In der Psychotherapie sagt man, dass man immer auf die Störungen achten soll, auf das Nichtlineare. Wenn eine Frau zu mir kommt und auf meine Frage hin, ob sie sich sicher ist, weint, dann muss ich erst einmal gucken, was es mit den Tränen auf sich hat. Ist sie einfach traurig oder ist sie unsicher, ob sie wirklich abtreiben möchte? Mein Ratschlag wäre also, dass man alle Dinge machen, fühlen, denken darf, die erst mal vielleicht nicht in der Linie sind – und dass es unheimlich wichtig ist, das zuzulassen!

Gibt es auf der anderen Seite einen Ratschlag, den Sie gerne früher erhalten hätten? Manchmal denke ich mir: mehr Selbstvertrauen, mehr Sicherheit. Aber dann wäre ich nicht so, wie ich bin. Und das Vorsichtig- und Ängstlichsein ist auch irgendwie eine Stärke geworden.

HENRY-OLIVER JAKOBS

Sozialarbeiter und ehemaliger Gefängnisinsasse

Henry-Oliver Jakobs ist auf dem Hamburger Kiez aufgewachsen: Seine Eltern waren 14 und 15, als sie ihn bekamen. Er wuchs mit Kriminalität und Gewalt auf, seine ersten Diebstähle beging er schon als Kind. Mit 25 erreichte seine kriminelle Karriere ihren traurigen Höhepunkt: Henry-Oliver schoss zwei Menschen nieder, einer starb, der andere sitzt bis heute im Rollstuhl. Darauf folgten 19 Jahre Gefängnis, während dieser Zeit begann er, sich in der Gewalt-Präventivarbeit mit Jugendlichen zu engagieren. Nach seiner Freilassung gründete Henry-Oliver seinen eigenen Verein ›Gefangene Helfen e.V.‹. Wir treffen ihn auf seiner Terrasse, es gibt Kaffee, Kekse und ein stundenlanges Gespräch mit einem Mann, der einige falsche Entscheidungen in seinem Leben getroffen hat.

Du warst fast dein halbes Leben im Gefängnis. Hast du dort angefangen, über den Sinn des Lebens nachzudenken? Auf jeden Fall. Ich glaube, man denkt immer dann über den Sinn nach, wenn man Zeit hat. Die Schnelllebigkeit in unserer Gesellschaft verhindert häufig, dass wir uns Zeit für uns selbst nehmen, weil wir immer dem Nächsten hinterherjagen und mit so vielen Informationen bombardiert werden. Das sehe ich immerhin als positiv an den vielen Jahren, die ich im Knast verbracht habe: dass ich viel mehr Zeit hatte zum Nachdenken.

Wie hast du die Zeit im Gefängnis erlebt? Als Gefangener fühlt man sich wie ein Teekessel, der auf dem Herd steht und kurz vorm Platzen ist – deshalb gibt es auch so einen hohen Drogenmissbrauch im Gefängnis.

HENRY-OLIVER JAKOBS

> *»Kein Mensch wird als Mörder geboren, sondern*
> *Gewalt ist eine Frage des Trainings, wie beim Sport.«*

Es wird täglich Sport getrieben, ich habe viel gelesen und gelernt, meinen Gesellenbrief als Maler und Lackierer gemacht und die Arbeit für die delinquenten Jugendlichen begonnen. Abends habe ich Dokumentationen geschaut, damit ich einschlafen konnte – das muss ich auch heute manchmal noch machen, um Schlaf zu finden. Es ist so laut im Gefängnis, das kann man sich nicht vorstellen. Auf einer Station gibt es 25 Gefangene, das heißt fünfzig Mal täglich werden diese riesigen Riegel aufgeschlagen. Am schlimmsten fand ich, dass ich komplett fremdbestimmt war. Man entscheidet nicht mehr selbst über sein eigenes Leben – wann du aufstehst, was du isst, welchen Job du ausübst. Heute weiß ich Freiheit ganz anders zu schätzen – das fängt schon bei Kleinigkeiten an, wie im Supermarkt das einzukaufen, was ich essen möchte. Eine Wertschätzung für Lebensmittel und gutes Essen ist mir aus dieser Zeit geblieben, im Gefängnis geht es nur darum, dass die Gefangenen satt werden. Pro Inhaftiertem werden nicht mehr als drei Euro pro Tag ausgegeben. Aber ich habe dort nie aufgegeben, das kam nicht in Frage – ganz im Gegenteil, ich hab sogar einen Bausparvertrag für danach abgeschlossen.

Wie war es dann, als du rauskamst? Was hatte sich verändert? Es gab plötzlich Smartphones, wir hatten eine Bundeskanzlerin und die Euro-Einführung war passiert, aber viel eher war mir aufgefallen, dass sich die Gesellschaft

verändert hatte. Dass alles plötzlich so schnelllebig war, jeder mit Handy am Ohr. Meine Jugend war sicherlich körperlich gewalttätig, aber die Leute heute sind verbal gewalttätig. Es gibt nur einen Platz im Zugabteil und jeder tut alles dafür, den zu bekommen. Jeder schaut nur noch auf sich. Wir waren früher schwer kriminell, aber wir hätten einer älteren Dame immer den Sitzplatz angeboten. Und niemals wäre uns eingefallen, auf einen Obdachlosen einzutreten.

Welchen Ratschlag hättest du für dich selbst gerne früher erhalten? Mein Onkel saß vor mir im Knast. Er meinte nur: Hier drin bekommst du alles – kannst Sport machen und kriegst jede Woche Besuch. Ich wünschte, er hätte mir gesagt, dass ich dort komplett fremdbestimmt bin, dann hätte ich das wahrscheinlich etwas kritischer betrachtet. Das ist auch der Grund, warum ich heute an die Schulen gehe, um aufzuklären, wie es wirklich im Knast ist.

Wie kann man sich deine Arbeit an den Schulen vorstellen? Es geht uns im Verein nicht um die bereits straffälligen Jugendlichen, sondern eher um eine frühe Aufklärung und Sensibilisierung gegenüber den Themen Gewalt und Kriminalität in all ihren Facetten. Alleine schon darauf zu achten, was wir im Alltag sagen. Gewalt ist ja nicht nur körperlich, es gibt auch psychische und verbale Gewalt – und die ist manchmal viel schlimmer. Wir haben zum Beispiel eine VR-Brille, die zeigt, wie es im

Knast aussieht, oder wir machen soziales Verhalten förderndes Boxtraining mit den Jugendlichen. Es ist krass, aber wenn ich in eine Klasse komme, kann ich sofort sagen, wer anfällig ist. Verbrecher erkennen sich, wenn man lange in einem Milieu gelebt hat. Ich erzähle ihnen, dass ihre Freunde und Familien mit zu Opfern werden, wenn sie etwas anstellen.

Du hast viel Erfahrung mit dem Schlechten im Menschen. Glaubst du, der Mensch ist von sich aus gut oder böse? Ich glaube, wir haben beides in uns, wie Yin und Yang. Jeder Mensch hat andere Bedürfnisse und kann sie verschieden lang unterdrücken. Kein Mensch wird als Mörder geboren, sondern Gewalt ist eine Frage des Trainings, wie beim Sport.

Wie bist du selbst in die Kriminalität abgerutscht? Ich bin nicht reingerutscht, ich hab mich dafür entschieden. Ich mag das nicht, wenn man sagt: »Das kam, weil ich so und so groß geworden bin, deshalb kann ich nichts dafür.« Das stimmt so nicht! Auch wenn man in einem kriminellen Milieu groß wird, weiß man schon als Kind, was richtig und falsch ist. Ich habe mich einfach daran gewöhnt kriminell zu sein, und es gab auch lange keine Konsequenzen für mich. Zum ersten Mal vor Gericht stand ich erst mit 22 – das hat meine Meinung natürlich bestärkt, dass ich schlauer sei als die Polizei. Ich war hochgradig narzisstisch. Der Kick musste immer größer sein, wie bei Drogen. Und natürlich spielte auch ganz banal das Geld eine Rolle. Die Menge Geld, die ich als Jugendlicher damals im Monat gemacht habe, war einfach sehr verlockend.

Hast du heute, nach deiner Zeit im Gefängnis, einen anderen Bezug zu Freiheit? Ich hab mich immer frei gefühlt, auch im Gefängnis. Ich hab meine eigene Meinung – das, finde ich, hat schon viel mit Freiheit zu tun.

Was ist deiner Meinung nach der Sinn des Lebens? Die Menschheit an sich hat keinen größeren Sinn, wenn man sich anschaut, wie wir handeln, obwohl wir es besser wissen sollten. Der Mensch hat für mich nichts zu suchen auf dieser Welt. Klar, wenn man es ganz banal sehen würde, bestünde der Sinn für uns, wie für alle Lebewesen, in der Fortpflanzung. Aber natürlich ist da noch mehr: Der Sinn des Lebens verändert sich durch alle Erfahrungen, die wir machen. Mein Sinn war es früher, nicht von der Polizei erwischt zu werden, dass andere Angst vor mir haben und ich eine

Was ist deiner Meinung
nach der Sinn des Lebens?

»Der Sinn des Lebens verändert
sich durch alle Erfahrungen,
die wir machen. Mein Sinn war es
früher, nicht von der Polizei
erwischt zu werden, dass andere
Angst vor mir haben und ich
eine Menge Geld habe. Heute ist
mir wichtig, dass ich glücklich bin.«

Menge Geld besitze. Heute ist mir wichtig, dass ich glücklich bin. Und am glücklichsten macht es mich tatsächlich, wenn ich in den Schulen manche Schüler nach zwei oder drei Jahren wieder treffe und merke, dass sie sich zum Positiven verändert haben. Ich will gar nicht sagen, dass das nur mein Verdienst ist, aber das macht mich stolz. Das Ziel unserer Organisation ist es ja, Täter *und* Opfer zu vermeiden – und das betrachte ich als meine Aufgabe im Leben.

Welche Rolle spielt Religion bei der Suche nach dem Sinn des Lebens? Für mich überhaupt keine. Wenn ich sehe, was im Namen der Religion in unserer Welt passiert, kann das nichts mit dem Sinn des Lebens zu tun haben. Es heißt, liebe deinen Nächsten, und im nächsten Atemzug wird das Gegenteil gemacht.

Wenn du nicht gläubig bist – was glaubst du, was nach dem Tod mit uns passiert? Ich nehme es so wahr wie in unserem Garten. Etwas stirbt ab, wird zu Erde und Neues entsteht. Wenn ich irgendwann tot bin, wächst auf meinen Überresten vielleicht eine Blume – oder Brennnessel, das weiß ich noch nicht (lacht).

Was möchtest du hinterlassen? Ich möchte keine Spuren im Sand hinterlassen. Warum immer etwas hinterlassen? Es kommt eine neue, junge Generation, und die schreibt wieder ihre eigenen Geschichten.

Und wenn dein Leben jetzt enden müsste, könntest du zufrieden darauf zurückblicken? Teils, teils. Man kann das, was ich getan habe, nicht verzeihen. Die Vergangenheit fühlt sich heute an wie ein anderes Leben, und ich kann mein damaliges Handeln absolut nicht mehr nachvollziehen. Natürlich würde ich die Zeit gerne zurückdrehen, wenn ich könnte. Allerdings nicht zu dem Tag, an dem der Mord passiert ist, sondern noch viel weiter zurück. Meine Lehrerin hat mir mit 16 oder 17 nahegelegt, das Abitur zu machen – und das hätte ich beherzigen sollen. Ich hatte zu dieser Zeit schon schwere Straftaten begangen, in der Schule fiel mir aber alles zu. Hätte ich mich damals mal auf die Schule konzentriert!

SUZANNA RANDALL

Astrophysikerin und angehende Astronautin

Suzanna Randall könnte die erste deutsche Frau im Weltall sein, denn sie ist Teil der privat finanzierten Stiftung ›Die Astronautin‹, die sich genau dafür einsetzt. Wenn Suzanna nicht gerade für den Weltraum trainiert, arbeitet sie als Astrophysikerin bei der Europäischen Südsternwarte (ESO) und moderiert im Rahmen von ›Terra X‹ populärwissenschaftliche Videos. Diese Mission ist ihr unheimlich wichtig: Sie möchte Mädchen und junge Frauen ermutigen, in die Wissenschaft zu gehen, zeigen: »Was ich kann, könnt ihr auch!« Wir treffen Suzanna in der ESO Supernova, einem Planetarium mit Museum. Danach wollen wir eigentlich sofort ein Bier mit ihr trinken gehen, denn das Klischee der nerdigen Wissenschaftlerin sucht man bei ihr vergebens.

Ist der Sinn des Lebens nicht automatisch Thema, wenn man sich mit dem Weltraum beschäftigt?
Auf jeden Fall. Als ich noch klein war, war ich einfach fasziniert von dem Funkeln der Sterne, als ich größer wurde, habe ich dann viel über den Urknall gelesen. Ich habe mir angeschaut, wie weit die Galaxien von uns entfernt sind und damit tauchten auch schnell Fragen auf wie: Welche Rolle spielen wir überhaupt im Kosmos? Was passiert mit uns nach dem Tod? Das Universum ist ungefähr 13,8 Milliarden Jahre alt – eine eins mit zehn Nullen dran – das kann man zwar umschreiben, aber das menschliche Gehirn kann diese Zahl nicht begreifen. Dieses Unbegreifliche hat mich schon als Kind zur Astrophysik und zur Astronomie hingezogen.

Du arbeitest heute in einer männlich-dominierten Branche. Was glaubst du: Warum gibt es immer noch so wenige Frauen in der Wissenschaft? Für mich war es als Kind auch das Image. Ich dachte niemals daran, in die Physik zu gehen, das wäre total uncool gewesen. Ich glaube, meine Freundinnen hätten mich ausgelacht, weil das einfach etwas für die »nerdigen« Jungs war. Und leider wird die Wissenschaft noch heute oft als Männerdomäne wahrgenommen – auch wenn immer mehr passiert wie beispielsweise der Girls Day. Hinzu kommt die Selbstunterschätzung vieler Frauen, die denken: »Das ist zu kompliziert, ich kann das nicht.« Sätze wie »Ich bin nicht gut mit Zahlen« oder »Ich verstehe Technik nicht« sind oft das Ergebnis von Prägungen aus der Schule oder dem Elternhaus. Das sind häufig nur Vorurteile, vieles wurde nie ausprobiert. Ich stand selbst bis zur zehnten Klasse in Physik auf einer vier. Und ich habe auch immer gedacht, ich könne das nicht. Deshalb versuche ich heute jungen Mädchen zu zeigen: Es gibt überhaupt keinen Grund, warum du das nicht können solltest. Und die Jobs in der Wissen-schaft sind cool. Man hat auch mit Menschen zu tun und Spaß bei der Arbeit, man muss nicht nur alleine in einem Labor sitzen.

Es waren schon elf deutsche Männer im All und du könntest die erste Frau sein. Warum sind immer noch neunzig Prozent der Astronaut:innen männlich? Ganz am Anfang der Raumfahrt gab es eine aktive Diskriminierung, da waren zumindest bei der NASA nur Männer als Testpiloten und damit als Astronauten-Anwär-ter zugelassen. In der Spaceshuttle-Ära ab Ende der Siebziger hat die NASA sich dann aktiv darum bemüht, Frauen und ethnische Minderheiten gezielt anzusprechen und auszubilden. Amerika hat heute eine Frauen-quote von fast fünfzig Prozent. Dagegen gab es bei der ESA bisher insgesamt nur zwei Astronautinnen, was schon echt krass ist.

Wenn du sagst, es fehlen auch die Vorbilder: Hattest du überhaupt eines? In meinem Umfeld gab es tatsächlich niemanden, der irgend-was mit Weltraum oder Physik zu tun hatte. Mein großes Vorbild war Sally Ride – die erste

ÜBER DAS GESPRÄCH HINAUS

Ich hätte gerne eine Physiklehrerin wie Suzanna gehabt, die mir mit einer derartigen Leichtigkeit Themen wie die Schwerkraft und den Weltraum näherbringen kann. Im Moment forscht Suzanna an blauen Unter-zwergsternen, darüber hat sie auch ihre Masterarbeit geschrieben. Und als sie es mir erklärt, ver-stehe ich innerhalb kürzester Zeit zumindest, dass es sich dabei um kleine, sehr heiße Sterne handelt, die pulsieren und dabei immer hel-ler und dunkler werden. Das ist schon einmal ungefähr genauso viel, wie ich aus der Schulzeit von Physik mit-genommen habe.

> »*Unser Sinn liegt sicherlich in der Evolution. Wir entwickeln uns ja weiter! Auch wenn ich das manchmal nicht glauben kann, wenn ich mir anschaue, was wir mit der Welt anstellen.*«

Amerikanerin, die im Weltraum war. Die fand ich einfach cool, sie wirkte nett und so, als hätte sie Spaß an dem, was sie tut. Für mich war es wirklich wichtig, dass ich mich mit ihr identifizieren konnte. Ich hatte aber natürlich auch männliche Vorbilder, die mich geprägt haben, wie meinen Physiklehrer oder später meinen Doktorvater.

Aus biologischer Sicht besteht der Sinn des Lebens darin, dass wir uns fortpflanzen. Kann das in unserer heutigen Gesellschaft überhaupt noch als Sinn gelten? Ich denke nicht, weil wir sowieso schon zu viele Menschen auf diesem Planeten sind. Aber unser Sinn liegt sicherlich in der Evolution. Wir entwickeln uns ja weiter! Auch wenn ich das manchmal nicht glauben kann, wenn ich mir anschaue, was wir mit der Welt anstellen. Vielleicht ist aber auch das der Sinn der Menschheit: dass wir das alles durchmachen müssen – Kriege, Klimawandel – damit wir am Ende daran wachsen. Hoffentlich bekommen wir bald noch die Kurve, hin zu mehr Einigkeit. Das wird auf jeden Fall nötig sein, wenn wir noch mehr vom Weltraum sehen möchten. Eine Zeitlang war es ja ein Wettrennen zwischen Nationen, wenn wir aber zum Mars wollen, müssen wir internationaler und gemeinschaftlicher denken.

Und welche Antwort hat die Physik auf die Frage nach dem Sinn des Lebens? Die Physik ist da knallhart: Wir sind eben eine Ansammlung von Molekülen und irgendwelchen Kohlenstoffverbindungen. Also ich muss sagen, mir reicht das nicht. Deswegen brauchen viele Wissenschaftler:innen noch etwas anderes. Bei mir ist es die Musik, ich spiele Klavier und singe im Chor. Ein Ausgleich zu diesem sehr Rationalen ist mir unheimlich wichtig!

Was ist denn dein ganz persönlicher Sinn des Lebens? Ich hatte mal so eine Phase, da wollte ich unbedingt meinen Sinn des Lebens finden. Und ich glaube, den *einen* Sinn des Lebens gibt es gar nicht. Der ändert sich immer wieder und vielleicht ist das auch gut. Jetzt gerade ist mein Sinn, Frauen darin zu bestärken, in die Wissenschaft zu gehen. Ich spüre einen Sinn, wenn ich etwas weitergebe, wenn ich Vorträge halte. Als ich noch jünger war, bestand mein Sinn natürlich auch einfach mal darin, Spaß zu haben, Party zu machen und etwas zu erleben. Heute fühle ich mich gut, wenn ich in der Natur sein kann, zum Beispiel beim Wandern oder beim Gleitschirmfliegen.

Du hast auch einen Flugschein. Ist es allgemein das Fliegen, das dich fasziniert? Absolut! Das ist es auch, was mich am meisten reizt bei dem Weltraumflug auf die ISS: Die Erde einmal von oben zu sehen! Ich finde es schon total toll, im Flugzeug am Fenster zu sitzen und alles von oben zu sehen oder beim Gleitschirmfliegen Landschaften aus der Vogelperspektive zu beobachten. Das ist einfach mein Element, in der Luft fühle ich mich wohl!

Das klingt nach Glücksgefühlen. Was macht dich sonst noch glücklich? Die Sonne und den Wind im Gesicht zu spüren.

Macht deine Arbeit dein Leben auch sinnvoll? Manchmal schon – gerade das Weitergeben von Wissen an die nächste Generation. Wenn Mädchen zu mir kommen und sagen: »Ich hab immer gedacht, ich kann das nicht, aber du konntest das ja früher auch nicht und jetzt bist du Astronautin!« – das gibt mir einen Sinn.

Wie kann man sich deinen Arbeitsalltag vorstellen? Viele Leute haben diese romantische Vorstellung, dass ich die ganze Nacht auf einer Wiese sitze und mit einem Fernrohr in den Himmel schaue, aber ich bin tatsächlich die meiste Zeit im Büro. Dort mache ich auch nicht nur Forschung, sondern widme mich wie die meisten Astrophysiker:innen zusätzlich auch der Wissenschaft unterstützenden Tätigkeiten. Bei mir ist das vor allem die Arbeit mit dem ALMA-Teleskop, da betreue ich eine wissenschaftliche Software. Wir haben natürlich auch Meetings, wie in jedem anderen Job. Vor Corona war ich außerdem viel unterwegs, unsere Teleskope stehen in Chile. Dort sitzt man zwar nicht direkt an einem Fernrohr, sondern vor einem Computer im Kontrollraum, aber man hat trotzdem das Gefühl, am Puls der Wissenschaft zu sein. Denn eigentlich werden mit jeder Beobachtung irgendwelche neuen Entdeckungen gemacht. Das ist dann schon echt cool!

Glaubst du als Wissenschaftlerin eigentlich an Gott? Also was ich an Religionen noch am meisten verstehen kann, sind die Traditionen und Rituale. Die sind für uns Menschen, für eine Gemeinschaft schon sehr wichtig. Aber mit der Grundideologie, dass es irgendwie *einen* Gott geben soll, kann ich mich nicht anfreunden.

Und was glaubst du heute, was mit uns nach dem Tod passiert? Tatsächlich nichts. Schön ist diese Vorstellung nicht, aber es hilft ja nichts. Und vielleicht ist es auch besser, wenn man nicht glaubt, dass man noch eine Chance hat. Wenn man sein jetziges Leben so lebt, wie man es leben möchte und alles macht, was man ausprobieren möchte.

Hast du eigentlich auch einmal am
Sinn des Lebens gezweifelt?

»Jeden Tag (lacht)! Ich frag mich
immer wieder: Was ist
eigentlich der Sinn des Lebens?
Heute weiß ich, man darf
sich diese Frage immer wieder
neu beantworten und es ist
nicht schlimm, auch mal zu zweifeln. Der Sinn verändert sich
einfach je nach Lebensphase.«

SUZANNA RANDALL

> »*Jetzt gerade ist mein Sinn, Frauen darin zu bestärken, in die Wissenschaft zu gehen.*«

Was würdest du gerne noch entdecken oder miterleben? Aliens! Ich fände das tatsächlich super spannend, auch wenn es höchstwahrscheinlich »nur« mikrobakterielles Leben wäre, zumindest in unserem Sonnensystem.

Du möchtest im Weltraum erforschen, wie sich die Schwerelosigkeit auf den weiblichen Körper auswirkt. Gibt es da denn Unterschiede zum männlichen Körper? Definitiv, es gibt sogar schon Beweise dafür! Ein Unterschied, den sich selbst Mediziner:innen nicht erklären können, ist: Die Augen von Männern büßen in dreißig Prozent der Fälle in der Schwerelosigkeit an Sehkraft ein, bei Frauen allerdings gar nicht. Das ist komisch, denn man würde ja meinen, dass die Augen ein Körperteil sind, das bei Männern und Frauen im Grunde gleich ist. Also machen wir ein Experiment, wie sich unsere Augen in der Schwerelosigkeit verhalten.

Was möchtest du außerdem in der Schwerelosigkeit machen? Es wäre cool, Yoga im Weltraum zu machen und zu meditieren. Natürlich nicht aus wissenschaftlicher Sicht, eher aus Spaß. Denn Yoga funktioniert ja eigentlich nur mit der Schwerkraft. Bei den meisten Übungen arbeitet man mit dem Körpergewicht und das fällt da natürlich weg.

Und mit beiden Beinen fest auf dem Boden: Was hast du bisher über das Leben gelernt? Oh, eine schwierige Frage. Ich merke immer wieder, dass das Leben irgendwelche Wendungen parat hat. Dass es nie vorhersehbar ist. Und man weiß leider auch nicht, in welche Richtung es geht mit den Überraschungen.

Nicht alle Überraschungen sind positiv. Hast du eigentlich auch einmal am Sinn des Lebens gezweifelt? Jeden Tag (lacht)! Ich frag mich immer wieder: Was ist eigentlich der Sinn des Lebens? Heute weiß ich, man darf sich diese Frage immer wieder neu beantworten und es ist nicht schlimm, auch mal zu zweifeln. Der Sinn verändert sich einfach je nach Lebensphase.

Denkst du, man findet den Sinn des Lebens in seinen Krisen? Ich würde eher sagen nach den Krisen. Die sind zwar wahnsinnig wichtig, aber in diesem Augenblick sieht man oft keinen Sinn. Häufig kann man erst danach, wenn es einem besser geht, alles sortieren und dann vielleicht auch einen Sinn darin finden.

HANNES JAENICKE

Schauspieler und Umweltaktivist

Hannes Jaenicke ist nicht nur Schauspieler, sondern auch Autor, Dokumentarfilmer und Umweltaktivist. Er dreht Dokumentationen über bedrohte Tierarten und setzt sich für den Klimaschutz ein. Als wir uns an einem verregneten Vormittag im Studio von Fotografin Susanne treffen, kommt er gestresst an – er schimpft über die Stadt, denn eine halbe Stunde lang musste er nach einem Parkplatz suchen. Wir steigen sofort ein beim Thema Landleben, dem Klima, Fridays for Future. Mit Hannes Jaenicke wird es selten still und wahrscheinlich niemals langweilig. Er ist ehrlich, schnell hat man das Gefühl, man darf ihn alles fragen. Und duzen sowieso!

Du hast den Dalai Lama bei Dreharbeiten kennengelernt – was sagt er zum Sinn des Lebens?
Als er einmal in einem Interview danach gefragt wurde, sagte er nach langem Überlegen: »Eat well. Sleep well.« Dann kicherte er. Seine Antwort würde ich für mich schon mal unterschreiben (lacht). Aber im Ernst: Ich vermute, dass der Sinn des Lebens daraus besteht, über den eigenen Tellerrand hinauszugucken, zu sehen, was um einen herum los ist, und die Welt ein bisschen besser zu verlassen, als man sie vorgefunden hat. Wir müssen raus aus dieser globalen Me-Myself-and-I-Philosophie, die sich seit der industriellen Revolution und der Erfindung des Kapitalismus ausgebreitet hat. Die zufriedensten und ausgeglichensten Menschen, die ich auf meinen Reisen getroffen habe, waren immer welche, die sich engagieren – wie Jane Goodall, die Augenärzte der Christoffel-Blinden-Mission oder eben der Dalai Lama.

> »Was der Mensch Tieren antut, ist erschreckend, aber was der
> Mensch anderen Menschen antut, ist noch erschreckender.«

Oft hört man auf die Frage nach dem Sinn des Lebens auch »einfach glücklich sein«. Glaubst du, es kann so leicht sein? Nein. Das wird uns als Konsumgesellschaft suggeriert. Wir sollen glauben, dass es glücklich macht, schicke Kleidung, einen Porsche, oder das neue iPhone zu kaufen – und für einen kurzen Moment halten diese Glücksgefühle auch immer an. Aber den wahren Sinn findet man jenseits des Materiellen, wie es zum Beispiel Buddhisten tun. Die suchen zunächst mal innere Ruhe, Gelassenheit. Sie gehen auch mit dem Tod sehr anders um als wir, halten nicht so an Dingen fest, wie wir das in der westlichen Welt tun. Besitzlosigkeit ist bei uns ja ein Angst-Szenario, und kein erstrebenswerter Zustand.

Du engagierst dich auch viel für den Tier- und Umweltschutz. Gibt es etwas, was du nie wieder vergessen wirst? Oh ja. Zum Beispiel Frauen und Mädchen im östlichen Kongo, von denen wir wussten, dass sie während der Rebellenkriege dort Massenvergewaltigungen erlebt hatten. Oder als wir ein Nashorn gefilmt haben, das wie durch ein Wunder das bestialische Absägen seines Horns durch Wilderer überlebt hatte. Wir haben 2006 einen Tiger gefilmt, der an einer Esso-Tankstelle in Thailand seit seinem dritten Lebensmonat rund um die Uhr an einer so kurzen Kette gehalten wurde, dass er weder stehen noch laufen konnte. Was der Mensch Tieren antut, ist erschreckend, aber was der Mensch anderen Menschen antut, ist noch erschreckender.

Den Klimaaktivismus siehst du als Freizeitgestaltung, dein Job ist die Schauspielerei. Findest du auch hier Sinn in deinem Tun? Das hängt vom Drehbuch ab. Ich habe viele Spielfilme gedreht, bei denen es besser war, die Sinnfrage nicht zu stellen. Dafür gab es entweder entsprechend Geld oder es wurde an einem exotischen Ort gedreht. Aber das Geld konnte ich dann immerhin in etwas Sinnvolles investieren: Es gibt ein paar kleine NGOs, die hauptsächlich überleben, weil ich sie unterstütze.

Zum Klimawandel: Woher nimmst du die Kraft weiterzukämpfen? Gute Frage. Ich glaube, mir fehlt einfach die Alternative. Aufgeben ist zu bequem und feige, macht verbittert und depressiv. Solange man kämpfen kann und es was zu gewinnen gibt, sollte man kämpfen. Ursprünglich komme ich aus dem Sport – ich bin Ski-Rennen gefahren, hab Eishockey und Volleyball gespielt – und da gibst du auch nicht auf. Wenn du hinten liegst, dann spielst du weiter, du kämpfst. Außerdem bin ich zunehmend optimistisch, weil es eine Luisa Neubauer, eine Carla Reemtsma, einen Jakob Blasel gibt – eine ganze Generation, die unglaublich engagiert, ausgeschlafen und eloquent ist. Davon können wir alten Herren nur träumen. Wenn man überlegt, wie lange Al Gore, Robert Redford und Leonardo di Caprio das schon machen und plötzlich kommen so ein paar Schüler:innen und mischen die Welt auf, da kann ich nur sagen »Hut ab, weiter so!«. Sie machen mir Mut und gute Laune.

Was machst du eigentlich selbst, um nachhaltiger zu leben? Ich kaufe unverpackt ein – Fair Trade und bio, soweit es eben geht. Ich esse seit vierzig Jahren weder Fleisch noch Fisch, habe keinen Wäschetrockner, beziehe Ökostrom und fahre ein Elektroauto – aber auch nur, weil ich auf dem Land wohne, sonst bräuchte ich gar kein Auto. Kleidung kaufe ich gebraucht, bis auf T-Shirts, Socken und Unterwäsche. In meiner Wohnung steht, glaube ich, kein einziges neues Möbelstück, und ich bin großer Fan des Sharing-Prinzips. Natürlich fliege ich berufsbedingt zu viel, insofern ist alles, was ich tue, ein fauler Kompromiss – das ist mir klar. Aber wir sollten nie unterschätzen, dass unsere Geldbeutel scharfe Waffen sind. Würden wir aufhören SUVs zu kaufen, würde kein Autohersteller sie mehr produzieren. Wenn wir Primark, H&M, C&A und Kik boykottieren würden, müssten die ihre Produktionsmethoden ändern. Nur leider finden zu viele Verbraucher Geiz immer noch wahnsinnig geil.

Was war dir denn früher einmal wichtig, was dir heute egal ist? Wenn du kein Geld hast, spielt es gezwungenermaßen eine große Rolle in deinem Leben. Aber wenn du dann irgendwann welches hast, sollte es zur Nebensache werden und bestenfalls deine Großzügigkeit befeuern. Früher, als ich noch am Theater gearbeitet habe, konnte ich mir oft nicht mal das Nötigste leisten. Das hatte den Vorteil, dass Kleinigkeiten einen großen Wert bekamen: Einmal die Woche zum Lieblingsitaliener gehen und die billigsten Spaghetti bestellen – das war ein Event! Auch war mir früher reisen unglaublich wichtig, je weiter weg, desto besser. Ich wollte einfach die ganze Welt sehen. Das hat sich beruhigt. Spätestens seit der Corona-Pandemie weiß ich, dass es vor der eigenen Haustür oder im eigenen Land unfassbar schön sein kann!

Gibt es etwas, das du in deinem Leben bereust? Ich habe als Jugendlicher viele Sachen angefangen und wieder aufgehört – wie beispielsweise Musikinstrumente oder Fremdsprachen zu lernen – das bereue ich sehr, weil es mir heute ausgesprochen schwerfällt, Neues zu lernen. Auch habe ich früher oft falsche Prioritäten gesetzt, die Arbeit kam immer zuerst. Ich bin Sohn eines Workaholics und habe lange gebraucht, um das Muster zu erkennen und zu verstehen, wie ungesund das ist. Wie jede Sucht. Daran sind regelmäßig auch Beziehungen gescheitert, und ich habe phasenweise meine Familie vernachlässigt. Das konnte ich zum Glück später nachholen: Als meine Mutter krank wurde, habe ich sehr viel Zeit mit ihr verbracht, das war wunderbar.

Was macht dich denn glücklich? Gutes Essen und guter Wein mit Freunden.

Stimmt es, dass du trotzdem noch nie selbst gekocht hast? Zweimal, während der Lockdowns, und es hat keinen Spaß gemacht. In meinem Dorf gibt's einen guten Italiener, da bin ich täglich Gast. Außer montags, da hat er Ruhetag. Ich mache mir morgens mein Frühstück, alle anderen Mahlzeiten esse ich außerhalb. Ich lasse mich einfach zu gern bekochen. Mein Doku-Partner Markus Strobel könnte in jedem Gourmet-Restaurant arbeiten. Es ist ein Glück, solche Freunde zu haben.

Also gutes Essen, guter Wein. Was noch? Eine gute Zigarre. Wasser und Wassersport. Und reisen war für mich immer der schönste Ausnahmezustand. Es gibt einen Satz von Elbert Hubbard: »The cure for grief is motion.« Oder auch diesen: »The long journey is nothing but a good man's way of finding home«. Also Menschen, die ihr Leben lang unterwegs sind, suchen auf Umwegen nur ihr Zuhause. So war mein ganzes Leben: Ich bin immer gereist, schon als ich ein Teenager war.

Du hast viel gesehen von der Welt. Glaubst du, dass verschiedene Kulturen auch verschiedene Antworten auf den Sinn des Lebens haben? Absolut. Wer in Deutschland einen Porsche fährt, eine Villa hat und Luxus-Urlaub machen kann, der hat die Sinnfrage ja scheinbar für sich beantwortet. Wenn du nach Costa Rica, Italien oder Frankreich fährst, ist die Frage nach dem Sinn des Lebens eine ganz andere. Dort fahren sie verbeulte Kleinwagen – Autos sind ihnen völlig egal, dafür geben sie doppelt so viel Geld fürs Essen aus wie wir und verbringen doppelt so viel Zeit mit Freunden und Familie!

Du wohnst in Kalifornien am Strand und am Ammersee mit Seeblick – außerdem gehst du segeln und surfen. Was bedeutet dir das Wasser? Wenn ich nicht in Wassernähe bin, werde ich schnell unglücklich, ich weiß nicht, woher das kommt. Geboren bin ich in Frankfurt – also da kann die Liebe zum Wasser schon einmal nicht herkommen (lacht). Astrologen würden sagen, er ist Sternzeichen Fisch, Aszendent Krebs, alles im Wasser. Schon als Kleinkind war ich eine totale Wasserratte: Die Sommerferien verbrachten wir mit unserer Oma immer an der Nordsee – ich konnte noch nicht laufen, bin aber schon in die Brandung gekrabbelt und musste aus dem Wasser gezogen werden.

Bist du religiös aufgewachsen? Glaubst du an Gott? Ich glaube an die Natur und an die Evolution. Wenn es etwas Gottähnliches gibt, dann ist es für mich die Natur. Wie sich dort alles symbiotisch zusammenfügt – ob man sich ein Korallenriff ansieht oder einen Wald. Nimm mal ein Stück Holz in die Hand und schau dir an, was alles darin lebt, das ist ja ein ganzer Kosmos. Insofern finde ich die Natur ein absolutes Wunder: Bäume, wie die Sequoias in Kalifornien, sind viereinhalbtausend Jahre alt. Moment mal: Jesus ist vor gut zweitausend Jahren gekreuzigt worden, da war der Baum schon zweieinhalbtausend Jahre alt … und der lebt immer noch?

Wie denkst du über den Tod? Meine Eltern sind 2016 und 2019 verstorben, und ich habe keine eigene Familie. Ich musste mich also mit dem Thema in den letzten Jahren gründlich beschäftigen und denke: Je früher man sich mit dem Tod, mit der Tatsache, dass es eines Tages vorbei ist, anfreundet, desto besser.

Glaubst du an Gott?

»Ich glaube an die Natur und an
die Evolution. Wenn es etwas
Gottähnliches gibt, dann ist es für
mich die Natur. Wie sich dort
alles symbiotisch zusammenfügt –
ob man sich ein Korallenriff ansieht oder einen Wald. Nimm
mal ein Stück Holz in die Hand
und schau dir an, was alles darin
lebt, das ist ja ein ganzer Kosmos.«

AUF DER SUCHE NACH DEM SINN

Wird's denn leichter durchs Älterwerden?
Nein, nur durchs Nachdenken. Das Dümmste,
was der Mensch tun kann, ist den Tod zu
verdrängen. Dass deine Eltern irgendwann
gehen werden –, das weißt du ab deiner
Kindheit. Und wenn es passiert, erwischt es
manche Leute dann doch so unvermittelt,
dass es sie völlig aus der Bahn wirft. Das wundert
mich. Je bewusster man mit der Tatsache
umgeht, dass das Leben endlich ist, desto
mehr Spaß hat man doch an der Zeit, die
einem gegeben ist, oder? Außerdem war ich
zeitlebens begeisterter Biker und Surfer.
Wer solche Hobbys hat, sollte sich sowieso mit
dem Thema beschäftigen. Zeit ist der Stoff,
aus dem das Leben ist, also sollte man was
draus machen und Zeitverschwendung
meiden wie die Pest.

*Was hast du noch über das Leben gelernt – außer
dass Zeit so kostbar ist?* Dass Humor und
Großzügigkeit schöne Eigenschaften sind. Und
dass es wichtig ist, über sich selbst lachen zu
können und sich nicht allzu ernst zu nehmen.
Wenn man das hinkriegt, dann lebt es sich
ziemlich entspannt. Und es gibt ein deutsches
Sprichwort, das halte ich für das Klügste,
was Deutsche je erfunden haben: »Humor ist,
wenn man trotzdem lacht«. Wer das versteht,
ist krisenfest.

Wann lachst du selbst über dich? Das passiert,
wenn ich verbissen werde. Weil ich damit gar
nichts bewege. Dann nennen meine Freunde
mich »Greenshitter« und drohen damit, meinen
erigierten Zeigefinger zu amputieren. Die Presse
macht sich ja auch gern lustig über mich,
nennt mich »Affenversteher« oder »Der Indiana
Jones der Mülltrenner«. Wenn ich darüber
nicht lachen könnte, dann müsste ich aufhören.

*Was würdest du beruflich gesehen gerne einmal
hinterlassen, für den Fall, dass du mal aufhörst?*
Es werden eine Handvoll Filme übrig bleiben,
von denen ich sagen kann, die haben Sinn
gemacht. Dasselbe denke ich über die Doku-
Reihe ›Im Einsatz für . . .‹, die ich seit 2006 mit
meinen Partnern fürs ZDF drehe. Richtig stolz
aber bin ich vor allem auf TV-Spendenaktionen,
die anderen geholfen haben. Wie für 3500
tibetische Flüchtlingskinder, denen wir in Nord-
indien ein ganzes Dorf gebaut haben, inklu-
sive Schule, Krankenstation, Wohnhäusern.
Oder für die Christoffel-Blindenmission –,
für die haben wir bei ›Ein Herz für Kinder‹ über
eine Million Euro gesammelt. Es kostet in etwa
fünfzig Euro ein blindes Kind, das aufgrund von
Mangelernährung sein Augenlicht verloren
hat, wieder sehen zu lassen. Wenn ich mir diese
Doku heute angucke, muss ich immer noch
heulen: Ein Neunjähriger, der fast sein ganzes
Leben lang blind war und sagt, sein größter
Traum ist es, Fußball zu spielen. Und 24 Stunden nach der Operation geht man mit
ihm auf den Fußballplatz und er kann plötzlich
sehen. Darauf bin ich stolz: dass ich mit ein
bisschen Prominenz und Medienrummel Tau-
senden von Kindern eine echte Perspektive
geben konnte.

*Wenn dein Leben jetzt enden müsste, könntest
du zufrieden darauf zurückblicken?* Oh ja. Ich hab
mehr erlebt und gesehen, als ich mir je hätte
träumen lassen. Ich kann nur dankbar sein.

MICHAEL SCHWICKART

Ehrenamtlicher Seenotretter

Michael Schwickart arbeitete dreißig Jahre lange in der Bauträger-Branche, bis ein Schlaganfall 2014 seinen Blick aufs Leben veränderte. Er nahm sich eine Auszeit, in ihm wuchs der Wunsch etwas wirklich Sinnvolles zu tun. Über einen Freund kam er schließlich zu Sea-Watch – dort kümmerte er sich um Finanzen und Fundraising, bevor er 2019 das Bündnis ›United4Rescue‹ gründete. Hier ist er bis heute stellvertretender Vorsitzender und auch bei Sea-Watch ist Michael Schwickart bis heute aktiv. Wir treffen den Unternehmer bei sich zu Hause in Hamburg, er erzählt von einem Rettungseinsatz im zentralen Mittelmeer, über das große Privileg in Deutschland geboren zu sein und wie ein Schlaganfall die Wahrnehmung für Glück verändert.

Denkt man vor allem in seinen Krisen über den Sinn des Lebens nach? Mit Sicherheit! Die Werte verschieben sich nach einer Krise ganz deutlich, wenn es um das Thema Sinn geht. Nach meinem Schlaganfall habe ich vieles in Frage gestellt: Warum arbeite ich so viel? Nur um mehr Geld zu verdienen? Was möchte ich eigentlich tun? Die Diagnose hat mich aus meinem Leben herausgezogen, das ich zuvor geführt hatte, und mir einen neuen Weg aufgezeigt. Heute liegt mein zeitlicher Schwerpunkt definitiv in der Seenotrettung – ich weiß aber auch, dass das ein großer Luxus ist, den man sich leisten können muss. Sobald man einmal auf einem Rettungsschiff dabei war, relativieren sich sowieso alle Probleme, die man in Deutschland hat – und auch die Frage nach dem Sinn des Lebens.

»Nach meinem Schlaganfall habe ich vieles in Frage gestellt:
Was möchte ich eigentlich tun? Die Diagnose hat mich
aus meinem Leben herausgezogen, das ich zuvor geführt
habe und mir einen neuen Weg aufgezeigt.«

Inwiefern hat dieser Einsatz deinen Blick aufs Leben verändert? Es gibt natürlich Briefings, Trainings und eine psychologische Betreuung vorab, aber ich glaube, man kann sich kaum darauf vorbereiten. Die Crew vor uns musste Leichen markieren, die im Wasser trieben, damit sie nicht untergehen – man bindet den Toten eine Schwimmweste ans Bein, damit sie am nächsten Tag gefunden werden. Wir hatten zum Glück keine Toten, aber trotzdem sehr prägende Moment: Als wir uns eben einem Flüchtlingsboot nähern wollten, kam plötzlich die schwer bewaffnete sogenannte libysche Küstenwache per Boot auf uns zu. Also mussten wir uns wieder entfernen, standen da und haben alle geheult, weil wir wussten, was den Menschen nun passiert, die nach Libyen zurückgebracht werden. Am Tag darauf konnten wir dafür 130 Menschen retten – die Aktion ging über acht Stunden und war wahnsinnig anstrengend. Plötzlich hat man mir ein dreijähriges Mädchen in den Arm gedrückt – 35 Meilen vom Land entfernt –, das hab ich dann auf das Rettungsschiff gebracht. Danach hatte sich etwas in mir verändert. Als ich nach Hamburg zurückkam, war ich am Abend auf einer Feier und hatte das Gefühl, ich bin fehl am Platz. Ich wusste nicht, worüber ich mich unterhalten sollte. Ich hatte selbst so viel gesehen und erlebt – und die Leute beschwerten sich über das Fernsehprogramm.

Wie gehst du mit Flüchtlingsgegner:innen um? Das ist schwierig. In unserer Gesellschaft gibt es einen gewissen Verfall an Ethik und Moral. Das führt dazu, dass man nicht mehr miteinander reden kann – viele Menschen gehen mit vorgefertigten Meinungen in ein Gespräch, sind nicht zugänglich für Argumente. Es ist unfassbar, mit welchem Zynismus teilweise argumentiert wird: Ich wurde nach einem Vortrag einmal als Mörder bezeichnet, weil die Menschen ja überhaupt nur ins Wasser gehen würden, weil es uns Seenotretter gibt – so ein Humbug. Oder auch »Wir können sie ja nicht alle nehmen« – ich glaube nicht, dass 82 Millionen Flüchtlinge nach Deutschland kommen möchten. Ich antworte dann oft: »Was ist die Alternative, sollen wir sie ertrinken lassen?« Da knicken die meisten ein.

Gibt dir deine Arbeit einen Sinn? Ich glaube, dass sich der Sinn im Laufe des Lebens mehrmals verändert. Als Jugendlicher hat mein Leben sicher einen anderen Sinn gehabt als heute. Als ich Vater geworden bin, veränderte sich der Sinn natürlich drastisch. Und insofern ist das nun wieder ein neuer Abschnitt, der durch meine ehrenamtliche Arbeit geprägt ist und dadurch auch einen Sinn für mich mitbringt.

Du bist verheiratet und hast eine Tochter. Welche Rolle spielt die Liebe, wenn es um den Sinn des Lebens geht? Eine schöne! Ich mag es so sehr, mit Menschen zusammen zu sein, die ich liebe. Ich habe aber auch Freunde, von denen ich sagen würde, dass ich sie liebe. Es gibt ein Paar, das wir schon ewig kennen, wir haben sogar mal zusammen gewohnt und uns versprochen: Wenn uns etwas passieren sollte, geht unsere Tochter zu ihnen und anders herum. Es war immer klar, dass wir füreinander da sind. Das ist ein ganz großes Gut.

Sobald man Kinder hat, bekommt der eigene Tod eine ganz andere Tragweite. Wie gehst du denn mit deiner eigenen Sterblichkeit um? Hast du Angst davor? Ich hab keine Angst vor dem Tod, aber vor dem Sterben. Es ist ganz furchtbar, was manche Menschen erleiden müssen, bevor sie gehen können. Ein Freund ist mit Anfang fünfzig auf dem Golfplatz tot umgefallen – das ist für die Angehörigen furchtbar, aber für einen selbst eigentlich ein schöner Tod. Es heißt doch, Dummheit und Tod sind immer nur für die anderen doof, da ist viel Wahres dran (lacht). Wenn ich heute gehen würde, dann habe ich ein tolles Leben gehabt.

Was glaubst du, was nach dem Tod mit uns passiert? Zum einen grüble ich oft: Kann es das gewesen sein? Aber dann denke ich: Wir haben schon genug Unheil angerichtet auf dieser Welt, da müssen wir nicht wiedergeboren werden. Ich denke, wir werden einfach zu Erde und das war's.

Glaubst du denn an Gott? Ich glaube schon an bestimmte Dinge, aber nicht im kirchlich-institutionellen Sinne – also ich würde nicht sagen: In jedem von uns steckt etwas Göttliches. Wir sind mit einem buddhistischen Mönch befreundet, den wir bei einer ayurvedischen Kur auf Sri Lanka kennengelernt haben. Mit ein paar Freunden legen wir seither zusammen, damit dort jeden Sonntagnachmittag Englischunterricht für die Kinder im Dorf stattfinden kann. Er hat uns auch schon zweimal besucht und es ist total spannend, mit ihm über Glauben zu reden. Er hat eine ganz besondere Ausstrahlung.

ÜBER DAS GESPRÄCH HINAUS

Wenn man das hübsche Häuschen von Michael Schwickart sieht, dann könnte man meinen: Dieser Mann hat alles erreicht – warum liegt er nicht einfach in seinem Vorgarten und lässt es sich gutgehen? Umso beeindruckender ist es, dass Michael sich eben nicht zurücklehnt und die Welt vom Fenster aus beobachtet, sondern rausgeht und mithilft. Ich mag seinen Gedanken, dass sich der Sinn im Laufe des Lebens immer wieder verändert – und bin fasziniert davon, dass er an so einem einschneidenden Erlebnis wie seinem Schlaganfall nicht verzweifelt ist, sondern daraus eine ganz neue Lebensrichtung für sich ziehen konnte.

> »Manchmal ärgere ich mich über Menschen, denen ihre Privilegien nicht bewusst sind. Dass ich heute hier sitze, ist nicht meine Lebensleistung, sondern ich hab einfach Glück gehabt.«

Wann bist du glücklich? Das sind ganz unterschiedliche Situationen – wenn wir einen schönen Abend bei Freunden hatten, wenn ich mit meiner Familie Zeit verbringe. Ich finde es manchmal so schade, dass man das Glücksgefühl nicht erhalten kann und viele Dinge schnell selbstverständlich werden. Ich hatte das oft im Job: Ein Großprojekt verkauft und dann sitzt man im Auto und ist schon wieder auf dem Weg zum nächsten Termin und die Freude darüber bleibt auf der Strecke. Es ist aber auch ein großes Glück, dass ich so leben kann, wie ich es tue, und dass mir das bewusst ist. Manchmal ärgere ich mich über Menschen, denen ihre Privilegien nicht klar sind. Es ist reiner Zufall, dass ich in Deutschland geboren bin und nicht auf der anderen Seite vom Äquator. Dass ich heute hier sitze, ist nicht meine Lebensleistung, sondern ich hab einfach Glück gehabt.

Glücksgefühle sind leider immer nur flüchtig. Bei welcher Tätigkeit verlierst du aber so richtig das Zeitgefühl? Ich telefoniere unheimlich viel und gerne – meistens laufe ich dabei durch den Garten. Aber ich kann auch mal einfach nur Löcher in die Luft gucken und plötzlich denke ich mir: Wo ist die Zeit geblieben?

Lebst du eher in der Vergangenheit, in der Gegenwart oder in der Zukunft? Im Moment lebe ich sehr in der Gegenwart. Das kann aber auch eine Folge vom Schlaganfall sein – weil man dann sieht, wie vergänglich alles ist, wie verletzlich man sein kann. Als ich einer jungen Schwester im Krankenhaus danach mein Leid klagte, meinte sie nur: »Ich zeige dir mal die Abteilung und die anderen Patienten. Dann siehst du, was du für ein Glück gehabt hast. Die können sich teilweise nicht bewegen, die können nicht sprechen, und du jammerst, weil dein Arm und dein Bein schwer sind, oder was?« Und das war super! So harmlos es für mich verlaufen ist, hat es doch viel bewegt.

Worauf kannst du gut verzichten? Hat sich das seit diesem Einschnitt verändert? Ach, das ist auch immer so eine Sache – wenn man privilegiert ist wie in Deutschland, lässt sich diese Frage immer leicht beantworten. Es sind ja stets die wohlhabenden Leute, die sagen »Geld ist nicht wichtig«. Für mich ist es schon wichtig, sonst könnte ich meine ehrenamtliche Arbeit nicht machen und nicht das Leben führen, das ich habe. Ich finde es manchmal aber auch erstaunlich, wie leicht es fällt zu verzichten. Früher war ich starker Raucher, als ich aufgehört habe, ist mir das überhaupt nicht schwergefallen. Ich esse auch kaum mehr Fleisch – ebenfalls viel leichter als gedacht. Wir können auf viel mehr verzichten, als wir glauben. Wir müssen es nur versuchen.

MARINA WEISBAND

Politikerin und Publizistin

Marina Weisband kam im Alter von sieben Jahren aus der Ukraine nach Deutschland. Als Tschernobylkind verbrachte sie ihre Kindheit größtenteils im Krankenhaus, bis heute leidet sie unter den gesundheitlichen Langzeitfolgen. Bekannt wurde sie 2011 als Vorsitzende der Piratenpartei. Heute ist sie Parteimitglied bei den Grünen und leitet das Bildungsprojekt ›Aula – Schule gemeinsam gestalten‹. Marina Weisband hat außerdem Psychologie studiert und arbeitet als Künstlerin und Übersetzerin. Wir treffen sie an einem der ersten Frühlingstage in Wuppertal und sprechen über ihre Kindheit, gesellschaftliche Konventionen, das Judentum, das Muttersein, die Politik – und man hört ihr so gerne zu, denn jede einzelne Antwort ist klug und überlegt.

Welche Rolle spielt die Religion bei der Suche nach dem Sinn des Lebens? Für mich eine große! Ich kann einmal erzählen, wie ich zum Glauben gekommen bin: Es war der Abend vor meiner Mathe-Abiturprüfung und ich war wahnsinnig nervös. Ich habe ›Krieg und Frieden‹ gelesen und als Fürst Andrej Bolkonski in der Schlacht fällt, heißt es, dass er nun zum letzten Mal den Mond sieht. Und in dem Moment schoss es durch mich hindurch: Das ist das letzte Mal, dass er den freien Willen hat, den Arm zu heben. Er wird nie wieder Blüten vom Busch pflücken und an ihnen riechen, er wird nie wieder Frikadellen essen können. Sogar wenn ich die Matheprüfung morgen total verhaue und auf der Straße lande – das ist, wie mein neurotisches Gehirn funktioniert –

> »Ich habe keine Angst vorm Tod, das ist das Gute.
> Ich habe mich durch meine Krankheit sehr früh mit meiner
> eigenen Sterblichkeit auseinandergesetzt.«

und im Gefängnis lande, in der kleinsten dunkelsten Zelle, ich werde immer diese monumentale Freiheit haben, meinen Arm zu heben, wenn ich es möchte, oder einzuatmen oder einen Gedanken zu haben. Und zum ersten Mal hab ich irgendwie gespürt, dass es einen Platz für mich gibt in diesem Leben. Und ich verbinde diese Gedanken sehr stark mit Gott – dieses Gefühl von Glaube. Jemand hat mich geschaffen, einen Platz für mich vorgesehen. Ich habe eine Einladung zu diesem Fest des Lebens. Das ist der Kern meines Glaubens.

Spielt die Liebe für dich auch eine große Rolle, wenn es um den Sinn des Lebens geht? Liebe ist Teil des Sinns. Im Judentum spielt Liebe eine gigantische Rolle, denn Liebe ist das, was uns näher zum Göttlichen bringt. Das Menschliche nimmt ohne zu geben, und das Göttliche gibt ohne zu nehmen. Deswegen ist die selbstlose Liebe einer Mutter das Heiligste, was das Judentum im Menschlichen kennt. Zu lieben bedeutet, das Beste vom anderen anzunehmen, das Schönste im anderen zu sehen. Aber auch zu geben – ohne zu warten, was da vielleicht zurückkommt, sondern einfach so auf gut Glück, weil der andere ein Mensch ist, weil man es gerne macht. Deswegen glaube ich, egal, ob es der Partner ist oder die Freunde oder eine diffuse Liebe zu allen Menschen, wie ich sie tief empfinde, Liebe ist der zentrale Angelpunkt.

Du bist Jüdin. Welche Rolle spielt dein Glaube im Alltag? Ich bin nicht religiös, aber ich bin gläubig. Ich versuche, Schabbat zu halten, aber ich esse zum Beispiel nicht streng koscher. Prinzipiell folge ich aber dem Geist der Gebote, darauf achte ich sehr. Beim Judentum ist wichtig zu unterscheiden, dass es nicht wie ein anderes Christentum ist, sondern es bedeutet ein ganz eigenes Verständnis dessen, was man ist. Deswegen kann man beispielsweise atheistischer Jude sein, weil es eben auch eine Volksgemeinschaft ist. In meiner Geburtsurkunde steht buchstäblich »Nationalität: Jude«. Meine Eltern haben, wie fast alle Juden in der Sowjetunion, nicht praktiziert. Als ich nach Deutschland kam und mich zum ersten Mal mit dem Judentum beschäftigte, habe ich mich nicht jüdisch genug gefühlt, weil ich ja ohne die Tradition aufgewachsen bin. Für mich war Chanukka genauso fremd wie für andere Leute, die das erste Mal darüber lesen. Andere Elemente der jüdischen Kultur waren mir wiederum sehr nah – wie die Küche – aber der religiöse Aspekt war mir fremd und ich musste mich erst einfinden. Das ist schwierig, weil das eigentlich sehr identitätsstiftend ist.

Was glaubst du, was nach dem Tod mit uns passiert? Haben wir eine Seele? Ich habe darüber keine Vorstellung und ich will mir darüber auch keine machen. Und es ist mir, ehrlich gesagt, auch egal. Das Allerwichtigste ist, was vor dem Tod passiert. Juden glauben außerdem an sieben Seelen. Was ich daran sehr schön finde, ist, dass sich eine davon niemals von Gott trennt. Auch wenn der Mensch sündigt, vom Glauben abfällt oder das schrecklichste Monster wird.

Hast du eigentlich Angst vorm Tod? Ich habe keine Angst vorm Tod, das ist das Gute. Ich habe mich durch meine Krankheit sehr früh mit meiner eigenen Sterblichkeit auseinandergesetzt. Was könnte mir passieren? Und was ist dann mit meiner Mutter? Das hatte ich alles schon im Alter zwischen vier und sechs abgefrühstückt. Ich werde irgendwann sterben und das ist okay. Ich finde sogar gut, dass das Leben endlich ist, ich würde es nicht anders wollen. Gerade diese Endlichkeit des Lebens und dieser kleine Zeitraum, in dem wir diese riesige Welt erkunden und einander kurz kennenzulernen können – das macht das Leben doch erst spannend.

Du meintest einmal, du hast als Jüdin Angst in Deutschland. Ich bekomme Morddrohungen – was sicherlich auch an mir als öffentliche Person liegt, weniger am Glauben. Was mir aber große Angst macht, ist der Aufstieg von Leuten wie Attila Hildmann. Nun kommt die Wirtschaftskrise, und das sind immer Zeiten, in denen Antisemitismus noch mal ganz akut wird, das wissen wir. Es gab im Sommer 2020 einen Punkt, da hab ich gemerkt: Jetzt wandelt sich die Stimmung. Meinen jüdischen Freunden erging es genauso. Wir haben den Anschlag in Halle kommen sehen, für niemanden von uns war das eine Überraschung. Wenn man in einer Gesellschaft sehr viele Leute hat, die antisemitisch drauf sind, dann wird einer davon irgendwann durchdrehen – das ist einfach das Gesetz der größten Zahlen. Und das macht mir Angst.

Wenn du Morddrohungen bekommst, gehst du dann nicht davon aus, dass es einfach böse Menschen gibt? Nein. Natürlich würde ich Nazis verhauen, aber ich bin in der Lage, Verständnis dafür zu entwickeln, wie ein Mensch

ÜBER DAS GESPRÄCH HINAUS

Marina Weisband erzählt mir, sie hat früher den Unterricht geschwänzt und dafür lieber zu Hause Bücher und Wikipedia gelesen. Ich erfahre, dass sie eher eine Außenseiterin in der Schule war – kaum vorstellbar, denn heute wirkt sie so stark und selbstsicher. Als wüsste sie genau, wer sie ist. Marina bricht auf allen Ebenen mit der Vorstellung von einer Politik der Anzug tragenden Männer.

Mich beeindruckt außerdem, wie konzentriert sie auf meine Fragen antwortet, während ihre kleine Tochter mit dem Roller um uns herumfährt. Ich kann es nicht anders sagen: Ich bin einfach ihr Fan!

»böse« wird oder dementsprechend handelt – und das hilft mir in der Prävention und beim Umgang. Das sage ich als Psychologin. Aber als sozial verantwortungsvolle Person und Politikerin sage ich natürlich nicht: »Der hatte eine ganz schwere Kindheit, deshalb müssen wir den schön machen lassen, während er zu Mord aufstachelt.« Das heißt, da schlagen zwei Herzen in meiner Brust.

Wie kamst du überhaupt zur Politik? Das war absolut zufällig. Ich war meine ganze Jugend über absolut unpolitisch. Politik war das, was die Deutschen unter sich ausmachen. Und ich hab mich nie angesprochen gefühlt, wenn ich im Fernsehen die Männer mit Krawatten gesehen hatte. Wir wohnten in unserer Sozialwohnung in einem Viertel, in dem nur Russen und Türken lebten – ich hab mir also

nicht mal die Frage gestellt, ob mich das betrifft. Mit 19 hatte ich meine Staatsbürgerschaft und durfte zum ersten Mal wählen gehen und ich war so geflasht, wie unzeremoniell das war: kein roter Teppich, kein Sicherheitsservice, keine Überprüfung meiner Persönlichkeit, meiner Motive oder Vorkenntnisse. Ich durfte einfach in dieses Schulgebäude rein und das deutsche Parlament mitbestimmen. Das war so ein krasser Vertrauensbeweis an mich, dass ich gedacht habe, ich muss mich dieses Vertrauens irgendwie als würdig erweisen. Und bin am selben Tag in die Piratenpartei eingetreten.

Heute arbeitest du nicht nur in der Politik, sondern bist auch Psychologin und Künstlerin. Bei all den verschiedenen Einflüssen: Was hast du über das Leben gelernt? Ich habe gelernt, dass es umso angenehmer ist, je positiver man es betrachtet. Wenn ich zum Beispiel alle um mich herum für freundliche Menschen halte, dann stelle ich fest, dass ich von freundlichen Menschen umgeben bin. Was das Leben angenehmer macht. Ich habe auch gelernt, dass es nicht so stark diktiert werden sollte von dem, was die Gesellschaft jetzt gerade für das Richtige hält. Also: »Du musst Karriere mache.« Und: »Du musst dies und jenes mit deinem Kind machen.« Und: »Du musst so und so aussehen.« Es gibt eigentlich nur vier Dinge, für die Frauen bestraft werden: Wenn sie sich fürs Kind entscheiden statt Karriere, oder für die Karriere statt Kind, oder wenn sie Karriere und Kind miteinander vereinbaren, oder wenn sie weder Karriere noch Kind wollen. Also, wir können es sowieso nicht »richtig« machen. Das sind alles Konventionen, auf die ich, Gott sei Dank, gelernt habe zu pfeifen.

Hast du eigentlich Angst
vorm Tod?

»Nein. Ich finde sogar gut, dass das
Leben endlich ist, ich würde es
nicht anders wollen. Gerade diese
Endlichkeit des Lebens und
dieser kleine Zeitraum, in dem wir
diese riesige Welt erkunden
und einander kurz kennenzulernen
können – das macht das Leben
doch erst spannend.«

»*Das Gefühl, einen Sinn zu haben, habe ich am ehesten, wenn ich aktiv bin. Also ich glaube, den Sinn meines Lebens spüre ich vor allem dann, wenn ich handle.*«

Du bist Mutter. Welche Erinnerungen hast du an deine eigene Kindheit? Durch meine Krankheit habe ich meine Umgebung schon früh bewusst wahrgenommen, deshalb habe ich sehr lebendige Erinnerungen an Kiew. In Deutschland fiel mir auf, dass alle so schnell gehen, in der Ukraine ist man eher gemütlich unterwegs. Ich wurde also oft geschimpft, wenn ich nicht schnell genug mitgelaufen bin. Meine Mutter hat mich dagegen immer bestraft, wenn ich etwas zu hastig gemacht habe. zu Hause ging es also um langsame Akkuratheit, in der deutschen Schule um Schnelligkeit, Mut, Durchsetzungsvermögen. Das hat dazu geführt, dass ich irgendwann zwei Persönlichkeiten oder Verhaltensmuster hatte, die ich auf dem Schulweg gewechselt habe. Und ich kann das auch heute noch gut – dieses Wechseln zwischen Welten und Brücken bauen. Ich arbeite in Schulen und Ministerien, habe sowohl mit Jugendlichen als auch mit Wirtschaftsverbänden zu tun.

Wann fühlt sich dein Job sinnerfüllt an? Ich habe das riesige Privileg, sehr viele solcher Momente zu haben. Wenn ich öffentlich auftrete, bekomme ich viel positives Feedback wie zum Beispiel: »Durch dich fühle ich mich besser.« Oder: »Ich habe neuen Mut gefasst.« Meine ganze Tätigkeit ist so von Sinn erfüllt, weil ich viele Menschen erreiche. Und irgendwo bleiben irgendwelche Samen von meinen Ideen hängen. Auf der anderen Seite kann ich durch den Austausch auch andere Ideen mitnehmen und sie weitertragen. Wie eine Art Ideen-Biene, die unterwegs ist und bestäubt (lacht).

Würdest du sagen, der Sinn des Lebens hängt auch mit dem Thema Glücklichsein zusammen? Wenn wir das Gefühl haben, einen Sinn zu haben, sind wir glücklich. Ich glaube, das funktioniert eher so rum. Und das Gefühl, einen Sinn zu haben, habe ich am ehesten, wenn ich aktiv bin. Also ich glaube, den Sinn meines Lebens spüre ich vor allem dann, wenn ich handle – und nicht, wenn ich in einer Krise stecke.

Was ist für dich der Sinn des Lebens? Ist es die Arbeit? Ich glaube, wir haben alle einen Sinn, und der ist zu leben, Schönheit wahrzunehmen und ineinander zu finden. Und in jedem Fall einander zu helfen – deswegen mache ich Kunst und deswegen mache ich Politik.

Du bist auch Künstlerin. Wie passt das eigentlich zur Politik und zur Psychologie? Ich beschäftige mich in meiner Kunst ebenfalls mit Menschen: Ich zeichne sie. Ich illustriere zum Beispiel Romane und übersetze Lyrik aus dem Russischen ins Deutsche. In all dem beschäftige ich mich mit dem Wesen des Menschen. Genau wie in der Psychologie oder in der Politik, genau wie in allem anderen: Ich liebe Menschen, sie faszinieren mich.

FRANK KÜNSTER

Türsteher

Frank Künster ist eine Berliner Türsteher-Legende. Er kam 1989 in die Hauptstadt, vier Wochen vor dem Mauerfall – eigentlich um BWL zu studieren, doch die Aufbruchstimmung in der Stadt und die ausschweifende Partyszene führten ihn ins Nachtleben. Seit fast dreißig Jahren steht er nun an den Türen verschiedener Berliner Clubs und Bars, hat Tausende von Partys gefeiert und miterlebt. Wir besuchen Frank in seiner Wohnung im Wedding, an deren Wänden sein Leben nacherzählt wird: Hier hängen Gemälde von befreundeten Künstler:innen, Nacktfotos von Verflossenen und Bilder seiner vielen Reisen durch den Iran, Russland, Tadschikistan. Obwohl er weit weg war, zog es ihn immer wieder nach Berlin – die Stadt, in der die Nacht sein Zuhause ist und in der er so viele Menschen kennt.

Durch deinen Job bist du zahlreichen unterschiedlichen Menschen begegnet. Welche Rolle spielt die Verbindung zu anderen Menschen in deinem Leben? Eine große, weil es wichtig ist, sich auszutauschen und auch mal die andere Perspektive einzunehmen. Wenn du jemanden magst, dann ist es viel einfacher, denjenigen zu verstehen, als wenn du ihn doof findest. Ich hab einige Freunde, die gegenteilige Meinungen haben – trotzdem ist die Auseinandersetzung immer interessant, weil mir ein intelligenter Mensch gegenübersitzt, der gute Argumente und zudem Verständnis für meine Sichtweise hat. Und daran kann man wachsen, auf interessantere und bessere Gedanken kommen.

Und welche Rolle spielt die Liebe, wenn es um ein sinnerfülltes Leben geht? Da möchte ich mit der Bibel antworten: Omnia vincit amor.

> *»Ich glaube daran, dass wir alle spirituelle Wesen sind und einen göttlichen Funken in uns haben. Manchmal spüre ich diesen Funken.«*

Es gab diesen Paulus, der Briefe an die Korinther geschrieben hat und in einem steht sinngemäß: Wenn ich alles Wissen der Welt hätte, wenn ich alle Freunde, alles Geld der Welt hätte, alles wäre nichts ohne Liebe. Er meinte damit natürlich die Liebe zu Gott, aber für mich ist das der Grundgedanke des Menschseins. Zuallererst sollte man sich immer mit Liebe begegnen.

Wenn du aus der Bibel zitierst, heißt das, du glaubst an Gott? Nein. Also Religion allgemein – im Verständnis von Liebe und dem, was Jesus gepredigt hat: liebe deinen Nächsten, verzeihe, begehre nicht – all diese Sachen sind natürlich gut und wichtig. Ich finde nur die Institution der Kirche schwierig. Aber ich glaube daran, dass wir alle spirituelle Wesen sind und einen göttlichen Funken in uns haben. Manchmal spüre ich diesen Funken und ich kenne andere Menschen, die ihn auch spüren.

Der Funken kann ja auch unsere Seele sein. Glaubst du daran? Ich will manchmal glauben, dass die Seele etwas ist, was der Körper nicht besitzt und auch frei sein könnte – ich weiß also nicht, ob sie einen verlässt und weiterlebt, wenn man stirbt. Ich glaube aber in jedem Fall, dass ich eine alte Seele habe, denn manchmal spüre ich solche Dinge wie Schmerzen und große Erkenntnis.

Wenn dein jetziges Leben enden müsste, könntest du zufrieden darauf zurückblicken? Absolut! Ich habe mal so einen Test gemacht, bei dem herauskam, dass ich eigentlich schon hundert Jahre alt bin, weil ich schon so viel erlebt habe. Dabei fühle ich mich die meiste Zeit wie 25. Das ist das Absurde daran.

Das klingt, als würdest du ziemlich im Hier und Jetzt leben. Was ist mit der Vergangenheit und der Zukunft? Ich möchte explizit nicht in der Vergangenheit leben, weil ich es doof finde, wenn andere sagen: »Früher war alles besser!« Das stimmt einfach nicht, außer vielleicht in deren Wahrnehmung. Die haben meistens ihre Jugend und Ideale verloren und sind in einer Welt angekommen, in die sie eigentlich nicht wollten – und trauern dann der Freiheit der Jugend hinterher. Viele sagen ja auch, das Nachtleben in Berlin war früher besser. Ich möchte nicht retrospektiv glorifizieren, jetzt ist es auch noch toll.

Was macht die Partyszene in Berlin so besonders? Eine große Rolle spielen natürlich die ersten Jahre der Entstehung in einem rechtsfreien Raum. Die DDR war in sich zusammengefallen, der Westen hatte noch keine Ordnungsmacht. Bis dann Jahre später die ersten Regularien kamen, hatte sich die Subkultur-Szene schon so breit gemacht, dass die Berliner Politik einsehen musste, dass gewisse Dinge hier einfach immer freier sein werden.

Hinzu kommt: Die DDR hat fast 41 Jahre existiert, eineinhalb Generationen sind extrem stark geprägt vom sozialistischen Prinzip. Du kannst dir bis heute in Berlin nicht einfach einen Tisch in einem Club mieten und gehörst dann dazu. Hier geht es um Credibility, Kontakte und Authentizität – alles Dinge, die man nicht kaufen kann.

Fast dreißig Jahre im Nachtleben gehen sicherlich nicht spurlos an einem vorüber. Was war dein Geheimnis? Ich habe nie Drogen genommen, weil ich für mich entschieden habe, dass ich das nicht interessant finde. Es braucht keinen künstlich herbeigeführten Rausch, weil ich mein Leben sowieso als rauschhaft empfinde. Ich trinke auch keinen Alkohol. War nie schwierig im Nachtleben – obwohl die Leute um mich herum natürlich berauscht waren, habe ich mich nie außen vor gefühlt.

Was fasziniert dich an der Nacht? Nachts sind die Menschen ein bisschen freier, sie fühlen sich weniger beobachtet. Dazu kommt das Rauschhafte, weil sie sich am Tage in ein Korsett zwängen, um systemkonform zu funktionieren. Nachts öffnen sie dieses Korsett – die Menschen sind dann näher bei sich selbst. Sie werden ehrlich, das finde ich spannend.

Glaubst du, dass man beim Ausgehen das Leben am intensivsten spürt? Das ist eine Typfrage. Ich bin ganz sicher, dass es viele Menschen gibt, die nicht diesen Katalysator brauchen, also den vom Rausch, Drogen und der Enge und Musik, sondern dass sie andere Wege finden – Meditation zum Beispiel.

Ob bei der Meditation oder im Club – was hast du allgemein über das Leben gelernt? Viel! Ich habe gelernt, dass Demut wichtig ist, genauso wie Neugier. Dass es wichtig ist, im Hier und Jetzt zu sein. Dass Vertrauen wichtig ist – zu sich selbst und zu anderen. Auch zu verzeihen. Materielle Dinge sind dagegen gar nicht wichtig.

Du kannst also gut auf Materielles verzichten? Ich habe nicht das Gefühl, dass ich auf irgendetwas verzichten muss. Ich wünsche mir kein neues Auto, dafür Weltfrieden und Gleichberechtigung. Okay, manchmal hätte ich gerne eine Wohnung mit Zentralheizung, aber ich habe mich damit arrangiert. Deshalb fühlt es sich nicht nach Verzicht an. Ich reise, so oft ich will. Ich treffe so viele Frauen, wie ich will. Ich höre laute Musik, wenn ich will.

AUF DER SUCHE NACH DEM SINN

»Nachts sind die Menschen ein bisschen freier, sie fühlen sich weniger beobachtet. Dazu kommt das Rauschhafte, weil sie sich am Tage in ein Korsett zwängen, um system-konform zu funktionieren.«

Wann fühlst du dich lebendig? Wenn das Chaos um mich herum am größten ist. Wie zum Beispiel, als ich eine Autopanne in der Steppe in Kasachstan hatte. Mitten im Nichts, ich war alleine und es gab niemanden, den ich hätte anrufen können. Und trotzdem habe ich mich stark und gut gefühlt, denn es ist toll, wenn du merkst, dass du klarkommst, egal was passiert. Ein ganz besonderer Moment!

Sind das auch die Momente, in denen du dich frei fühlst? Das ist sehr ambivalent, weil mein Geist auf der einen Seite schon frei ist. Aber da ich in einer nicht-freien Gesellschaft existiere, muss ich mich halt manchen Zwängen unterwerfen – wie Miete zu bezahlen, Verkehrsregeln einzuhalten, meine Steuererklärung zu machen, obwohl ich das am wenigsten gern mache. Aber weil ich das alles bewusst tue und mir über die Ambivalenz der Dinge im Klaren bin, nimmt mir das nicht meine Freiheit.

Denkst du denn eigentlich, dass das Leben einen Sinn hat? Anknüpfend an deine Antwort: Die Steuererklärung ist es schon mal nicht … Das darf jeder für sich selbst beantworten, welchen Sinn es hat und ob es überhaupt einen hat. Ich glaube, ein Sinn ist es, möglichst viele positive Momente zu sammeln, immer neugierig zu bleiben. Es gibt so unglaublich viele Dinge, die ich noch erleben und sehen möchte.

Ich bin jetzt Mitte fünfzig und weiß gar nicht, ob die Zeit dafür ausreicht. Und dann finde ich es so traurig, wenn ich Männer in meinem Alter sagen höre: »Ich bin so müde, ich will gar nichts mehr. Ich will nur noch im Haus auf der Terrasse sitzen und Fernsehen gucken.« Meine Neugier hält mich jung!

Hast du auch mal am Sinn des Lebens gezweifelt? Jeden Tag. Ich bin so zwiegespalten: Auf der einen Seite ist das Leben in meinem Elfenbeinturm sehr gut, aber wenn ich den verlasse und sehe, wie viele Menschen leiden, Krieg und Hunger erleben, unterdrückt oder versklavt werden, dann denke ich, man muss sich eigentlich umbringen. Es ist einfach nicht okay, dass wir in einer Welt leben, in der es normal ist, dass Menschen erschossen werden, die einfach nur friedlich leben, etwas zu essen haben und vielleicht eine Familie gründen möchten. Dann ziehe ich mich aber wieder in meinen Hedonismus zurück. Ich würde es nicht aushalten, wenn ich immer nur an das Schlechte denken würde.

FRIEDERUN SCHULTZ

Ehemalige Psychiaterin

Als ich in der Weihnachtszeit bei dem Altenheim in meiner Straße vorbeilaufe, sehe ich die Neujahrswünsche der Patient:innen im Fenster hängen. Dort steht zum Beispiel »Meinen Humor nicht verlieren«. Ich bin so entzückt von den Antworten, dass ich bei der Einrichtung für ein Interview anfrage und einen Termin mit Frau Dr. Friederun Schultz bekomme. Die ehemalige Ärztin hat dreißig Jahre lang in der Psychiatrie gearbeitet. Sie kam 1926 auf die Welt, hat den Krieg miterlebt, drei Kinder großgezogen. Ihr Mann ist 1987 verstorben, seitdem hat Frau Dr. Schultz nicht mehr geheiratet. Wir sprechen über die Liebe, über ihren Beruf, der eine echte Berufung war, über den Sinn des Lebens und darüber, wie schwer es ihr heute fällt, einfach nur Patientin zu sein.

Glauben Sie, dass Ihre Arbeit Ihrem Leben Sinn gegeben hat? Mir hat es einen großen Sinn gegeben, dass ich für andere Menschen da war. Ich würde nicht in Anspruch nehmen, dass ich allen helfen konnte, aber doch vielen. Es gab unzählige wichtige Gespräche, mit manchen Patientinnen bin ich auch gereist, damit sie beispielsweise ihre Familie besuchen konnten. Manchmal entwickelte sich aus der Arzt-Patienten-Beziehung sogar eine Art Freundschaft. An Fasching tanzte ich immer mit meinen Damen – ich war auf der Frauenstation – und natürlich habe ich immer geführt. Deswegen war ich selbst eine sehr schwierige Tänzerin, mein Mann hat das jedenfalls immer behauptet (lacht).

War Ihr Mann Ihre große Liebe? Ich hatte eine große Liebe, die habe ich aber leider nicht heiraten können. Er mochte mich zwar, aber heiraten wollte er mich nicht, worüber ich damals sehr traurig war. Doch kurz darauf hab

>>*Man kann nicht alles im Leben erfüllen.
Es geht eher um das Gefühl, dass man Gutes getan hat.
Dass man anderen in irgendeiner Form gedient hat.*<<

ich meinen Mann kennengelernt. Er kam aus englischer Gefangenschaft, wie mein Vater, und ich habe ihn schätzen und lieben gelernt. Wir haben viel diskutiert über das Dritte Reich und die Weltkriege. Er war, wie ich, aus Danzig, sodass wir dadurch schon eine große Gemeinsamkeit hatten. Meine Mutter war damals allerdings entsetzt, als sie hörte, dass ich heiraten will. Einen Kürschner! Mein Mann hatte eine große Werkstatt, in der im Akkord Nerz genäht wurde. Und ich hatte ja keine Ahnung vom Geschäft!

Sie waren beide berufstätig und bekamen drei Kinder. Wie haben Sie all das unter einen Hut bekommen? Das war nicht immer einfach. Mein Mann war, Gott sei Dank, sehr kinderlieb und wenn ich samstags oder sonntags Dienst hatte, hat er sich mit ihnen beschäftigt und für sie gekocht. Er konnte sehr gut kochen, denn er hatte als Halbwaise sehr früh gelernt, sich alleine zu versorgen.

Sie haben viele Jahrzehnte als Ärztin gearbeitet. Was haben Sie in dieser Zeit über das Leben gelernt? Dass es wichtig ist, durchzuhalten, Aufgaben zu erfüllen und nicht einfach zu sagen: >>Ne, das mache ich nicht.<< Das habe ich schon als junge Schwester im Lazarett gelernt. Ich hatte mit einer sehr strengen Stationsschwester zu tun und mit Soldaten, die hungrig aus dem Krieg zurückkamen. Bei der Essensausgabe gab es immer einen riesigen Ansturm,

jeder wollte sich vordrängeln. Aber ich habe auch gelernt: Man kann nicht alles im Leben erfüllen. Es geht eher um das Gefühl, dass man Gutes getan hat. Dass man anderen in irgendeiner Form gedient hat.

Woher kam eigentlich Ihr Wunsch, in der Psychiatrie zu arbeiten? Einerseits war bereits meine Mutter Krankenschwester, aber eben noch im Krieg. Sie hat irrsinnig viel arbeiten können, bevor sie zusammenbrach. Andererseits entstand der Wunsch bei mir aus einer Art Helfersyndrom, aus der Überzeugung, dass man Menschen aufrichten muss, an ihrer Seite stehen und sie auffangen muss, wenn es Schwierigkeiten gibt.

Haben Sie auch mit Menschen zu tun gehabt, die am Sinn des Lebens gezweifelt haben? Ich habe viele Suizide miterlebt. Nie vergessen werde ich auch den Fall einer Dame, die ihre Kinder in die Isar geworfen hat. Und den einer anderen, die regelmäßig von ihrem Mann vergewaltigt wurde und schließlich ihr Baby mit in den Tod nehmen wollte.

Wie hält man diese Menschen am Leben? Wie gibt man ihnen einen Sinn? Das kann ein Rat sein. Aber ob er dann hilft, können Sie nicht beeinflussen. Diese Patientin, die ihre Kinder in die Isar geworfen hat, hat sich später in einer anderen Klinik das Leben genommen. Damit hat sie dann Bilanz gezogen.

FRIEDERUN SCHULTZ

Wie gingen Sie damit um, wenn Sie eine Patientin verloren hatten? Leider konnte ich darüber mit meinem Mann nicht reden und musste selbst damit zurechtkommen. Einmal ist mir das im Urlaub passiert: Kurz davor hatte ich mit einer jungen Frau gesprochen, die an Depressionen litt, seit ihre Mutter sich im Wald erhängt hatte. Es ging darum, was sie beschäftigt, und was wir machen könnten, damit es ihr besser geht. Und dann hat sie sich tatsächlich während meines Urlaubs erhängt. Ich konnte es nicht verhindern, das gibt es leider. Solche Geschichten nehmen einen mit und man vergisst sie nie mehr.

Haben Sie auch einmal selbst am Sinn des Lebens gezweifelt? Oh ja, während meines Arbeitsdienstes. Hamburg litt damals unter ständigem Beschuss durch englische Bomber. Immer wieder sahen wir die Maschinen anfliegen und mussten in unseren Bunker fliehen, der nur aus Torf bestand. Einmal stürzte ein Bomber gar nicht weit davon ab, die Mannschaft war sofort tot. Wir rannten alle raus, weil wir helfen wollten. Doch da war nichts mehr zu helfen. Das war hart.

Glauben Sie als Naturwissenschaftlerin eigentlich an Gott oder schließt sich das aus? Jeder hat von Gott eine andere Vorstellung. Man muss ihn nicht figürlich denken. Es gibt da eine Macht, die alles geschaffen hat. Und ich freue mich über jede Blume und jedes Lebewesen. Ich glaube allerdings nicht an Himmel und Hölle, dafür bin ich zu sehr Realistin.

Wie stehen Sie zum Tod? Haben Sie Angst davor? Ich hoffe vor allem, dass es schnell geht. Das hofft man als Ärztin wahrscheinlich immer. Ich habe ja zahlreiche Menschen sterben sehen und viele von ihnen bis zuletzt begleitet. Und obwohl ich beruflich so viel mit dem Tod zu tun hatte, habe ich trotzdem Angst davor.

Und wann fühlen Sie sich auf der anderen Seite total lebendig? Wenn ich wissenschaftliche Vorträge höre oder Bücher lesen, vor allem naturwissenschaftliche. Manchmal lese ich auch Novellen oder Kurzgeschichten. Eben habe ich Doris Dörrie gelesen – sie schreibt sehr gut über das Sterben, ein letztes Mal atmen.

Sie leben im Altersheim. Worüber freuen Sie sich im Alltag? Es ist für mich ein Glück, noch lesen zu können. Noch vieles unterscheiden

AUF DER SUCHE NACH DEM SINN

»*Am Ende des Lebens ergreift einen immer mal wieder das Gefühl, man könne nichts mehr groß bewirken. Man sieht selbst, dass man schwächer wird – im Denken, im Fühlen.*«

zu können, Stimmungen zu erleben, natürlich auch Traurigkeit. Am Ende des Lebens ergreift einen immer mal wieder das Gefühl, man könne nichts mehr groß bewirken. Man sieht selbst, dass man schwächer wird – im Denken, im Fühlen. Aber man lernt, bescheiden zu sein und freut sich über kleine Dinge.

Gibt es etwas, was Sie unbedingt noch machen möchten? Ich will noch mal an die See! Ich bin an der Ostsee groß geworden und habe noch viele schöne Erinnerungen daran, wie meine Großmutter mit mir dort am Strand spielt. Danach habe ich eine große Sehnsucht.

Das Meer spielte also schon immer eine gewisse Rolle. Gibt es denn auch etwas, was Ihnen früher sehr wichtig war, Ihnen heute aber egal ist? Man wird uneitler. Ich pflege mich natürlich, auch wenn ich heute nicht angemalt bin. Das brauche ich nicht mehr, wozu denn? Ich lebe in einem Pflegeheim und gehe nicht auf einen Ball.

Sie haben bereits jetzt ein langes und erfülltes Leben hinter sich. Worin besteht für Sie aus heutiger Sicht der Sinn des Lebens? Das Leben zu füllen mit Dingen, die anderen und einem selber wohl tun. Ich glaube fest daran, dass jedes Menschenleben eine bestimmte Erfüllung hat. Beziehungen zu anderen Menschen herzustellen, auch wenn man zum Schluss ein bisschen egoistisch wird, darin sehe ich den Sinn.

Denken Sie, der Sinn kann sich im Laufe des Lebens auch verändern? Auf jeden Fall, wenn man älter und reifer wird. Dann hat man andere Ansichten als in der Jugend. Als junger Mensch, nicht wissend, was wird, hatte ich eine depressive Welle. Ich glaube, das erleben auch heute viele junge Menschen sehr intensiv. Existenzangst: Was wird? Was kann ich werden? Wie werde ich denn? Das sind die großen Fragen.

Gibt es einen Ratschlag, den Sie da gerne an junge Menschen weitergeben? Vor allem, zu sich selber zu stehen, auch zu seinen Fehlern.

Welchen Ratschlag hätten Sie vielleicht selbst gerne früher erhalten? Ich denke, der Ratschlag ist immer in einem selbst vorhanden.

Was möchten Sie einmal hinterlassen? Die Liebe, die ich meinen Kindern und Enkeln gegeben habe. Die bekomme ich auch wieder. Bei meiner jüngsten Tochter am stärksten, sie kümmert sich sehr intensiv um mich und ich bekomme wirklich jede Woche frische Blumen von ihr.

Jemanden zu brauchen ist nicht immer leicht. Das Älterwerden hat aber auch schöne Seiten, was mögen Sie daran besonders? Dass man doch ein erfülltes Leben gehabt hat.

ALHASSANE BALDÉ

Ehemaliger Rennrollstuhlsportler

Es ist kein Wunder, dass Alhassane Baldé an das Schicksal glaubt, denn das ist ihm im Laufe seines Lebens immer wieder eindrücklich begegnet: Nachdem er in Guinea mit einer Querschnittslähmung auf die Welt kam, adoptierten ihn sein Onkel und seine Tante aus Deutschland. Hier schenkte ihm ein eifriger Bastler auf einer Messe einen selbst gebauten Kinder-Rennrollstuhl, weil ihm das Fahren damit so viel Spaß machte. Alhassane hat zahlreiche Preise und Auszeichnungen gewonnen – zuletzt war er bei den Paralympics 2021 dabei, wo er auch seinen Rückzug aus dem Leistungssport verkündete. Als er die Türe zu seiner Bonner Wohnung öffnet, treffen wir auf einen wahnsinnig sympathischen und reflektierten Menschen. Einen, der unbedingt eine Familie gründen möchte, denn Kinder beantworten für ihn die Frage nach dem Sinn des Lebens.

Welche Rolle spielt für dich die Liebe, wenn es um den Sinn des Lebens geht? Eine große! Wenn wir nicht lieben könnten, würde alles zerfallen. Dann gäbe es keine Gemeinschaft, keinen Zusammenhalt. Dann wären wir nicht da, wo wir heute stehen. Ich bin in dieser Hinsicht sehr abergläubisch und glaube an das Schicksal. Das klingt vielleicht hart, aber alles hat einen Grund, auch schlimme Dinge, auch wenn wir ihn nicht sofort verstehen. Alles hat seinen Sinn!

Wenn du an das Schicksal glaubst, glaubst du auch an Gott? Nicht an einen speziellen – obwohl ich als Moslem geboren bin und im Münsterland auf einer katholischen Schule war. Beide Religionen habe ich nie richtig praktiziert, trotzdem ist mir wichtig, dass ich einen Glauben habe. Daran, dass gewisse Dinge, das Schicksal, uns leiten. Am Ende des Tages

> »Für mich ist das Rennrollstuhlfahren ein Gefühl
> von Freiheit und Unabhängigkeit. Und auch eine Möglichkeit,
> meinen Körper, den Puls, alles zu spüren.«

ist es total egal, ob du Allah oder Gott oder Jahwe sagst. Mich stört an den großen Weltreligionen, dass sie alle einen indoktrinieren: »Du darfst das, du darfst das nicht«. Schon als ich jünger war, habe ich das immer hinterfragt: Warum darf ich kein Schweinefleisch essen? Warum darf ich keinen Alkohol trinken? Natürlich weiß ich, das ist nicht gesund – aber ich bin ein freier Mensch!

Was denkst du, was nach dem Tod mit uns passiert? Ich glaube an Wiedergeburt. Und daran, dass wir auch früher schon gelebt haben, nicht in dieser Form, die wir jetzt haben, sondern als andere Menschen. Du kennst das sicherlich auch: Man hat ein Déjà-vu oder fühlt sich mit einem Land verbunden, obwohl man vielleicht noch gar nicht dort war.

Hast du selbst Angst vor dem Tod oder verdrängst du den Gedanken noch? Ne, ich hab keine Angst. Das gehört alles zusammen: Leben und Tod. Ich möchte genau so leben, dass ich jederzeit sterben könnte und es okay wäre. Ich sage schon immer: »Scheiß drauf, wir machen das jetzt!« Denn wer weiß, wann es vorbei ist.

Das ist eine gute Einstellung. Gibt es denn einen Moment, der dein Leben verändert hat? Meine Adoption! Ich wurde als Zwillingskind geboren und bin die ersten Jahre in Guinea aufgewachsen, dort hätte ich aber keine Überle-

benschancen gehabt. Dieses große Glück, dass noch Verwandte in Deutschland leben, die Bock haben, mich aufzunehmen – als Kind war mir das gar nicht bewusst. Und ehrlich gesagt hatte ich auch kein Heimweh oder Sehnsucht nach meinen leiblichen Eltern – das war für mich ein nahtloser Übergang.

Hast du noch Kontakt zu deinen leiblichen Eltern? Klar, es ist zum Glück ja alles in der Familie geblieben, aber für mich fühlt es sich heute eher so an, als wären meine leiblichen Eltern wie Onkel und Tante. Ab und zu telefonieren wir, ich war aber lange nicht mehr dort.

Zwillingsbeziehungen sind ja immer besonders, sagt man. Habt ihr eine Verbindung, obwohl ihr auf verschiedenen Kontinenten wohnt? Wir sind zweieiige Zwillinge und schon auch sehr verschieden. Also wir sehen nicht nur anders aus, sondern sind auch vom Typ her unterschiedlich. Aber was ich schon feststellen kann: Wir haben das gleiche Lachen, reden über dieselben Themen und interessieren uns für ähnliche Dinge.

Und gab es bei euch jemals die typische Geschwisterrivalität? Das nicht, aber mein Bruder meinte einmal, er würde gerne mit mir tauschen. Er hätte sicherlich nicht gerne mein Schicksal gehabt, aber die Möglichkeiten, die sich daraus ergeben haben. Hier sicher aufwachsen zu können, das Leben zu genießen, die Möglichkeit zu bekommen, die Welt zu sehen. Früher habe ich mir oft noch gedacht, ich wäre lieber er, weil er gesund ist, aber heute würde ich nicht mehr tauschen wollen. Wobei das nicht das Gleiche ist, wie wenn man mir anbieten würde, mir die Beine zurückzugeben oder das Laufen zu ermöglichen. Das würde ich natürlich sofort nehmen!

Gab es Momente, in denen du dich durch die Behinderung anders gefühlt hast? Klar, ständig! Schon als Kind stand ich immer unter Beobachtung, wurde angestarrt. Mein Kopf war immer »normal«, ich wollte so sein wie die anderen Kinder, auch Fußball spielen. Ich habe es nicht verstanden: Warum kann ich nicht Schlittschuh fahren oder Snowboarden gehen? Dann habe ich für mich einen Weg gefunden, dem so nah zu kommen wie möglich, sodass ich trotzdem Teil davon bin und Spaß habe.

An deinem sechsten Geburtstag wart ihr auf einer Messe, dort bist du zum ersten Mal Rennrollstuhl gefahren. Was fasziniert dich bis heute daran? Für mich ist es ein Gefühl von Freiheit und Unabhängigkeit. Und auch eine Möglichkeit, meinen Körper, den Puls, alles zu spüren. Ich bin komplett im Jetzt, wenn ich auf der Bahn bin. Natürlich konzentriert, aber ich denke an nichts anderes, ich habe keine Probleme. Und genau deshalb kann es auch zu einer Droge werden: weil man nichts Negatives spürt, sondern einfach da ist.

Was bedeuten dir deine sportlichen Erfolge? Das ist eine rein sportliche Geschichte, die mich darin bestätigt, dass ich gut trainiert habe. Ich kann das ganz gut trennen – mein Sport-Ich und mein restliches Leben. Das ist auch einfacher, wenn mal etwas nicht klappt. Sport ist nicht mein kompletter Lebensinhalt.

Du begleitest für die Bundesagentur für Arbeit Langzeitarbeitslose und gibst freiberuflich außerdem Seminare. Was bringst du den Menschen bei? Ich erzähle meine Lebensgeschichte und erkläre, was mich motiviert, was für mich Krisen bedeuten, wie ich mit Krisen umgegangen bin und was meine Lebensphilosophie ist. Es geht um Lebensfreude, aber auch darum zu zeigen, wie der Umgang mit Rollstuhlfahrern oder behinderten Menschen möglich sein kann. Und natürlich auch um das Thema Rassismus. Für mich war es als behinderter Mensch in Deutschland mit Migrationshintergrund doppelt schwer. Das hat mich früh erwachsen werden lassen, aber Anfeindungen haben mich schon immer eher bestärkt.

AUF DER SUCHE NACH DEM SINN

»*Für mich war es als behinderter Mensch in Deutschland mit Migrationshintergrund doppelt schwer. Das hat mich früh erwachsen werden lassen.*«

Zum Thema Inklusion in Deutschland – was muss noch passieren? Viel! Allein dass wir darüber reden zeigt ja, dass wir noch nicht dort sind, wo wir gerne wären. Von der Barrierefreiheit bis zu einer inklusiven Arbeitswelt oder dem Thema Schule – darüber könnten wir stundenlang sprechen. Das läuft alles noch nicht so, wie es laufen könnte.

Welchen Ratschlag hättest du für dich selbst gerne früher erhalten? Wenn ich mir heute noch mal einen Ratschlag geben könnte, wäre das wahrscheinlich, gelassener und authentischer zu sein. Mehr an mich selbst zu glauben!

Und welchen Ratschlag gibst du selber gerne weiter? Positiv zu sein. Das Leben so zu nehmen, wie es ist. Und sich auch dem Negativen zu stellen, seinen Problemen und Ängsten.

Denkst du, es braucht auch die Krisen, um über den Sinn des Lebens nachzudenken? Das vielleicht nicht, aber die Tendenz ist schon eher die: Wenn es mir gut geht, mache ich mir keine Gedanken darüber, was der Sinn des Lebens ist. Ich merke das bei mir: Ich schreibe seit meinem sechsten Lebensjahr Tagebuch und in den Phasen, wo es mir richtig gut ging, hab ich zum Beispiel auch mal ein oder zwei Jahre nichts geschrieben. Aber in den Phasen, wo es mir schlecht ging, fast alle zwei, drei Tage.

Was ist denn für dich persönlich der Sinn des Lebens? Mein Sinn des Lebens liegt für mich ganz klar darin, dass ich Kinder in diese Welt setzen und ihnen etwas mitgeben möchte. Alles zu versuchen, damit sie einen guten Start und ein tolles Leben haben. Aber auch glücklich zu sein, ein tolles Umfeld um mich herum zu haben. Anderen Mitmenschen etwas mitzugeben. Liebe empfangen, Liebe geben.

Was würdest du sagen, was du über das Leben gelernt hast? Bis jetzt habe ich gelernt, dass es eine krasse Achterbahnfahrt ist und es immer überraschende Wendungen gibt. Außerdem, dass es auch viele Dinge gibt, die man einfach nicht versteht und vielleicht auch nie verstehen wird. Viele haben ja Angst vorm Älterwerden, ich finde es eher schön. Weil es einem die Augen öffnet – man gelassener und ruhiger wird. Und auch immer mehr Selbstsicherheit bekommt.

Was macht dich glücklich – außer das Schreiben? Wenn ich mit richtig guten Freunden zusammen bin, mich fallen lassen kann. Ich bin glücklich, wenn ich Menschen zum Lachen bringen kann, wenn ich an schönen Orten bin, mit toller Musik.

ROBERT BETZ

Coach und Autor

Wer sich in Deutschland auf die Suche nach spirituellen Menschen begibt, stößt ziemlich schnell auf Robert Betz: Der Coach und Autor gibt Seminare zu den Themen Lebenssinn, Selbstliebe und Partnerschaft und hat fast zwei Millionen Bücher verkauft. Hunderttausende Menschen folgen ihm auf YouTube und Facebook. Umso erstaunter bin ich, wie bodenständig er uns in seinem Büro an der Münchner Theresienwiese empfängt. Der Termin hat keinen zeitlichen Rahmen – also sprechen wir ganz in Ruhe über den Unterschied zwischen Religion und Spiritualität, und wie Robert Betz, ausgelöst durch eine eigene Sinnkrise mit Anfang vierzig sein Leben änderte. Heute ist er fast siebzig – kaum zu glauben bei dieser Ausstrahlung.

Sie geben Seminare zum Thema Lebenssinn. Wie kann man denn Sinn finden, wenn man noch auf der Suche ist? Jeder wünscht sich, ein glücklicher, erfüllter Mensch zu sein, aber viele kennen den Weg dorthin nicht. Eine Antwort ist: Fang an, dich für dich zu interessieren, dich kennenzulernen. Dein Herz zu öffnen für das Kind in dir, deinen Körper, deine Vergangenheit, Gefühle und Gedanken. Wenn man das macht, spürt man: Ich kann etwas verändern. Ich bringe den Menschen immer zuerst bei, sich am Tag eine Stunde Zeit nur für sich allein zu nehmen – das machen die meisten nicht. Da können Sie schon ablesen, warum unsere Welt so aussieht: Sie ist wie ein Kindergarten voller verletzter, enttäuschter, einsamer, wütender, sich nach Liebe sehnender Kinder in erwachsenen Körpern.

Sie hatten selbst mit 42 eine Sinnkrise. Was war passiert? In meiner ersten Lebenshälfte war ich, wie alle anderen auch, stark verstrickt mit meinen Eltern. Ich wusste damals noch nicht, dass mein Chef eine Stellvertreterfigur meines Vaters ist. Von klein auf wollte ich es ihm zeigen. Mein Vater hatte selbst so ein Kleinheitsgefühl, das er an meine Geschwister und mich weitergegeben hat. Er sagte »Ihr seid doof«, ohne zu wissen, dass er sich selbst für doof hielt. Also war das der erste Teil meines Lebens: beweisen, dass ich nicht doof bin. Nach meinem Psychologiestudium und einer Industriekaufmannslehre bin ich schnell in einem gut bezahlten Achtzig-Stunden-Job gelandet – zuletzt war ich Vice-President im Marketing Europa für eine amerikanische Firma. Ich habe allerdings keine Balance gefunden. Obwohl ich verheiratet war, hatte ich nicht den Wert erkannt, Zeit mit meiner Frau zu verbringen. Ich bin sonntags gerne ins leere Büro gefahren, weil ich dann endlich richtig arbeiten konnte. Die Arbeit hat Spaß gemacht, aber mich hat vor allem der Erfolg interessiert. Und dann kamen nachts plötzlich Panikattacken – heute sehe ich sie als Geschenk meiner Seele. Zwei Jahre lang habe ich nachts so geschwitzt, dass man das Bettlaken auswringen konnte. Ich habe mir den Rat von drei Psychologen eingeholt, niemand konnte mir wirklich helfen. Über eine Journalistin habe ich dann von einer Reinkarnationstherapie in München gehört, dort macht man Seelenreisen – das Wichtige für mich war aber nicht der Inhalt der Reisen, sondern das Beschäftigen mit mir selbst. Daraufhin habe ich endlich den Mut gefasst zu kündigen.

Nachdem Sie selbst viele intensive Erfahrungen gemacht haben, welchen Ratschlag geben Sie da heute weiter? Ich schlage nicht, ich gebe Empfehlungen. Der Sportler läuft einen Hundertmeterlauf, aber dann muss er regenerieren – und genauso ist es im Leben. Das ist eines der wichtigsten Dinge, die Menschen nicht erkennen. Meine wichtigste Empfehlung: Achte auf die Balance! Dein Körper sagt dir, wenn die nicht mehr stimmt.

Gibt es auf der anderen Seite eine Empfehlung, die Sie für sich selbst gerne früher erhalten hätten? Ich habe mir dieses »hätte, hätte« abgewöhnt – das sind Sätze des Bedauerns und Bereuens. Ich weiß heute: Alles sollte genauso sein, wie es war. Es ist wichtig, das zu akzeptieren und damit den Sinn zu erkennen. Es gibt ein gutes Buch von Bronnie Ware ›5 Dinge, die Sterbende am meisten bereuen‹ – dort kann man viel über das Leben lernen. Wie zum Beispiel: Ich hätte nicht so sehr auf andere Leute hören

ROBERT BETZ

> »Wir haben in den letzten Jahrhunderten
> nur gelernt, materiell große Fortschritte zu machen –
> spirituell haben wir wenig gelernt.«

sollen oder die Erwartung anderer erfüllen sollen. Ich hätte meine Freundschaften mehr pflegen sollen. Ich hätte meine Gefühle mehr ausdrücken sollen, ich habe sie unterdrückt, verdrängt. Oder auch: Ich hätte mich entscheiden können, ein glückliches Leben zu führen, das habe ich nicht gewusst. Alles beruht auf der eigenen Entscheidung und die Liebe ist der zentrale Punkt.

Und abgesehen von diesen fünf Dingen. Was haben Sie selbst über das Leben gelernt? Das Leben ist wunderbar, nur wir missverstehen es in den meisten Teilen der Erde. Naturvölker haben noch eher ein Gefühl für die Erfüllung im Moment. Wir dagegen haben in den letzten Jahrhunderten nur gelernt, materiell große Fortschritte zu machen – spirituell haben wir wenig dazugewonnen. Wir können zum Mond fliegen, aber können zwei streitenden Kindern nicht sagen, wie sie Frieden schließen – außer zu schreien »Hört auf!«.

Sie sind selbst in einer katholischen Familie aufgewachsen. Glauben Sie an Gott? Ja, aber nicht an den strafenden Gott mit weißem Bart. Gott ist für mich das Alles-was-ist oder das Leben selbst. Der lässt gerade ihr Herz schlagen, der lässt sie atmen. Er ist die Kraft, die alles am Leben und so wunderbar zusammenhält. Gott ist nicht irgendwo, sondern er ist in uns, um uns und überall. Und für mich ist Gott die Liebe und wir haben von ihm alles

bekommen, was wir brauchen: Schöpferkraft, unendliche Liebesfähigkeit und die Freiheit der Wahl.

Ist Spiritualität die neue, moderne Religion? Nein, denn Religion ist ein Denken in Macht und Ohnmacht, in Abhängigkeit. Spiritualität dagegen ist unsere Natur und kann ganz verschieden interpretiert werden. Jeder darf über seine innere Stimme herausfinden: Was stimmt für mich? Ihr Herz ist das Zentrum Ihres spirituellen Wesens. Wir sind von unserer ersten Natur her keine physischen Wesen – denn dann wären wir tot, sobald wir auf dem Friedhof landen, dort ist aber nur der physische Körper.

Wenn wir schon beim Thema Friedhof sind: Was glauben Sie denn, was nach dem Tod mit uns passiert? Es hängt davon ab, mit welchem Bewusstsein Sie hier sterben. Wenn Sie wiedergeboren werden wollen, dürfen Sie das machen, das wird Ihre Seele entscheiden. Aber vereinfacht gesagt, glaube ich daran: Wir kehren nach Hause zurück, auf eine höhere Schwingungsebene. Unsere Seele ist nicht irgendwo, sondern sie umfasst den ganzen Körper.

Sie haben Millionen Bücher verkauft, zu Ihren Vorträgen kommen Hunderttausende Menschen. Gibt Ihnen Ihre Arbeit einen Sinn? In jedem Fall größte Freude und Erfüllung! Nach einem

Vortrag kam eine 85-jährige Dame auf mich zu und meinte: »Also Robert, bis achtzig ging es mir scheiße. Dann hab ich deine CDs gefunden und heute geht's mir gut!« Natürlich gibt mir das Sinn und Erfüllung, wenn ich den Menschen etwas anbiete und sie beherzigen es. Es ist natürlich nur meine Sicht der Welt – keiner ist gezwungen, das genauso zu sehen. Aber wenn Sie viele tausend Menschen in den letzten 25 Jahren dazu bewegt haben, ihrem Leben eine neue Richtung zu geben hin zu mehr Selbstliebe, Glück, Gesundheit, dann können Sie weinen vor Freude.

Welche Rolle spielt die Liebe, wenn es um den Sinn des Lebens geht? Die wichtigste, weil jeder von uns erst einmal Unliebe erfährt. Kein Elternteil kann bedingungslos 24 Stunden am Tag lieben. In jeder Mutter und jedem Vater ist ein kleines, verletztes Kind, das nicht gelernt hat, sich selbst anzunehmen und dem irgendwann der Geduldsfaden reißt. Denn Kinder und Partner sind unsere Knöpfedrücker, ich nenne sie auch gerne liebevoll unsere »Arschengel« – und die Liebe ist hier der Transformator.

Liebe ist die Kraft, die Zustände, die nicht in der Freude sind, verwandeln zu können. In meinen Meditationen geht es darum, sein Herz zu öffnen für das innere Kind, ihm das zu geben, was es braucht – einen Akt der Liebe.

Sie wollen den Menschen an den Ur-Sinn des Menschseins erinnern. Was meinen Sie damit? Aus meiner Sicht ist der Ur-Sinn des Menschseins der Grund, warum wir hier sind. Ich betrachte jeden Lebensweg als eine Art Wanderung hin zu uns selbst. Das heißt, wir sind hergekommen, um intensive, interessante Erfahrungen zu machen. Dafür haben wir vergessen, woher wir kommen – denn wenn wir jeden Tag wüssten, wir sind göttliche Wesen, wir haben grenzenlose Macht, unendliche Liebesfähigkeit, dann könnten wir diese ganzen Erfahrungen nicht machen. Also Wissen, Erleben, Dasein – darum sind wir hier.

ÜBER DAS GESPRÄCH HINAUS

Auf Robert Betz hat mich meine Mama aufmerksam gemacht, sie hat einige Bücher von ihm zu Hause. Seither sehe ich mir immer wieder seine Online-Seminare an, wenn ich merke, dass etwas gerade nicht stimmt, oder es etwas gibt, mit dem ich alleine nicht so richtig weiterkomme. Ich halte mich nicht für spirituell, mich interessiert eher der meditative und therapeutische Ansatz seiner Praxis. Ich kann aber sagen: Wenn man sich darauf einlässt, bringt so ein Abend zu Hause mit guten Denkanstößen von außen tatsächlich manchmal mehr als ein Essen mit Freunden.

NATALIE DEDREUX

Journalistin und Aktivistin

Natalie Dedreux setzt sich als Betroffene für Menschen mit Trisomie 21 ein: Als Aktivistin kämpft Sie für mehr Inklusion sowie gegen Abtreibungen aufgrund der Chromosomen-anomalie. Außerdem arbeitet Sie als Journalistin für den ›Ohrenkuss‹ – ein Magazin, für das ausschließlich Menschen mit Down-Syndrom schreiben. Die junge Frau wohnt in einer inklusiven WG in Köln, verdient ihr eigenes Geld und hat seit drei Jahren einen festen Freund. Wenn Natalie vor einem sitzt, dann spürt man direkt, was für eine willensstarke Frau sie ist – und dass sie genau weiß, wohin sie möchte. Ob es nun um das Thema Inklusion in Deutschland oder die eigene Hochzeit geht.

Was ist für dich der Sinn des Lebens? Der Sinn des Lebens ist, dass ich etwas Besonderes bin und dass ich auch gebraucht werde. Mein Sinn ist es, da zu sein, damit man sieht, dass ich das Down-Syndrom habe.

Du setzt dich viel für das Thema Inklusion ein. Was muss deiner Meinung nach noch passieren in Deutschland? Zum einen ist es wichtig, dass Inklusion überall gemacht wird, in WGs natürlich, aber auch in den Schulen und auf der Arbeit. Inklusion heißt nicht, dass Menschen mit Behinderung am Rand der Gesellschaft stehen bleiben, sondern dass sie auch ein Recht auf Teilhabe haben und mit dazuge-hören. Ich finde es wichtig, dass Menschen mit Behinderung nicht allein sind, und dafür demonstriere ich. Was mich so aufregt: Es gibt viele heftige Schimpfwörter. Solche wurden zu mir noch gar nicht gesagt, das ist auch gut so.

> »Meine eigene Unabhängigkeit ist mir sehr wichtig, ich verdiene mein eigenes Geld. Aber das Problem ist meistens, dass Menschen mit Behinderung keinen Mindestlohn kriegen.«

Die Frage ist, wie wollen wir überhaupt genannt werden. ›Downie‹ hört sich ein bisschen kindisch an – wir sind aber keine Kinder mehr, wir sind erwachsene Menschen mit Down-Syndrom.

Du wohnst in einer inklusiven WG. Was war das für ein Gefühl, als du von zu Hause ausgezogen bist? Das war ein sehr schönes Gefühl, ich wollte eigentlich schon immer weg von meinen Eltern. Es macht Spaß, mal seine Ruhe zu haben, Musik zu hören. Das war eine wichtige Entscheidung, auszuziehen und selbstbestimmt zu leben. Aber bei einem selbstständigen Leben ist es auch wichtig, auf sich selbst und seinen Körper zu achten. Ich mache Krafttraining bei meinem Vater im Keller und ernähre mich gesund. Aber das Problem ist, Menschen mit Down-Syndrom nehmen schneller zu als andere. In der WG sind wir vier Leute – zwei Studenten und ich und meine Freundin, die auch das Down-Syndrom hat. Meine eigene Unabhängigkeit ist mir sehr wichtig, ich verdiene mein eigenes Geld. Aber das Problem ist meistens, dass Menschen mit Behinderung keinen Mindestlohn kriegen. Wenn man in so einer Werkstatt ist, verdient man halt viel weniger. Für dieses Thema setze ich mich auch ein, weil das nicht gerecht ist.

Über welche Themen möchtest du gerne noch berichten? Ich möchte gerne weiter gegen den Bluttest zum Down-Syndrom kämpfen. Da gab es eine Debatte, dort wurde darüber diskutiert, ob Menschen mit Down-Syndrom sozusagen direkt aussortiert werden sollen oder nicht. Deswegen habe ich gesagt: »Ne, ich möchte, dass wir auf der Welt da sind, dass man uns sieht.« Und zum anderen möchte ich gerne über Kiew berichten und wie es den Leuten dort geht. Ich habe auch schon Angela Merkel getroffen, das war live im Fernsehen in der Wahlarena. Mit wem ich noch sprechen möchte, ist ein Politiker von der SPD, nämlich Kevin Kühnert. Ich möchte ihn fragen, wie er dazu steht, dass der Bluttest auf Kassenrechnung ist.

Was magst du an deinem Job als Journalistin? Was ich besonders an meinem Job mag, ist, dass ich im Home Office arbeiten kann. Und es macht Spaß, drauflos zu schreiben. Das war schon immer mein Traumberuf. Mal rauszukommen und auch verschiedene Menschen zu treffen, das ist cool. Es heißt ja oft, Menschen mit Down-Syndrom können nicht lesen und schreiben. Aber sie können das!

Menschen mit Down-Syndrom werden oft unterschätzt. Was gibt dir Kraft weiterzumachen, wenn mal alles bedeutungslos erscheint? Also was mir halt Kraft gibt, ist weiterzukämpfen. Dran bleiben für Menschen mit Behinderung.

Was glaubst du, was mit uns passiert,
wenn wir sterben?

»Ich glaube, die Toten kommen
an einen sicheren Ort, und das
ist der Himmel. Meine Tante und
meine Oma sind schon tot.
Mit meiner Oma hatte ich viel zu
tun, das war traurig. Aber ich
glaube, im Himmel treffen sich alle
wieder und trinken zusammen
Kölsch.«

Es ist mir wichtig, dass auch für Inklusion gekämpft wird. Es macht mich stolz weiterzudemonstrieren. Ich will einfach weiter Krach machen.

Wann fühlst du dich lebendig – außer beim Krach machen für mehr Gerechtigkeit? Zum Beispiel beim Feiern, das macht mir Spaß. Wenn Karneval ist, darauf freue ich mich immer. Das ist mir wichtig und für mich ist das auch Heimat, denn ich wohne ja in Köln. Ich bin auch ein mega Fan von der Kölner Band Kasalla – wenn ich ihre Musik höre, fühle ich mich lebendig. Ich gehe auch sehr gerne auf Konzerte. Meine Lieblingsmusikrichtungen sind schon immer Reggae und Rock.

Du verreist auch gerne. Welche Länder möchtest du unbedingt noch sehen? Ich möchte Kiew noch sehen. Ich kenne dort ein paar Leute mit Down-Syndrom, mit denen ich zusammengearbeitet habe. Mit denen möchte ich in den Austausch kommen, denn die schreiben auch viel. Dubai finde ich auch ganz gut, da habe ich Familie.

Wenn du nicht gerade auf Reisen bist – worüber freust du dich im Alltag? Ich mache gerne Ausflüge. Musik ist mein Hobby und schwimmen macht Spaß. Genauso wie kegeln. Am Wochenende koche ich ganz gerne, am liebsten ausländisch. Wir haben auch mal ukrainisch ausprobiert und das war lecker. Ich probiere mich einfach durch, das ist genauso wie beim Bier.

Kochen und Bier trinken – das klingt gut. Wann bist du sonst glücklich? Ich bin glücklich, wenn ich Artikel schreiben darf, das macht großen Spaß. Und ich bin auch glücklich, wenn ich meinen Freund endlich wiedersehe.

Gerade bin ich nicht so glücklich, weil er auf Kur muss und wir uns natürlich vermissen. Wir sind jetzt schon drei Jahre zusammen.

Würdest du sagen, dass der Sinn des Lebens auch die Liebe sein kann? Natürlich. Ich bin ganz stolz, einen Freund zu haben und darauf, dass ich mich verliebt habe. Das ist schön. Mein Freund und ich haben früher zusammen Theater gespielt, er ist für mich die große Liebe. Wir wollen auch mal heiraten. Das wollte ich schon immer, mit ganz vielen Gästen.

In unserer Gesellschaft ist der Wunsch zu heiraten oft auch eine Glaubensfrage. Glaubst du an Gott? Ne, wir sind gar nicht gläubig.

Die Religion hilft vielen Menschen auch beim Umgang mit dem Tod? Wie denkst du darüber? Der Tod ist ein wichtiges Thema, das gehört ja dazu, das wird mal so sein. Aber es ist echt wichtig, dass ich in Erinnerung bleibe. Mein Grab soll auf jeden Fall schön aussehen. Mit allen Sachen, die mir im Leben so wichtig waren. Da soll auch ein Kölschglas drauf stehen.

Was glaubst du, was mit uns passiert, wenn wir sterben? Ich glaube, die Toten kommen an einen sicheren Ort, und das ist der Himmel. Meine Tante und meine Oma sind schon tot. Mit meiner Oma hatte ich viel zu tun, das war traurig. Aber ich glaube, im Himmel treffen sich alle wieder und trinken zusammen Kölsch.

MATTHIAS GLAUBRECHT

Evolutionsbiologe und Autor

Matthias Glaubrecht ist Zoologe, Evolutionsbiologe und Gründungsdirektor des Centrums
für Naturkunde der Universität in Hamburg,
nebenbei arbeitet er außerdem als Journalist
und Autor. Mit seinen Büchern bringt er den
Leser:innen nicht nur die Evolutionsbiologie
näher, sondern warnt auch vor den drasti-
schen Folgen des Krise der Biodiversität und
einem globalen Artensterben – und damit
auch für unser Überleben. Glaubrecht wusste
schon von klein auf, dass er Biologe werden
wollte, seine Faszination für Tiere ist bis heute
ungebrochen. Seine Begeisterung, mit der er
über Süßwasserschnecken spricht, teilt er mit
seiner Frau – ebenfalls Zoologin – und gibt
sie an die gemeinsamen Kinder weiter.

*In Ihrem Buch ›Das Ende der Evolution‹ zeichnen
Sie ein düsteres Bild für die Zukunft unseres
Planeten. Raubt Ihnen das nicht den Glauben an
einen Sinn im Leben?* Lassen Sie es mich so
erklären: Wenn Sie eine Krankheit haben, dann
werden Sie einen schönen, sonnigen Morgen
noch viel mehr genießen, weil Sie um die Ver-
letzlichkeit wissen. Und insofern ist die
Frage nach dem Sinn des Lebens für mich seit
dem Buch noch einmal viel bedeutender
geworden. Ich habe während des Schreibens
oft über unsere Kinder nachgedacht – und
wie die in dieser Welt leben werden, wenn sie
so alt sind wie ich. Natürlich schlägt am
Ende das Herz eines Optimisten in mir: Das
Buch dient dazu, andere davon zu überzeugen,
dass es sich lohnt, dafür zu kämpfen – und

»*Die Menschheit glaubt, dass es einen Sinn des Lebens gibt,
weil wir immer eine Kausalität vermuten.
Wir hoffen, dass unser Leben nicht sinnlos ist.*«

eben nicht einfach sinnlos durchs Leben zu gehen. Wir müssen uns fragen: Wollen wir so weiterleben wie bisher oder schaffen wir es, uns neu auszurichten? Und das ist für mich die große Herausforderung, die hinter der Frage nach dem Sinn des Lebens steht.

Die Biologie würde wahrscheinlich sagen: Der Sinn des Lebens ist schlichtweg Fortpflanzung. Eigentlich eher: Es gibt keinen Sinn des Lebens. Das ist eine Überschätzung unserer kognitiven Eigenschaften, dass wir uns diese Frage überhaupt stellen. Bei unseren Gehirnkapazitäten wurde einfach mehr geliefert, als gebraucht wird. Dass wir beide uns darüber unterhalten, liegt nur daran, dass wir diese Kapazitäten nicht brauchen, um unser tägliches Leben zu bestreiten. Die Menschheit glaubt, dass es einen Sinn des Lebens gibt, weil wir immer eine Kausalität vermuten. Wir hoffen, dass unser Leben nicht sinnlos ist. Ludwig van Beethoven soll mal gesagt haben: »Im Angesicht des Universums, was bin da ich?« Diese Frage wird sich eine Zecke vermutlich nicht stellen.

Ist die Zecke da zu beneiden? Wäre es besser, wenn wir uns ebenfalls nicht mit dem Thema beschäftigen würden? Tja, Sie nutzen natürlich immer das, was Sie haben. Wenn Sie ein schnelles Auto haben, werden Sie damit Gas geben und wenn Sie ein Gehirn haben, dann nutzen Sie das auch. Es gibt allerdings gar

keine Garantie der objektiven Erkenntnis: Eine Zecke lässt sich vom Baum fallen, sobald sie Buttersäure riecht. Wir denken, ihr Sinn des Lebens wird wohl Blutsaugen sein. Wir können die Zecke nachvollziehen und denken, wir sind auf dem nächsten mentalen Niveau. Aber wenn wir sehen, dass die Zecke nicht alles weiß, wie können wir eigentlich noch glauben, dass wir alles wissen? Und dass wir die Frage nach dem Sinn des Lebens anders beantworten als die Zecke auf ihrem Niveau?

Zurück zu den Menschen: Was ist denn Ihr persönlicher Sinn des Lebens? Als Evolutionsbiologe bietet die Frage natürlich Anlass für endlose Spekulationen – und das macht für mich persönlich die Spannung und damit auch den Lebenssinn aus. Ich finde es ungeheuer faszinierend, dass ich aus meiner persönlichen Entwicklung heraus die Möglichkeit hatte, so viel an Wissen aufzunehmen, dass ich mir über so etwas Gedanken machen kann. Außerdem haben wir den Luxus, dass wir in einer Zeit und unter Lebensumständen leben, die uns diese Unterhaltung erst ermöglichen. Ich finde es schön über die eigene Fortpflanzung hinaus, die auch Spaß gemacht hat, nachzudenken und zu philosophieren, Interviews zu geben, Bücher zu schreiben und Leute mit diesen Fragen zu konfrontieren. Das empfinde ich als die Erfüllung meines Lebenssinns.

Warum wollten Sie eigentlich in die Biologie?
Mein Vater war früher jeden Samstag mit meiner Schwester und mir im Tierpark. Ich habe also schon eine frühkindliche Prägung auf Zoologie. Und ich kann mich erinnern, dass mich die Natur schon immer sehr interessiert hat. Seit ich ungefähr zehn Jahre alt war, bin ich mit dem Fahrrad viel in der Feldmark unterwegs gewesen. Das war eigentlich der Beginn: Ich habe mich plötzlich für Bücher über exotische Tierabenteuer und Expeditionen interessiert. Und so ist aus dem Kind der Zoologe geworden, der sich eigentlich nichts Spannenderes vorstellen kann.

Würden Sie sagen, Ihr Job gibt Ihrem Leben auch einen Sinn? Mein Job hat ja mehrere Facetten. In erster Linie würde ich mich als Wissenschaftler bezeichnen, der immer noch leidenschaftlich Schnecken hinterherjagt. Einerseits würde ich gerne als Schneckenforscher durch australische Flüsse waten, andererseits ist es mir ein Bedürfnis, diese Erkenntnisse in Bücher zu fassen oder in einem Museum, einer Ausstellung zu zeigen. Genau diese

Balance sehe ich als Bereicherung und damit auch als Sinn des Lebens an.

Haben Sie denn auch mal am Sinn des Lebens gezweifelt? Als mein sechs Jahre jüngerer Bruder im Alter von 15 an einer viralen Infektion, einer Hirnhautentzündung, gestorben ist. Das ist etwas, das einen erst einmal komplett aus der Bahn wirft. Danach denkt man natürlich schon anders über den Sinn des Lebens nach. Und man merkt sofort, wie verletzlich und endlich wir sind. Es kann von einer Sekunde auf die andere zu Ende sein.

Sind Sie gläubig oder schließt sich das als Wissenschaftler aus? Ich glaube, dass das zwei unterschiedliche Hochzeiten sind, auf denen ich nicht gleichzeitig tanzen kann. Ich will aber nicht sagen, dass die eine Hochzeit besser ist als die andere. Religion finde ich tatsächlich nur in der Theorie interessant, für mich im privaten Leben spielt sie keine Rolle. Mich interessiert eher: Wie ist Religion entstanden? Wo kommt sie her? Warum machen sich Menschen abhängig von solchen Überlegungen?

ÜBER DAS GESPRÄCH HINAUS

Jemanden aus der Wissenschaft zu finden, der sich neben seinem Job noch Zeit für ein Interview nimmt, gut erklären kann und zudem keine Scheu vor privaten Themen hat – gar nicht so leicht. Umso glücklicher bin ich, dass ich Matthias Glaubrecht gefunden habe, denn wir brauchen tatsächlich zwei Termine – so viel hat der Evolutionsbiologe zu erzählen. Am Ende habe ich fast zwei Stunden Aufnahme und so viel Neues über Menschen, Tiere und den Sinn des Lebens gelernt, dass ich darüber eigentlich ein eigenes Buch schreiben könnte. Kein Wunder, dass seine letzte Neuerscheinung über tausend Seiten hatte!

Ich weiß, ich werde irgendwann sterben. Dann können Sie mir gerne meine Organe entnehmen – ich bin da völlig unsentimental, weil das nur eine sterbliche Hülle ist.

Also gehen Sie nicht davon aus, dass nach dem Tod etwas mit uns passiert? Man sagt ja, richtig tot ist man erst, wenn die Leute aufhören über einen zu sprechen. Mein Vater ist relativ früh gestorben und wir reden heute noch von ihm. Ich denke viel an ihn, er spielt für mich eine Rolle, auch wenn ich nicht zu seinem Grab gehe. Für mich ist dieser Platz nicht so wichtig wie die Tatsache, wie und an was man sich erinnert. Und das ist schon auch die Frage nach dem Sinn des Lebens: Bleibt etwas von einem und was ist es dann, was bleibt?

Haben Sie Angst vor dem Tod? Kennen Sie es, dass Sie es am Ende des Tages schade finden, dass er schon vorbei ist? Ich habe das Gefühl fast jeden Tag. Und in dem Sinne muss ich sagen: Es ist vielleicht keine Angst, aber es ist einfach verdammt schade. Ich habe noch so viel auf dem Zettel und die Tage sind so kurz.

Früher hat sich die Frage überhaupt nicht gestellt, aber wenn Sie Ende fünfzig sind so wie ich, fragt man sich dann schon: Wie lange hast du eigentlich noch? Es ist nun schon meine zweite Lebenshälfte, in der ersten hab ich mir darüber überhaupt keine Gedanken gemacht.

Rückblickend auf Ihre erste Lebenshälfte: Welchen Ratschlag geben Sie heute gerne weiter? Dass es wichtig ist, den Sinn des Lebens für sich erkannt zu haben und zu spüren, in welchen Momenten man eigentlich glücklich ist. Ich glaube nicht, dass diese äußeren Ziele, denen viele nachrennen, unser Glück ausmachen. Wenn es irgendeine Erkenntnis gibt, von der ich meine, dass ich sie gewonnen habe, dann wäre es: Häufiger darüber nachzudenken, wo eigentlich die eigenen Glücksmomente stattfinden. Anstatt irgendwelchen Zwängen hinterherzulaufen, Karriere zu machen und sich dann am Ende der Tage zu fragen: Habe ich meine Zeit so verbracht, wie ich sie wirklich verbringen wollte? Es ist ein guter Test, wenn man sich morgens beim Blick in den Spiegel

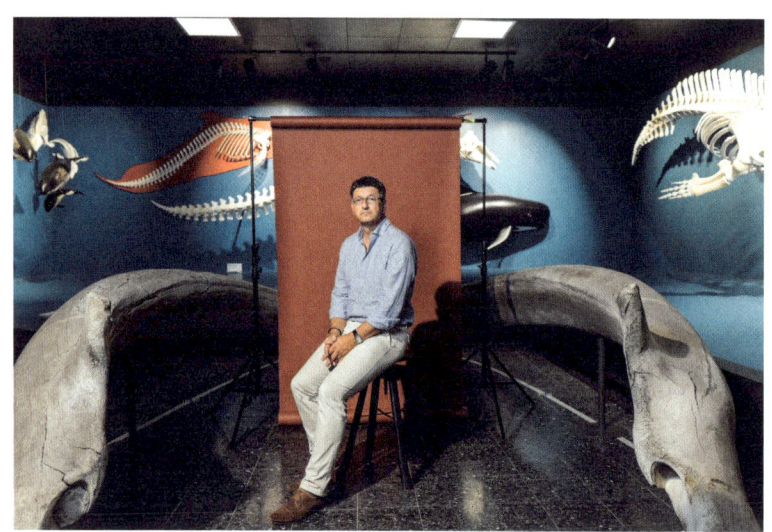

Die Biologie würde wahrscheinlich sagen:
Der Sinn des Lebens ist schlichtweg Fortpflanzung.

»Eigentlich eher: Es gibt keinen Sinn des Lebens. Das ist eine Überschätzung unserer kognitiven Eigenschaften, dass wir uns diese Frage überhaupt stellen. Bei unseren Gehirnkapazitäten wurde einfach mehr geliefert, als gebraucht wird. Dass wir beide uns darüber unterhalten, liegt nur daran, dass wir diese Kapazitäten nicht brauchen, um unser tägliches Leben zu bestreiten.«

> »Mache ich heute eigentlich das, worauf ich Lust habe und was mich glücklich macht? Und wenn man diese Frage längere Zeit mit Nein beantwortet, dann sollte man etwas ändern.«

die Frage stellt: Mache ich heute eigentlich das, worauf ich Lust habe und was mich glücklich macht? Und wenn man diese Frage längere Zeit mit Nein beantwortet, dann sollte man etwas ändern.

Gibt's auf der anderen Seite einen Ratschlag, den sie gerne früher erhalten hätten? Dass Geld nicht glücklich macht, sondern eigentlich nur das gemeinsame Geldausgeben mit Freunden und der Familie. Glücksforscher raten inzwischen: Das Geld nicht anlegen, sondern es für gemeinsame Erlebnisse ausgeben. Das gibt mir inzwischen mehr als irgendeine wissenschaftliche Publikation, ein Buch oder sonst ein Karriereschritt.

Wenn es nicht mehr der nächste Karriereschritt ist – was macht Sie heute besonders glücklich? Das hängt ganz eng mit einem Freiheitsgefühl zusammen. Meine Frau und ich haben viel Zeit in Australien bei einem Forschungsprogramm verbracht. Sind mitten im Outback unterwegs gewesen, weit weg, ohne E-Mail und Telefon. Aber da wir die meiste Zeit doch daheim sind, ist es behelfsweise das: Mich macht es tatsächlich glücklich, morgens um fünf mit einer Tasse Kaffee am Schreibtisch zu sitzen und zu schreiben – ob das eine wissenschaftliche Arbeit, ein Ausstellungstext oder ein Buch ist. Aber dieses kreative Schreiben in einem selbst gestalteten Umfeld birgt enormes Glückspotenzial für mich.

Die anderen Sachen würde ich Ihnen jetzt natürlich nicht verraten (lacht).

Wir waren eben bei Ihrer Frau. Welche Rolle spielt die Liebe, wenn es um den Sinn des Lebens geht? Ein Lebenspartner oder eine Lebenspartnerin spielt eine ganz entscheidende Rolle. Das liegt aber auch an einer Vertrautheit, die man über die Jahre aufbaut. Nach einer Weile hat man das Gefühl, der andere ist Teil von einem selber. Man kann es sich gar nicht mehr anders vorstellen und denkt auch nicht darüber nach, weil man ja auch nicht darüber nachdenkt: »Oh Gott, hab ich mein Bein dabei?« Meine Frau und ich sind manchmal selbst darüber verwundert, wie wir es geschafft haben über mittlerweile schon zwei Jahrzehnte all die Facetten aufrechtzuerhalten, die so eine Beziehung mit sich bringt – Partnerschaft, Vertrautheit, Liebe, Aufgeregtheit.

Sie sind Vater. Geben Kinder dem eigenen Leben noch mal einen neuen Sinn? Ich würde es anders beantworten. Ich glaube nicht, dass sie meinem Leben einen neuen Sinn gegeben haben – das würde ja bedeuten, ich hätte vorher keinen gehabt und er ist nur von den Kindern abhängig. Es ergibt sich aber noch mal eine andere Betrachtung der Frage nach dem Sinn des Lebens. Ich empfinde die Gespräche mit meinen Söhnen, obwohl sie noch recht klein sind, als absolute Bereicherung.

SHARON BREHM

Paartherapeutin

Dr. Sharon Brehm arbeitet als Paartherapeutin. Wenn sie nicht gerade in ihrer Praxis Termine hat, spricht sie in ihrem Podcast ›Hello Lovers‹ mit der Autorin Anika Landsteiner über Beziehungen, Liebe und Sex. In ihrem Buch ›Smart Loving‹ erklärt sie außerdem mithilfe von wissenschaftlichen Erkenntnissen, wie wir uns in der heutigen Welt noch verlieben können. Wir treffen Sharon in ihrer Praxis, von der aus man einen wunderbaren Blick über die Dächer der Stadt hat. Es stehen Kuchen und frische Blumen auf dem Tisch. Heute sitzt sie auf dem Sofa, auf dem normalerweise ihre Klient:innen Platz nehmen. Als ich ihr zuhöre, verstehe ich, warum sie diesen Beruf macht: weil es wahnsinnig schön ist, sich tagtäglich mit der Liebe zu beschäftigen.

Welche Rolle spielt die Liebe, wenn es um ein sinnerfülltes Leben geht? Eine große! Wenn wir keine liebevollen Beziehungen zu anderen Menschen haben, in denen wir uns zeigen dürfen, authentisch sind, in denen wir uns aufeinander verlassen können, dann geht es uns schlecht – nicht nur emotional, sondern auch körperlich. Dann fühlen sich Schmerzen schlimmer an, wir werden schneller krank und leben nicht so lange. Für mich ergibt es außerdem absolut Sinn, Dinge in Liebe zu tun – für sich selbst und für andere. Sich Mühe geben, Zeit nehmen und wenn es nur darum geht, Blumen auf dem Tisch schön zu drapieren. Etwas mit Liebe zu tun verleiht den Dingen mehr Tiefe.

Welche Art von Menschen kommt zu dir? Alle sitzen hier mal – vom älteren Herren bis zum jungen Paar – all jene, die Lust haben, an ihrer Beziehung zu arbeiten und zu wachsen.

Ich verstehe nicht, warum Paartherapie immer noch so schambehaftet ist. Es gibt so viele verschiedene Phasen im Leben, so wie auch bei den Jahreszeiten. Nicht immer ist es sonnig und warm – warum sollte das in einer Beziehung anders sein?

Wann hast du den Entschluss gefasst, Paartherapeutin zu werden? Mich hat die Liebe schon immer interessiert. Nicht nur als »Betroffene«, sondern auch als Forschende. Aber die Entscheidung das wirklich zu meinem Beruf zu machen kam erst während meiner Doktorarbeit. Ich liebe es, mit Paaren zu arbeiten und ich werde des Themas Liebe einfach nicht überdrüssig. Es gibt so viele spannende Fragen – von »Ich bin frisch verliebt« bis »Ich habe mich gerade getrennt«. Es ist ein großer und wichtiger Bestandteil in unserer Gesellschaft. Hinzu kommt: Ich will es auch einfach verstehen – was steckt dahinter und was macht erfüllte Beziehungen aus?

Würdest du sagen, du hast die Liebe heute verstanden? Ich habe auf alle Fälle eine ganze Menge über sie gelernt. Sie wird aber auch immer etwas Magisches behalten – und das mag ich. Es ist doch seltsam: Wir haben unsere Listen, was wir von einem Traumpartner erwarten und plötzlich sehen wir diese eine Person, mit der wir uns auf einer besonderen Ebene verbinden und zeigen können – und alles andere ist egal. Auf dieser Couch hatten schon viele Menschen wichtige Momente. Es braucht manchmal gar nicht so viel, vielleicht nur einen kleinen Satz von mir wie: »Willst du sie umarmen?«

Ist dein Job so, wie du ihn dir vorgestellt hast? Er ist tatsächlich ein bisschen lustiger. Was man in den Medien von Paartherapie mitbekommt, ist oft eher traurig. Wir gehen erst in die Paartherapie, wenn wir keinen anderen Weg sehen – und natürlich ist auch diese Seite Teil meiner Arbeit. Ich bekomme viele unterschiedliche Geschichten mit, die mich tief berühren. Aber der Job hat auch viel Leichtes und das macht ihn für mich aus!

Worauf kannst du gut verzichten? Eine schwere Frage. Ich muss an Oscar Wilde denken: »I can resist everything except temptation«! (lacht)

ÜBER DAS GESPRÄCH HINAUS

Sharon ist eine dieser Frauen, bei denen man sich anerkennend denkt: »Wie macht die das nur?« Nicht nur, dass sie an diesem Montagmorgen in ihrem geblümten Kimono wahnsinnig toll und locker-leicht aussieht, ich habe bei ihr tatsächlich sofort das Gefühl, dass ich mich für keinen Gedanken schämen muss.

Nach dem Interview schreiben Sharon und ich uns ein paar Mal, und ich weiß nicht warum, aber ich erzähle ihr Dinge, die ich vorher noch nicht einmal über mich selbst wusste.

SHARON BREHM

>»Es gibt so viele verschiedene Phasen im Leben, so wie auch
bei den Jahreszeiten. Nicht immer ist es sonnig und warm –
warum sollte das in einer Beziehung anders sein?«*

*Abgesehen von deinem Job – was macht dich
noch glücklich?* Oft sind es tatsächlich nur
Kleinigkeiten. Wie morgens mit meinem Freund
noch eine Viertelstunde im Bett zu liegen
und zu kuscheln. Kuchen essen. Mit Freunden
das ganze Wochenende lachen und nicht
wissen, wie viel Uhr es ist. Oder so langsam
Fahrrad fahren, wie ich will. Man könnte
meinen, die Doktorarbeit abzuschließen wäre
ein besonderer Glücksmoment gewesen,
doch das hat sich für mich viel mehr nach
Befreiung angefühlt.

*Du hast deine Doktorarbeit über binationale
Partnerschaften geschrieben. Was fasziniert dich
an dem Thema?* Meine Mutter kommt von
den Philippinen und mein Vater ist Deutscher,
das Thema Binationalität war für mich
also immer präsent. Abgesehen davon finde
ich es faszinierend, wie Menschen es schaffen, sämtliche Grenzen und Vorstellungen zu
überwinden, weil sie sagen: »Das passt!«
Das hat für mich so viel mit Vertrauen und Mut
zu tun – und natürlich mit Liebe. Nicht nur
für jemanden umzuziehen, auch jemandem
eine neue Heimat zu sein und zu sagen:
»Jetzt bist du voll und ganz bei mir«. Da steckt
auch Neugier und Offenheit drin: Ich lasse
zu, dass jemand in mein Leben kommt und
mich verändern kann.

*Was ist dein ultimativer Tipp für eine funktionie-
rende Beziehung?* Die eigene Stimme wahrzunehmen und zuzuhören, aber dabei auch
vorsichtig zu sein. Denn manchmal sind
wir uns nicht sicher, ob da die eigene Intuition
spricht oder nur unsere Angst: die Angst
vor Zurückweisung, vor Bewertung, vor Verlust.
Und da dürfen wir ganz achtsam sein,
sobald die innere Stimme sich meldet und
zum Beispiel zweifelt.

Ist es nicht normal, auch mal zu zweifeln? Zweifel
sind absolut normal, sie machen halt nur
nicht so viel Spaß (lacht). Ich gebe zum Beispiel
in jeder Sitzung mein Bestes und denke
trotzdem regelmäßig »Was hätte ich noch besser
machen können? Bin ich auf dem richtigen
Weg?« Es gehört dazu, seine Beziehung, den Job
oder sich selbst mal zu hinterfragen. Wenn
ich zweifle, kann ich wachsen. Am Ende kommt
es aber auf die Balance an.

*Viele zweifeln am Sinn des Lebens, wenn sie frisch
getrennt sind.* Na klar! Wenn ich mich von
jemandem trenne, trenne ich mich ja nicht nur
von meinem Liebhaber, sondern auch von
meinem besten Freund. Man trennt sich von
einer Zukunft, von gemeinsamen Plänen,
einem Freundeskreis. Man verliert mit jeder
Trennung ein bisschen Identität. Denn davor
war klar, wo man hingehört. Sich selbst zurück-
zuerobern ist schmerzhaft. Es ist aber auch
ein schöner Prozess, weil man sich wieder neu

zusammensetzt und dabei schauen kann: Hat diese Art von Beziehung überhaupt noch zu mir gepasst? Waren das meine Wünsche oder die des anderen?

Was gibst du jenen Klient:innen mit, die tatsächlich am Sinn zweifeln? Wer das öfter erlebt, der fühlt sich ganz schön ausgeliefert, hilflos und ohnmächtig. Es kann sogar zu suizidalen Gedanken kommen, wenn einem von der Gesellschaft gesagt wird: »Du brauchst einen höheren Sinn im Leben!« Aber dieser definiert nicht deinen Wert, das ist ein ganz wichtiger Punkt. Und auch wenn du gerade keinen Sinn hast, ändert das nichts daran, dass es gut ist, dass es dich gibt.

Das heißt, die Idee, unser Leben müsse einen Sinn haben, baut auch Druck auf? Nachdem es kein Richtig oder Falsch bei der Frage nach dem Sinn gibt, ist es selbst gemachter Druck, auch wenn das hart klingt. Wir dürfen uns von diesen Glaubenssätzen frei machen – so wie wir auch die Ideale unserer Eltern losgelassen haben : »Du musst ein Reihenhaus und zwei Kinder haben, nur dann ist ein Leben gut, nur dann erfüllt es einen Sinn.«

Wie kann man denn Sinn finden, wenn man noch auf der Suche ist? Bei den eigenen Werten anfangen! Stell dir vor, du bist auf einem Boot und reist von einer Insel zur nächsten. Jede Insel sieht anders aus und steht für ein Ziel im Leben. Die Werte, die du hast, wie Mut oder Kreativität, fungieren dabei wie ein Koordinatensystem, das dir den Weg zeigt – und deine Ziele sind wie kleine Inseln, zu denen du mit deinem Boot fährst. Der erste Schritt wäre also zu schauen: Was sind denn meine derzeitigen Werte? Und wonach möchte ich leben?

Ist das auch ein Ratschlag, den du gerne weitergibst? Ich gebe nicht so gerne Ratschläge. Was für mich besser funktioniert, ist eine gute Frage zu stellen wie: »Wenn du dein zukünftiges Ich fragen könntest, was du jetzt lernen musst, was würde es sagen?«

Auch wenn du nicht gerne Ratschläge gibst, aber welchen hättest du für dich selbst gerne früher erhalten? Ein bisschen mehr zu vertrauen, nicht ganz so viel an mir zu zweifeln. Frauen machen das recht oft – es gibt so viele Zweifel, mit denen wir schon aufwachsen. Mittlerweile habe ich mir eine gute Balance antrainiert, damit ich nicht mehr so stark in eine Richtung kippe, sobald die Selbstzweifel kommen.

Viele zweifeln am Sinn des Lebens,
wenn sie frisch getrennt sind.

»Na klar! Wenn ich mich von jemandem trenne, trenne ich mich ja nicht nur von meinem Liebhaber, sondern auch von meinem besten Freund. Man trennt sich von einer Zukunft, von gemeinsamen Plänen, einem Freundeskreis. Man verliert mit jeder Trennung ein bisschen Identität.«

»*Ich habe auch gelernt, dass man das Schöne im Dunklen sieht. Ich glaube, dass wir oft viel stärker sind, als wir denken.*«

Was hast du noch über das Leben gelernt? Dass es so zerbrechlich und kostbar ist. Und wir müssen es ganz vorsichtig anschauen und uns freuen, dass wir es haben. Ich bekomme bei meinem Job viel mit: Tragödien, schlimme Krankheiten, Tod. Aber selbst wenn man so was nicht erlebt, ergibt es Sinn, sich bewusst zu machen, wie kostbar unser Leben ist. Wir sind ein Spermium von so vielen, das es bis zur Eizelle geschafft hat. Und dass wir bis heute leben, dass wir gesund sind – ich kann darüber nur sehr demütig sein. Ich habe auch gelernt, dass man das Schöne im Dunklen sieht. Ich glaube, dass wir oft viel stärker sind, als wir denken.

Könntest du einen Moment in deinem Leben benennen, der sich besonders sinnerfüllt ange-fühlt hat? Mir geht es immer so, wenn ich auf Reisen bin. Dann ist alles im Flow und ich habe das Gefühl, alles ergibt gerade Sinn. In diesen Momenten ist alles stimmig, ich gehe meinen Weg und spüre dieses Urvertrauen.

Also ist Reisen doch sehr spirituell. Glaubst du an Gott oder daran, dass wir eine Seele haben? Ich glaube an eine höhere Kraft und an eine Seele, aber das ist natürlich etwas sehr Indi-viduelles. Ich bin eher spirituell unterwegs. Für mich ergibt es keinen Sinn, dass ich in eine Kirche gehen muss, weil ich nur dort eine Verbindung habe.

Was denkst du, passiert mit uns nach dem Tod? Ich glaube, wir werden wiedergeboren. Mich macht es traurig, zu denken, dass die Per-sonen, die mir wichtig sind, wirklich weg sind. Das ist kein Gedanke, der mich fängt oder der mir ein gutes Gefühl gibt. An ein »Weiter« zu glauben, ist eine Entscheidung für meinen Seelenfrieden.

Hast du denn Angst vor deinem eigenen Tod? Wie ist deine Beziehung dazu? Nein, ich habe keine Angst. Ich bin mal in Russland Fallschirm gesprungen – und ich glaube, das machst du nicht, wenn du wirklich krasse Angst vor dem Tod hast. Kurz davor habe ich mir schon die Frage gestellt: »Was, wenn's schiefgeht?« Dann kam aber gleich das Gefühl: »That's fine«. Ich hab mein Leben bis zu dem Zeitpunkt so gelebt, wie ich es gut fand. Es war also ein guter Moment, um mal zu schauen: Läuft mein Leben so, wie ich es mir bisher vor-gestellt hatte? Ich würde niemandem emp-fehlen, auf diese Art und Weise zu der Antwort zu gelangen (lacht), aber für mich war's damals gut zu spüren: Ich bin glücklich mit meinem Leben, so wie es ist und war!

JULIAN NIDA-RÜMELIN

Philosoph

Wer einen Experten auf dem Gebiet der Philosophie sucht, stößt schnell auf Prof. Dr. Julian Nida-Rümelin. Er lehrte an der Ludwig-Maximilians-Universität in München und der Humboldt Universität in Berlin und war Präsident der Gesellschaft für analytische Philosophie sowie der Deutschen Gesellschaft für Philosophie. Zudem hat er viele wichtige Bücher auf dem Gebiet der Ethik und des Humanismus geschrieben. Prof. Dr. Julian Nida-Rümelin war außerdem einige Jahre in der Politik tätig. Wir treffen ihn in seinem Büro an der Uni, er ist ein großer, stattlicher Mann mit einer aufrechten Haltung. Bei persönlichen Fragen hält er sich zurück, dafür erfahren wir jede Menge über die Philosophie.

Liefert die Philosophie eine Antwort auf die Frage nach dem Sinn des Lebens? Die Philosophie hat sich lange Zeit als die Antwort auf jene Frage verstanden. Der Begriff dazu lautet *Eudaimonia*, oft mit »Glückseligkeit« übersetzt. Eine irreführende Übersetzung, denn das klingt, als ginge es um Seligkeit, um einen bestimmten Zustand. Der Utilitarismus hat es dann im 18. Jahrhundert zu einer radikalen These ausgearbeitet: Es geht darum, das Leid zu minimieren und die Lust zu mehren. Eine bessere Übersetzung liefert aber die antike Auffassung: ein gelungenes Leben. Was macht ein gelungenes Leben aus? Das beantworten die vier großen philosophischen Strömungen der Antike – Platonismus, Aristotelismus, Stoizismus, Epikureismus – jeweils ganz unterschiedlich.

»*Wenn die einzelnen Ziele, die ich habe, allerdings nicht zusammenpassen, dann hab ich das Gefühl, es ist sinnlos, was ich tue.*«

Gibt es eine These, die Ihnen besonders zusagt? Ich habe im Laufe der Jahrzehnte meine eigene praktische Philosophie entwickelt und im letzten Jahr in Buchform vorgelegt: ›Eine Theorie praktischer Vernunft‹. In meiner Theorie geht es um innere Stimmigkeit, die Übereinstimmung der Praxis mit dem Urteilen – ich hab dafür einen Terminus: strukturelle Rationalität. Von den antiken Ansätzen ist mir aber der Stoizismus am nächsten. Also die Stoa, das stoische Denken, das gegenwärtig wieder eine Art Renaissance erlebt. Aristoteles war der Meinung, der Mensch ist ein zoon politikon – ein Wesen, das ähnlich wie Ameisen oder Bienen größere Gemeinschaften bildet und sich in der Gesellschaft einbringt. Und die Praxis dieses Gestaltens kann ein gutes Leben ausmachen. Cicero schrieb – da war er schon mit dem Tode bedroht: »Ich mache das, was eigentlich das menschliche Dasein bereichert – *ocium* – ich widme mich jetzt der Muße.« Muße bedeutet aber nicht, im Liegestuhl zu sitzen, sondern wie man bei Pensionierten früher gerne zum Abschied sagte: »Beatus ille qui procul negociis« (Jener ist glücklich, der sich aus den Pflichten und aus den geschäftlichen Aktivitäten herausgezogen hat).

Aber kann die Arbeit nicht auch der Sinn in unserem Leben sein? Es ist interessant zu vergleichen, wie sich die Lebensformen verändert haben im Laufe der Kulturentwicklung. Die Arbeit ist ja bei vielen nicht mehr etwas Lebensnotwendiges – das entsprach übrigens auch nicht dem Ideal von Aristoteles oder Platon. Deren Idee war eher: Ich bin tätig, nicht um des Gelderwerbs willen – das ist natürlich ein elitäres Konzept – sondern, um dem nachzugehen, was wirklich sinnvoll ist. Die Moderne sieht das anders und ist stark vom Protestantismus geprägt, nämlich der Vorstellung, dass man sich erst in der Arbeit realisiert. Also als eine Pflicht, die man gerne ausführt, im Kloster bekannt als *ora et labora* (bete und arbeite). Der Erfolg, der sich in der Arbeit zeigt, beweist mir dann, dass ich auserwählt bin. Ich muss mich durch meine Arbeit bewähren – diese Pflichterfüllung macht den Christen aus. Wenn die einzelnen Ziele, die ich habe, allerdings nicht zusammenpassen, dann hab ich das Gefühl, es ist sinnlos, was ich tue. Zum Beispiel: Ich bin in einer Firma angestellt, wollte viel Geld verdienen und merke, dass die Werte, die dort vertreten werden, überhaupt nicht mit meinen Überzeugungen zusammenpassen. Dann kann eine Sinnkrise entstehen.

Was ist denn für Sie der Sinn des Lebens? Wer den Sinn des Lebens abstrakt sucht, der wird ihn garantiert nicht finden. Und deswegen muss man das runterbrechen auf die Frage »Was ist überhaupt sinnvoll?«. Das Leben ist sinnvoll, wenn es zusammengesetzt ist aus sinnstiftenden Aktivitäten. Ich bin da näher bei Albert Camus als bei vielen Philosophen oder gar Theologen: Das Leben realisiert sich in der Alltagspraxis. Sisyphos, der immer wieder seinen Stein auf den Berg hinaufrollt – den müssen wir uns als glücklichen Menschen vorstellen. Nun fragt man sich: Warum sollte man Sinn in so einer mühsamen Arbeit finden? Weil das Hinaufrollen des Steins Glücksgefühle in Sisyphos hervorruft – jedenfalls in dem Moment, in dem er oben ankommt.

Also ist der Sinn des Lebens für Sie etwas, was ganz automatisch nebenbei im Tun entsteht? Ich glaube daran: Man findet den Sinn nur dann, wenn man ihn nicht sucht. Es gibt viele Dinge, die man nicht findet, wenn man sie sucht. Wenn Sie einschlafen *wollen*, schlafen Sie nicht ein. Wenn die Leute vorab überlegen, was der Sinn des Lebens ist, und ins Grübeln kommen – dann ist das eines der Glücksgifte, von denen ich manchmal in Vorträgen spreche. Glücksgift, weil man sich selbst instrumentalisiert. Die Frage nach dem *einen* Sinn des Lebens ist falsch gestellt. Dazu fällt mir eine Geschichte ein: Der Novize kommt ungeduldig ins Zen-Kloster und fragt den Zen-Meister:

»Wie kann ich Erleuchtung erreichen?« Er hat sich entschieden, die nächsten Jahre im Kloster zu verbringen und möchte eine plötzliche Befreiung, nicht die langsame, kontinuierliche Tradition wie im indischen oder tibetischen Buddhismus mit jahrelangen Praktiken. Der Meister antwortet: »Hast du gefrühstückt? Dann wasche deine Reisschale«. Und das meine ich: Eine sinnvolle Tätigkeit ist es, die Reisschale zu waschen. Und nicht: »Make your life a realisation of your dreams« – ein Spruch, den meine Töchter auch öfter hören. Ja, um Gottes willen, das geht auf jeden Fall schief. Wer versucht, seine Träume zu realisieren, wird sehr wahrscheinlich unglücklich.

Weil Träume in der Wirklichkeit niemals so schön sind? Weil Träume irgendwelche Visionen sind, die man von einem idealen Leben hat. Sinn wird aber durch sinnvolle Aktivitäten gestiftet. Und sinnvolle Aktivitäten ergeben sich aus den richtigen Haltungen und Einstellungen. Aristoteles hätte gesagt: Tugenden – *aretai*, das übersetzt man aber besser mit Fähigkeiten.

ÜBER DAS GESPRÄCH HINAUS

Ich war gerne an der Uni und trotzdem löst es in mir immer noch leichte Beklemmung aus, sobald ich vor dem Büro eines Dozenten warten muss. Das könnte bei dem Termin mit Julian Nida-Rümelin aber auch daran liegen, dass ich von Philosophie keinen blassen Schimmer habe. Und obwohl ich mit so viel mehr Wissen heimfahre, habe ich nach dem Gespräch das Gefühl – so wie eigentlich immer, wenn ich die Uni verlasse –, dass ich einfach immer noch nicht genug weiß. Man lernt sein Leben lang – und das Schöne an meinem Beruf ist ja, dass ich so viel nachfragen darf.

Also das machen, was man gut kann? Genau, die Fähigkeiten zur vollen Entfaltung bringen. Das heißt allerdings nicht: Einer kann toll Rasen mähen, und dann ist doch das die Erfüllung seines Lebens. Das ist Verballhornung, es geht eher um bestimmte menschliche Fähigkeiten, also zum Beispiel Kooperationsfähigkeit mit anderen oder die Fähigkeit zur Freundschaft. Freundschaft wird von Aristoteles als eine Tugend definiert – und in drei Typen untergliedert. Die zwei unechten: Die Freundschaft der Lust, vor allem bei jungen Leuten verbreitet und meistens nicht langfristig. Dann die Nutzen-Freundschaft, vor allem bei älteren Leuten verbreitet: Da werden Beziehungen eingegangen im wechselseitigen Nutzen. Und dann gibt es noch die echte Freundschaft, in der es für mich etwas Gutes ist, wenn ich dem anderen etwas Gutes tue.

Man verlässt den egozentrischen Standpunkt und das wird als Tugend bezeichnet, als Fähigkeit. Und wenn das zur vollen Entfaltung kommt, bereichert es das Leben.

Wie wird man eigentlich Philosoph? Ist das ein Berufswunsch, den man in seiner Jugend einfach so hat? Philosophie hat mich schon in der Schule interessiert, auch durch das Griechisch im Unterricht, ich war auf einem humanistischen Gymnasium. Platonische Dialoge zu lesen fand ich faszinierend. Außerdem hatte ich einen Künstlervater, der sich auch für Philosophie sehr interessierte, meine Mutter war Bibliothekarin, hat das Forschungsinstitut des Deutschen Museums organisiert über viele Jahrzehnte. Ich war nicht immer ein fleißiger Schüler, aber ich hatte eine Begabung für Mathematik und Physik. Ursprünglich wollte ich in der dritten Generation Bildhauer werden, davon hat mich mein Vater abgebracht. Daraufhin habe ich mich für Physik und Philosophie im Doppelstudium entschieden. Damals hätte ich nie gedacht, dass die Philosophie mein Beruf wird. Ich bin viel zu pragmatisch. Und dann kam es aber so.

Sie waren einige Jahre auch in der Politik tätig. Warum sind Sie doch wieder zurück in die Wissenschaft? Ich wusste von Anfang an: Mein Beruf ist die Wissenschaft. Ich bin außerdem der Meinung, Politik sollte nie ein Beruf sein, sondern immer nur etwas auf Zeit. Damals war ich schon fünf Jahre dabei, hätte noch vier dranhängen können – das war eine der schwierigsten Entscheidungen meines Lebens, weil es natürlich reizvoll war. Aber zum einen hatte ich Sorge, dass ich danach nicht mehr in die Wissenschaft zurück kann. Man wägt die Gründe ab, aber das eigene Bauchgefühl spielt immer eine wichtige Rolle – ich bin kein

Also ist der Sinn des Lebens etwas, das wie nebenbei im Tun entsteht?

»Man findet den Sinn nur dann, wenn man ihn nicht sucht. Es gibt viele Dinge, die man nicht findet, wenn man sie sucht. Wenn Sie einschlafen wollen, schlafen Sie nicht ein. Wenn die Leute vorab überlegen, was der Sinn des Lebens ist, und ins Grübeln kommen – dann ist das eines der Glücksgifte, von denen ich manchmal in Vorträgen spreche.«

> »Das eigene Bauchgefühl spielt immer
> eine wichtige Rolle – ich bin kein Rationalist.«

Rationalist. Im Rückblick betrachtet, weiß ich außerdem, dass mir diese Lebensform des Politikers nicht gutgetan hat. Ich habe mein ganzes Leben lang viel Sport getrieben, war sogar einmal Leistungssportler, und das ging nicht mehr. Erst am Ende habe ich gemerkt, dass mir physisch etwas fehlt. Ich war damals nicht mehr so gesund wie heute, habe zugenommen und hatte keinen guten Schlaf. Das wollte ich nicht so recht wahrhaben und ich habe viele Monate gebraucht, um wieder in einen alten Rhythmus zurückzufinden.

Nun sind Sie wieder in der Wissenschaft tätig. Wie geht es Ihnen mit den Themen Religion und Tod? Glauben Sie daran, dass es nach dem Tod weitergeht? Ich weiß es nicht. Und ich glaube, niemand weiß es.

Und treibt Sie das um? Es hat mich sehr umgetrieben, aber dann hat Meditation viel verändert. Denn dabei verlässt man den Ego-Standpunkt – das ist übrigens etwas, das sterbende Menschen auch häufig tun. Die haben zum Schluss sehr altruistische Gefühle, identifizieren sich mit ihren Kindern und merken, wie unwichtig eigentlich das Eigene und das Erreichte ist. Ich denke nicht, dass es so ist, dass es eine Identität gäbe, die mit der Geburt beginnt und mit dem Tod endet. Sondern es sind immer wieder neue Erfahrungen, Augenblicke, und damit verliert die Zeit dann ihre Relevanz. Es gibt hier sogar eine Verbindung zwischen der

Quantenphysik und dem Zen-Buddhismus. Als Quantenphysiker weiß man, dass die Welt diskret ist, das heißt, sie hüpft gewissermaßen und ist immer wieder in einem anderen Zustand – aus dem Nichts entsteht immer etwas Neues. Und das kann man natürlich schön mit der Zen-Philosophie in Verbindung bringen: Es ist immer der eine Augenblick – und dann wird die Zeit relativ, sie dehnt sich aus. Sie kennen das bestimmt. Ich hatte mal einen Skiunfall, relativ harmlos, drei Mittelfußknochen gebrochen. Das Interessante ist, ich habe diesen Augenblick noch genau im Kopf. Das war ja ein Bruchteil von Sekunden – die Bindung ging nicht auf und ich weiß noch genau, wie mir die Kontrolle entglitt: absolute Zeitlupe, dieser Augenblick, der dehnt sich. In der Meditation gibt es denselben Effekt. Und dann merkt man, dass der Tod und die Endlichkeit und die Unendlichkeit – das alles irgendwie miteinander verknüpft ist.

Wenn Sie einmal gehen, was würden Sie gerne hinterlassen? Ich antworte mal ein bisschen kryptisch mit einer Zen-Weisheit: »Der gute Wanderer hinterlässt keine Spuren.«

CARLA
REEMTSMA

Klimaschutzaktivistin

Carla Reemtsma kümmert sich bei Fridays for Future in Deutschland um die Öffentlichkeitsarbeit. Sie hat vor Jahren den ersten Streik in Münster mitorganisiert – mittlerweile ist die Arbeit für die Organisation zum unbezahlten Vollzeitjob geworden. Nebenbei hat sie den Bachelor in Politik und Wirtschaft gemacht, nun folgt noch ein Studium in Ressourcenökonomie. Wir treffen Carla an einem sehr heißen Sommertag in Berlin – zu heiß eigentlich für einen Juni in Deutschland. Am Ufer vom Lietzensee, einem ihrer Lieblingsorte in Berlin, lässt es sich frühmorgens noch gut aushalten. Eine kleine Brise weht, als Carla uns von der Waldbrandgefahr im Umland erzählt.

Waldbrände, Hochwasser, Klimaflüchtlinge – hast du nicht manchmal auch das Gefühl, das hat doch alles keinen Sinn? Tatsächlich nicht, weil eine Erhitzung von 1,7 Grad immer noch besser ist als eine von zwei Grad. Die Auswirkungen sind dermaßen katastrophal, dass es sich lohnt, um jedes Zehntel Grad zu kämpfen. Und wenn man damit auch nur einen Bewusstseinswandel in der Bevölkerung erreicht. Dass Leute diese Ungerechtigkeiten sehen, endlich verstehen, wie schlimm die Klimakrise ist und wie sie mit den rassistischen, sexistischen und kapitalistischen Ungerechtigkeiten unserer Gesellschaft zusammenhängt und diese noch weiter verstärkt. Aber natürlich habe ich trotzdem diese Tage, an denen die Nachrichten so überwältigend sind und ich mich so

»*Sinn des Lebens – das klingt so groß. Ich denke im Moment nicht über ein ganzes Leben nach, sondern eher kürzer: Macht das, was ich gerade tue, eigentlich Sinn?*«

unendlich klein fühle. Wir sind immer noch nur ein paar junge Menschen mit Laptop und Handy. Wie krass ist es eigentlich, dass wir das gerade machen müssen?

Wann kam es bei dir zum Umdenken? Wann war für dich klar: Ich muss da mitmachen? Das war kein spezieller Moment. Ich fand Klima und Politik schon immer spannend. Als ich dann von zu Hause ausgezogen bin, musste ich viele Konsumentscheidungen zum ersten Mal treffen. Schnell hab ich verstanden: Es bringt wenig, in unserer WG Ökostrom zu beziehen, wenn meine Uni gleichzeitig sechs Millionen Euro bei RWE investiert. Mein Klimaaktivismus hat dann bei Fossil Free angefangen – einer Gruppe, die sich dafür einsetzt, dass öffentliche Institutionen nicht mehr in Kohle, Öl und Gasunternehmen anlegen. Ein sehr einschneidendes Erlebnis war sicherlich, als ich bei einer Protestaktion am Tagebau in Hambach war. Ich stand vor diesem riesigen Loch, es ging 350 Meter in die Tiefe – so tief, dass man das Ende nicht sehen konnte. Bis zu dem Tag fand ich es immer etwas pathetisch, wenn Leute gesagt haben, wir beuten unseren Planeten aus, aber da war es so offensichtlich.

Was hast du dort gelernt – worauf kannst du gut verzichten? Definitiv auf den fossilen Kapitalismus und auf alte weiße reiche Männer in Machtpositionen.

Wir wissen um die Folgen der Klimakrise, spüren sie teilweise schon. Warum machen viele trotzdem weiter wie bisher? Ich glaube, wie katastrophal die Folgen sind, das ist vielen nicht so richtig bewusst. Wie zum Beispiel der drohende Wassermangel – schon letzten Sommer war Wasser in einigen Kommunen in Deutschland knapp. Und dieses Jahr wurde bereits im Juni die höchste Waldbrandstufe in Brandenburg ausgerufen. Im Zweifelsfall werden auch in Deutschland in zwanzig Jahren lebenswichtige Ressourcen knapp sein. Viele wissen das entweder nicht oder können es gut verdrängen – die Folgen fühlen sich noch zu weit weg an. Hinzu kommt: Die Politik ist zu langsam, denkt nur in Legislaturperioden, in denen kurzfristige Interessen oft eine größere Rolle spielen als das große Thema Klima. Die Hälfte der Leute, die wählen gehen, sind über fünfzig – für viele ist da die Rente vielleicht doch einfach wichtiger.

Was kann man denn wirklich machen, um nachhaltiger zu leben? Ich brauche jetzt nicht die zwanzig Tipps runterzubeten, die wir alle kennen: mehr Fahrrad, weniger Auto, weniger Fliegen, mehr regional und saisonal essen – alles gut und wichtig. Das Problem ist nur, dass das so eine Erzählung ist, die wir aufrechterhalten – von wegen jeder kann etwas mit seinem Verhalten ändern. Und das ist leider Quatsch. Denn für 71 Prozent der weltweiten Emissionen sind hundert große

Konzerne verantwortlich. Deutschlandweit ist allein der Ölkonzern Shell für zehn Prozent der Emissionen zuständig! Wenn wir zu jedem Einzelnen sagen: So, du musst das Klima-Thema nun alleine lösen, verkennen wir, wo die Hebel sind – nämlich in der Politik und Wirtschaft. Für eine klimagerechte Zukunft braucht es klare Gesetze, anstatt darauf zu hoffen, dass achtzig Millionen Leute die richtigen Entscheidungen treffen, die sie an vielen Stellen auch gar nicht treffen können. Wer auf dem Land wohnt, muss Auto fahren. Wer wenig Geld hat, kann nicht immer nachhaltig einkaufen. Aber zurück zu deiner Frage: Was wirklich jeder tun kann, ist, sich zu informieren und zu engagieren. Und das reicht oft schon! Von wählen gehen bis dazu eine Demo zu organisieren, mit Freunden und Verwandten über das Thema zu sprechen. Wir müssen weg von der Illusion, die wir von nachhaltigem Konsum haben. Bambus-Zahnbürsten werden nicht die Welt retten!

Findest du deinen Sinn vor allem in deiner Arbeit als Aktivistin? Auf jeden Fall, aber nicht nur. Denn Aktivismus macht man ja immer, weil man im jeweiligen Thema einen größeren Sinn sieht. Es ist keine Arbeit, für die man bezahlt wird, sondern man macht sie, weil es wichtig und richtig ist.

Wann fühlst du dich denn hierbei besonders lebendig? Wenn wir Aktionen planen: Am Anfang ist da immer viel Strukturgerödel, Überlegungen und Orga. Alles ist ein bisschen zäh, aber dann gibt es diesen Punkt, an dem es losgeht. Ich komme dann in einen sehr schönen Modus, in dem ich viel schaffe, aber auch viel um mich herum passiert. Ich fühle mich aber auch sehr lebendig, wenn ich zum Beispiel dachte, ich gehe heute

Abend früher nach Hause und plötzlich sitze ich um zwei Uhr morgens beim Späti und trinke noch ein Bier: »Muss ich nicht eigentlich morgen früh aufstehen? Ach, egal!«.

Und was ist für dich persönlich der Sinn des Lebens? Ich habe eigentlich nie aktiv drüber nachgedacht und festgelegt: Mein Sinn ist, die Welt besser zu machen und deswegen werde ich Klimaaktivistin. Oder: Ich möchte irgendwann Kind, Haus und Garten. Das ist vielleicht auch eher ein Ziel als ein Sinn. Sinn des Lebens – das klingt so groß. Ich denke im Moment nicht über ein ganzes Leben nach, sondern eher kürzer: Macht das, was ich gerade tue, eigentlich Sinn? Geht es meinen Mitmenschen und mir gut damit? Stellt es die Ungerechtigkeiten unserer Welt infrage?

AUF DER SUCHE NACH DEM SINN

CARLA REEMTSMA

>>*Wir müssen weg von der Illusion, die wir von nachhaltigem Konsum haben. Bambus-Zahnbürsten werden nicht die Welt retten!*<<

Welche Rolle spielt denn die Beziehung zu deinen Mitmenschen, wenn es um den Sinn des Lebens geht? Beziehungen zu anderen Menschen machen für mich sehr viel aus. Theoretisch könnte ich viele der aktivistischen Aufgaben auch ohne eine persönliche Beziehung zu den anderen Menschen alleine vor dem Laptop erledigen, aber für mich ist das ein ganz elementarer Bestandteil davon. Ohne die klugen Gedanken, motivierenden Ideen und das Gefühl nicht alleine zu sein, hätten viele sicherlich schneller aufgehört, für eine klimagerechte Gesellschaft zu streiten.

Welchen Ratschlag würdest du jenen mitgeben, die noch auf der Suche nach ihrem Sinn sind? Mehr machen und weniger denken. Meistens trägt man schon in sich, welche Werte einem grundsätzlich wichtig sind. Wenn man dann in diese Richtung geht, merkt man recht schnell, ob sich das sinnvoll anfühlt oder nicht. Vor allem das Machen ist wichtig! Lieber verschiedene Dinge ausprobieren, als immer zu hadern, weil man denkt, man könnte scheitern.

Also geht Freiheit immer vor Sicherheit? Wenn man Freiheit sehr egalitär denkt, dann ist sie auch immer eine Form von Sicherheit. Man kann in einer Welt nur frei sein, in der es materielle Sicherheit gibt. Das bedeutet, dass eine materielle Grundversorgung gewährleistet ist und man keine Angst vor staatlicher Repression, vor Terror, Übergriffen und Rassismus haben muss. Erst wenn das gesichert ist, dann kann jede und jeder die Freiheit auch nutzen.

Sehr wahr! Was hast du sonst bisher über das Leben gelernt? Dass vieles anders kommt, als man denkt – und dass man sich da weniger Stress machen sollte. Außerdem dass es wichtig ist, Dinge zu hinterfragen und sich eine Meinung zu bilden, auch wenn es anstrengend ist. Und für die Dinge einzustehen, von denen man überzeugt ist, und zu kämpfen für das, was man richtig findet.

HARALD KRASSNITZER

Schauspieler

Harald Krassnitzer kennen vor allem jene, die regelmäßig ›Bergdoktor‹ oder ›Tatort‹ gucken – schon seit über zwanzig Jahren ist der österreichische Schauspieler als Tatort-Kommissar Moritz Eisner im Einsatz. Mit seiner Frau Ann-Kathrin Kramer lebt Krassnitzer im schönen und sehr grünen Wuppertal, die beiden haben hier nun auch einen Schrebergarten, in dem sie viel Zeit verbringen. Dort treffen wir uns an einem noch etwas kühlen Morgen im April. Krassnitzer hat heißen Kaffee und Croissants dabei – und jede Menge zu erzählen über seine Vorstellung von Glück, den Sinn des Lebens und wie eng dieser mit unserer Gesellschaft zusammenhängt.

Glauben Sie, der Sinn des Lebens ist an das Glücklichsein gebunden? Ich denke schon – das ist einer der Motoren in uns, unsere tiefe Sehnsucht. Und wir brauchen zum Überleben eine Form der Reflexion oder Resonanz dieser Welt. Denn wir können nicht einfach wie Ameisen unseren Staat bauen, jedes Jahr unsere Eier legen und das war's. Wir haben uns über diese Form des Sozialdarwinismus hinweg und in eine andere Richtung entwickelt.

Das stimmt. Wann sind Sie denn glücklich? Wenn ich hier im Garten arbeite, ganz vertieft bin. Dann löst sich dieses Dauerrauschen im Kopf, bei dem ein Gedanke dem anderen schon die Hand gibt. Die ganze Zeit rappelt ja etwas im Kopf, das Gehirn arbeitete ständig. Und dann

»*Die Endorphinausschüttung einer neuen Hose reicht halt nur bis zur ersten Waschung, weil dann ist es schon wieder eine alte Hose. Diese Ausschüttung über Konsum oder über Events ist bloß ein Rausch.*«

gibt es diese Momente, in denen man das vergisst und sich plötzlich auf etwas fokussiert. In diesem Augenblick der Fokussierung zieht beispielsweise ein Schwarm Kraniche vorbei und schreit. Ich gucke hoch und es entsteht für eine Sekunde etwas ganz Merkwürdiges – etwas lacht in mir. Solche Momente sind es, in denen ich Glück wahrnehme. In denen ich merke: Jetzt bin ich verbunden!

Das Bild mit den Vögeln klingt danach, als könnten Sie sehr gut im Hier und Jetzt sein. Ich brauche aber genauso die Vergangenheit und die Zukunft, denn daraus bauen wir Menschen etwas wie eine Utopie, die wir Zukunft nennen oder Sehnsucht.

Wenn wir kurz in Ihre Vergangenheit blicken: Wie entstand bei Ihnen damals die Leidenschaft zum Schauspielern? Das ist ein sehr ambivalenter Beruf, denn er versucht immer, etwas zum Ausdruck zu bringen. Und das war bei mir sicherlich auch aus der Sozialisation heraus der Fall. Ich bin sehr einfach aufgewachsen, in zum Teil durchaus prekären Verhältnissen. Also Geldmangel, Arbeiterfamilie, kleiner Ort, große Träume. Du kriegst keine geistige Nahrung in so einer Situation – kannst auch nicht, weil die Prioritäten ganz woanders liegen. Bücher und Musik sind da nicht so angesagt, weil das Geld kostet und das hat man nicht oder braucht's eher für andere Sachen.

Irgendwann in der Schule hat der Bruder von einem Freund eine Theatergruppe gegründet und mich gefragt, ob ich nicht Lust hätte mitzumachen. Und das war wie eine Erlösung. Das Spielen erzeugte eine Resonanz, die ich bis dahin nicht kannte: Anerkennung, Lob, Wahrnehmung. Ich hätte mich wahrscheinlich nie getraut, auch nur im Ansatz zu artikulieren, dass das eigentlich ein sehnlicher Wunsch ist.

Und was fasziniert Sie bis heute an dem Beruf? Meine Faszination lag immer darin, zu gucken, warum wir sind, wie wir sind. Wo beginnt das, was wir Sinn nennen? Oder wo beginnt das, wo unsere Widersprüche sind? Wo decken wir uns auf, entlarven uns in unserer Unperfektion? Das hat mich eigentlich immer am meisten hingezogen zum Schauspiel: Diese Ambivalenz und Brüchigkeit des Menschen, die manchmal zu Großem fähig ist. Dass es nichts Heroisches gibt, das nicht auch gleichzeitig etwas Erbärmliches in sich trägt.

Würden Sie heute sagen, dass Ihre Arbeit auch sinngebend ist? Klar, es ist auf jeden Fall eine sinnstiftende Angelegenheit. Wie wohl bei vielen Menschen. Erstaunlich finde ich, dass die Mehrheit wahrscheinlich keinen Sinn in ihrer Arbeit sieht und sie nur tut, damit sie am Ende des Monats die Miete zahlen kann. Und man so gar nicht mehr zu dem kommt, was jeder Einzelne in sich trägt oder wonach er oder sie sich sehnt – man ist nur noch in diesem Rad drinnen. Glücksmomente finden dann vor allem über Konsum statt, aber die Endorphinausschüttung einer neuen Hose reicht halt nur bis zur ersten Waschung, weil dann sagt man schon »Ach ja, die Hose«, da ist es schon wieder eine alte Hose. Diese Ausschüttung oder das Sich-befriedigt-Fühlen über Konsum oder über Events ist bloß ein Rausch. Aber die Diskussion wird schon immer lauter um die zentrale Frage, was wir eigentlich den ganzen Tag mit unserer Zeit machen oder worum es hier geht in diesem Leben.

Vielen geht es auch einfach nur um Sicherheit. Was ist Ihnen denn wichtiger – Sicherheit oder Freiheit? Ich glaube nicht, dass man das trennen kann. Wenn wir die Freiheit immer nur über unser individuelles Bedürfnis definieren, führt das zu einer Partikularisierung der Interessen. Und damit aber nicht mehr zu dem, was wir Gemeinsinn nennen. Und insofern funktioniert beides – die Sicherheit und die Freiheit – nur über den Kompromiss, den wir über einen Vertrag einlösen, nämlich den Gesellschaftsvertrag. Sonst haben wir kein gemeinschaftliches Ziel mehr und verwechseln Meinung mit Freiheit. Und das haben wir ja bereits par excellence in vielen Bereichen, die wir wahrnehmen: Leute mit viel Kohle definieren ihre Sicherheit und Freiheit auf den Köpfen von jenen, die keine Freiheit und Sicherheit haben. Das heißt, wir sehen hier eine Unverhältnismäßigkeit dieser beiden Begriffe, weil der Deal nicht mehr funktioniert. Was verstehen wir denn dann unter Demokratie? Ich hab überhaupt nichts dagegen, dass man das neu definiert, weil sich die Lebenswelten nun mal verändert haben.

Heute können sich mehr Menschen das Ende der Welt als das Ende eines ökonomischen Systems vorstellen – und das ist widersinnig.

Absolut! Ist der Sinn eigentlich eher ein Thema für einen gemeinsamen Abend mit Freunden oder denken Sie da mehr allein dran herum? Das ist ganz unterschiedlich. Manchmal in meinem Garten, manchmal gemeinsam mit Freunden. Manchmal sind es auch bestimmte Orte oder Events, bei denen man sich fragt: »Was mach ich eigentlich hier? Das ist doch jetzt pure Zeitverschwendung«. Aber so lernst du zumindest, wenn auch mühsam, eine Art Selektionsverfahren für Orte, an denen du dich nicht aufhalten willst. Das hat natürlich viel mit Wachsen und Reifen zu tun, aber das ist bei mir noch ein immanenter Prozess.

Also auf sinnlose Events können Sie schon einmal gut verzichten. Fällt Ihnen noch etwas ein? Auf Zigaretten (lacht und zündet sich eine Zigarette an).

Ein ganz anderer Blickwinkel: Welche Rolle spielt eigentlich die Liebe, wenn es um den Sinn des Lebens geht? Eine große, weil sie eines der schönsten Ergebnisse dessen ist, was wir Empathie nennen. Und Empathie ist grundlegend eine Voraussetzung, wenn wir über das Leben reden. Wenn wir keine Empathie entwickeln, also weder für die Welt noch für andere Menschen, folgt eine Entfremdung. Wir merken, dass wir in einer Simulation leben und dass wir uns in gewissen Bereichen entfremdet haben von der Natur, der Gesellschaft, uns selbst. Das Sich-in-Beziehung-Begeben bedeutet natürlich immer auch, einen Teil von sich aufzugeben und etwas anderes anzunehmen, aber letztendlich ist es eben auch bereichernd und kann sehr kreativ sein.

Sie sind schon lange mit Ihrer Frau zusammen. Was ist das Geheimnis Ihrer Liebe? Hingucken! Und nie was Fertiges erwarten. Auch die Fähigkeit zuzulassen und loszulassen an bestimmten Punkten. Menschen sein lassen, wie sie sind, und akzeptieren, wie sie sind. Auch wenn es einem nicht immer behagt und man widersprüchlich und unterschiedlich ist.

Nun haben wir über die Liebe gesprochen, über Demokratie und sinnlosen Konsum. Was ist denn Ihr persönlicher Sinn des Lebens? Das ist schwer zu beantworten, weil diese Reise zum einen noch nicht zu Ende ist – ich hab immer das Gefühl, dass der Sinn etwas ist, was fast wie eine Conclusio wirkt. Zum anderen ist da schon irgendwie eine gerade Geschichte, etwas Kontinuierliches, das für mich Sinn macht: Das ist im Wesentlichen zu versuchen herauszufinden, wie denn das bessere Leben aussieht. Wo beginnt das persönliche Glück und wo das Glück einer Gesellschaft? Ist das persönliche Glück etwas, das in die ultimative hedonistische Egomanie führt? Ist es doch das, was wir die Gemeinschaft nennen? Was ist die

Wann sind Sie glücklich?

»Die ganze Zeit rappelt ja
etwas im Kopf, das Gehirn arbeitete ständig. Und dann gibt
es diese Momente, in denen man
das vergisst und sich plötzlich
auf etwas fokussiert. In diesem
Augenblick lacht etwas in mir.
Solche Momente sind es, in denen
ich Glück wahrnehme. In denen
ich merke, jetzt bin ich verbunden.«

»Fakt ist doch, wir sind endlich. Warum pumpen wir uns auf, wenn es ohnedies eine hohe Vergänglichkeit gibt und eigentlich nichts übrig bleibt?«

Priorität im Leben – Reichtümer anzusammeln? Ehrungen anzuhäufen? Fakt ist doch, wir sind endlich. Und in diesem Zusammenhang zur Endlichkeit stellt sich dann halt die Frage: Warum pumpen wir uns auf, wenn es ohnedies eine hohe Vergänglichkeit gibt und eigentlich nichts übrig bleibt?

Wie schaffen Sie es denn, mit Ihrer eigenen Endlichkeit umzugehen? Gut, denn ich finde das eine spannende Reise. Die Geburt und der Tod sind die Eckpfeiler des Lebens – das eine kann man nicht bewusst erleben, den Tod wahrscheinlich schon. Und der Tod ist gleichzeitig auch eine schöne Energie, weil man weiß, dass er passiert. Diese Energie kann einen auch antreiben. Also weniger im Sinne von sich hetzen, sondern wahrnehmen und lernen.

Sie haben gar keine Angst vor dem Tod? Sagen wir mal, vorm Tod selbst hab ich keine Angst. Aber es gibt natürlich diese Momente, in denen man vorm Sterben Angst hat. Weil man nicht möchte, dass es unwürdig passiert oder man dahinsiecht im Sinne einer Art Kampf oder eines langen Leidens. Das ist etwas, das ich mir nicht wünsche.

Vielen Leuten hilft hier die Religion und daran zu glauben, dass danach etwas auf sie wartet. Wie ist das bei Ihnen? Religion ist, wenn man so will, eine poetische Form damit umzugehen – und die finde ich total richtig und schön, weil sie festigt. Der Glauben hat eine Energie und Resilienz, vor allen Dingen aber eine große Gelassenheit und Empathie. Und das find ich unheimlich wichtig, wenn Leute das annehmen können! Wenn ich für mich persönlich benennen müsste, woran ich glaube, wäre es wohl eine Art Energie, die uns Menschen mit der Welt verbindet.

Wenn Ihr Leben jetzt enden müsste, könnten Sie zufrieden darauf zurückblicken? Das ist so eine hypothetische Frage, weil keiner von uns, Gott sei Dank, echte Todesangst kennt. Und in der Todesangst wissen wir nie, wie wir reagieren. Und ich fände es sehr vermessen, jetzt etwas vorwegzunehmen. Ich glaube nicht, dass man dann sagen kann: »Ach super, es ist alles easy, und jetzt kann ich gehen«.

Sie haben schon einige Menschen, die Ihnen nahe standen, in den Tod begleitet. Zweifelt man in solchen Situationen auch mal am Sinn des Lebens? Natürlich ist da zuerst einmal die Trauer und der Schock, aber den Sinn des Lebens deswegen zu bezweifeln, würde mir persönlich widersinnig erscheinen. Es ist nun mal so, dass das passiert – und das auszuklammern und zu sagen, das ist aber nicht beinhaltet im Sinn des Lebens, weil der Sinn des Lebens ist eine vorgegebene Reise voll Glück und Erfüllung, quasi ein unendliches Schlaraffenland, ein hedonistischer Rausch zwischen Malle und Peek & Cloppenburg – das wäre widersinnig.

DORIS MAYR

Journalistin und Tumorpatientin

Als Ende 2014 bei Doris Mayr ein Gehirntumor entdeckt wird, bleibt die damals 27-Jäh-
rige noch relativ ruhig, denn der Fund ist gutartig. Fünf Jahre später wird allerdings wieder
etwas gefunden, die Diagnose diesmal:
Glioblastom, ein bösartiger unheilbarer Tumor.
Die Journalistin hat zwei Operationen und
eine Chemotherapie hinter sich und weiß nicht,
wie lange es dauert, bis die Krankheit zurückkommt. Aufgrund der Diagnose hat sich Doris
gegen ein Kind entschieden, obwohl eine
Familie zu gründen immer ein großer Wunsch
war. Als wir zum ersten Mal telefonieren, bin
ich überrascht darüber, wie viel wir lachen.
Als wir uns zum Interview begegnen, sitzt dort
eine junge, starke Frau, die das scheinbar
Unmögliche schafft: mit der Ungewissheit leben.

Was ist für dich der Sinn des Lebens? Da hab ich
lange drüber nachgedacht – und bin zu einem
ganz guten Schluss gekommen: dass man für
andere Menschen in deren Leben einen Sinn
erfüllen sollte. Also wenn ich zum Beispiel für
eine Freundin eine gute Zuhörerin bin, dann
habe ich in ihrem Leben einen Sinn.

*Ein total schöner Ansatz. Was hast du denn als
gute Zuhörerin über das Leben gelernt?* Dass
man möglichst alles machen sollte, was man
vorhat, und nichts aufschieben sollte. Weil
man einfach nicht weiß, wie lange das Leben
noch dauert. Das gilt ja für jeden.

*Inwiefern hat sich dein Blick aufs Leben seit der
Krankheit verändert?* Was heute anders ist:
Wenn ich etwas machen möchte, dann ziehe
ich es durch. Ich denke weniger an das »Was
wäre wenn«, sondern mach es einfach. Und ich
rege mich nicht mehr über Kleinigkeiten auf.
Natürlich kann das mal passieren, dass man

sich hinreißen lässt, aber im Großen und Ganzen sehe ich vieles entspannter. Klar, Corona hat einige Nerven gekostet, aber ich habe einen Job und mir geht es gesundheitlich momentan gut. Also kann ich mich eigentlich über nichts beschweren. Es gibt wirklich Schlimmeres.

Deine erste Diagnose war 2014, die zweite 2019. Welche Erinnerungen hast du an die Diagnosen? Ich bin damals in der Boulderhalle von einer Wand abgesprungen und hingefallen. Daraufhin konnte ich nicht mehr sprechen und habe natürlich total Panik bekommen. Als es aber gleich wieder weg war, dachte ich, das war eine einmalige Sache. Ich habe mir bestimmt nur etwas eingeklemmt oder so. Doch eines Nachts hatte ich dann einen Krampfanfall und konnte wieder nicht sprechen. Danach bin ich zum Arzt und sie haben etwas in meinem Kopf gefunden. Der erste Tumor war zum Glück gutartig, da habe ich mir noch wenige Sorgen gemacht. Beim zweiten Mal habe ich das gar nicht richtig realisieren können, als der Arzt mir sagte, diesmal wäre es bösartig. Ich habe sofort praktische Fragen gestellt, wie zum Beispiel, ob ich noch Kinder bekommen kann, denn das war für mich eigentlich immer ein großes Thema. Von meinem Ex-Freund hatte ich mich zuvor getrennt, weil er keine wollte – und jetzt kann ich keine haben. Beziehungsweise ich kann vielleicht schon, aber der Arzt meinte, mir muss bewusst sein, dass mein Kind ohne mich aufwachsen könnte. Denn es ist nicht die Frage, ob der Tumor wiederkommt, sondern wann er wiederkommt. Er kennt Fälle, da ist zehn Jahre lang Ruhe, es gibt aber auch Patient:innen, die relativ schnell wieder etwas bekommen. Also muss ich da einfach realistisch sein. Mein jetziger Freund möchte eigentlich unbedingt Kinder, aber er hat es mittlerweile auch akzeptiert. Und ich versuche, so wenig wie möglich darüber nachzudenken.

Wie ist dein Umfeld mit deiner Diagnose umgegangen? Ich habe immer zuerst meinen Bruder eingeweiht, der sollte es dann meinen Eltern sagen. Er ist Psychologe und hat einfach eine sehr ruhige Art. Und klar, meine Eltern haben natürlich immer versucht, mich nicht spüren

ÜBER DAS GESPRÄCH HINAUS

Über einen Freund bekomme ich die Telefonnummer von Doris und muss zugeben: Am Anfang weiß ich nicht so recht, wie ich mich bei ihr melden soll, was ich sagen soll. Schon bei unserem Vorgespräch und dann natürlich beim Interview fällt mir allerdings ein Stein vom Herzen: Doris geht so offen und scheinbar gelassen mit ihrer Krankheit um, dass man selbst überhaupt nicht mehr befangen sein kann. Ihre Geschichte macht mir Mut, denn sie zeigt, was man alles schaffen und aushalten kann.

zu lassen, wie viele Sorgen sie sich machen. Beim letzten Mal wollte ich dann eigentlich nur noch alle um mich herum schützen und habe versucht, gute Laune zu verbreiten. Und mir gedacht, ich kann auch dasitzen und heulen, aber das bringt mir nun mal nichts.

Wie gehst du mit dieser Ungewissheit um, dass du nicht weißt, wann der Tumor wiederkommt? Natürlich habe ich immer die Angst im Nacken. Seit der Diagnose bin ich sehr sensibel, was meine Körperwahrnehmung betrifft. Wenn sich irgendwas komisch anfühlt, habe ich schnell mal Panik. Ich hab immer im Hinterkopf dabei, dass es vielleicht wieder passiert, aber ich bin auch gut im Verdrängen. Wenn ich an irgendwas nicht denken will, dann versuche ich, es wegzuschieben. Es geht gar nicht anders! Wenn ich eine Untersuchung habe, aber die Nachbesprechung erst drei Wochen später ist, kann ich dazwischen nicht wochenlang in Angst leben.

Schränkt die Diagnose dich sonst in deinem Alltag ein? Ich gehe endlich wieder Vollzeit arbeiten – das fühlt sich gut an, auch wenn es teilweise stressig ist. Manche Sachen darf ich aber nicht mehr machen, wie Achterbahn fahren oder hohe Gipfel besteigen. Ich werde also nie wieder auf Berge wie den Elbrus laufen können, das ist wahnsinnig schade. Auf der anderen Seite wäre ich ohne die erste Diagnose niemals mit meinem Bruder zu eben diesem Berg gefahren. Ich habe damals einfach zugesagt, ohne viel nachzudenken und als wir dann dort waren, dachte ich zunächst: Was für eine dumme Idee! Zum Glück ging am Ende alles gut und es war eine super Erfahrung. Und so ist es ja oft: Wenn man seine Komfortzone verlässt, wird es großartig!

Viele Menschen fühlen sich ja in der Natur Gott besonders nahe. Geht es dir auch so oder bist du nicht religiös? Ich glaube schon, dass es eine Seele gibt und irgendetwas, das größer ist als wir selbst. Ob das jetzt Gott speziell ist, weiß ich nicht. Der Buddhismus ist mir sehr nah, dass alle aufeinander achtgeben, dass man die Natur wertschätzt. Ich bin Vegetarierin, ich möchte niemandem absichtlich wehtun. Es wird ja immer gesagt, dass man am Ende ins Licht geht und dass es ein ganz tolles Gefühl ist. Daran möchte ich glauben.

Was denkst du über den Tod? Ehrlich gesagt, ich denke gar nicht so viel über ihn nach. Er ist halt immer mit dabei, aber das ist bei allen Menschen so. Natürlich habe ich eine Patientenverfügung, obwohl meine Mama meinte, ich wäre viel zu jung und bräuchte das nicht. Aber ich dachte mir: Ich mach das jetzt alles einmal, damit es geregelt ist und alles so wird, wie ich das möchte.

AUF DER SUCHE NACH DEM SINN

DORIS MAYR

»*Nach den beiden OPs habe ich mich anschließend ziemlich lebendig gefühlt. Und das obwohl ich körperlich natürlich sehr geschwächt war. Aber ich wusste: Ich hab's geschafft.*«

Was würdest du machen, wenn es morgen hieße, du hast nur noch ein Jahr? Ich würde meinen Job kündigen und ein halbes Jahr Weltreise machen. Das andere halbe Jahr wäre ich bei meiner Familie. Oder ich nehme gleich alle mit. Als mein zweiter Tumor diagnostiziert wurde, sind mein Freund und ich ganz bewusst noch vor der OP zwei Wochen auf die Malediven geflogen. Der Urlaub war vorher gebucht, die Operation musste deshalb zwei Wochen hinausgezögert werden. Aber wir wollten das unbedingt noch machen – wenn etwas schiefgehen würde, wäre ich zumindest noch mit einem positiven Gefühl reingegangen. Und der Urlaub war auch wirklich schön, ich konnte tatsächlich noch mal richtig entspannen.

Deine Erfahrungen haben dich sicherlich nachhaltig verändert. Gibt es heute etwas, worauf du besonders gut verzichten kannst? Auf viel Geld, das brauch ich irgendwie gar nicht. Wenn ich Geld habe, dann gebe ich es immer fürs Reisen aus. Früher habe ich bestimmt drei bis vier große Reisen im Jahr gemacht.

Was macht dich außer dem Reisen noch glücklich? Wenn ich mit meiner Familie, meinen Freund:innen, meinem Freund zusammen bin. Wenn ich mich entspannen kann, wenn ich keinen Stress hab. Wenn ich ein gutes Buch lese. Wenn ich einfach eine schöne Zeit habe. Da bin ich glücklich.

Was möchtest du unbedingt noch sehen? Mein größter Traum wäre es, auf den Bahamas mit Schweinen zu schwimmen. Außerdem liebe ich Nordeuropa – während meines Auslandssemesters in Schweden habe ich mich in Skandinavien verliebt, seitdem war ich dort oft unterwegs. Mich fasziniert die Gelassenheit der Menschen. Die lassen sich so viel Zeit, sind gemütlich, gar nicht aufgeregt, machen ständig Fika. Damit kann ich ganz gut leben. Das fehlt uns manchmal hier in Deutschland, dass man mal ein bisschen runterfährt.

Gibt es etwas, das dir früher einmal wichtig war und heute ganz egal ist? Dass mich alle Leute mögen. Da hab ich früher ganz viel Wert drauf gelegt und heut denke ich mir einfach: »Ach, dann mag der mich halt nicht, ist so.« Früher wollte ich allen gefallen und habe viel anderen zuliebe gemacht. Ich habe nie widersprochen. Das musste ich erst lernen.

Wann fühlst du dich lebendig? Wenn ich einen Berg besteige. Aber auch nach den beiden OPs habe ich mich anschließend ziemlich lebendig gefühlt. Und das obwohl ich körperlich natürlich sehr geschwächt war, noch nicht richtig laufen konnte und mich ständig übergeben musste. Aber ich wusste immer: Ich hab's geschafft! Wahrscheinlich schätzt man das Leben in solchen Momenten besonders, weil man weiß, was es bedeuten würde, es nicht mehr zu haben.

NEDA RAHMANIAN

Schauspielerin

Die Schauspielerin Neda Rahmanian kam im Alter von fünf Jahren mit ihrer Familie nach Deutschland. Dort war erst einmal alles anders – das Licht, die Farben, der Geruch. Aber im Kindergarten konnte sie, wie schon im Iran, Theater spielen. Die Leidenschaft dafür entwickelte sich zu ihrem Beruf, heute ist Neda eine gefragte Schauspielerin, die in Kinofilmen und Serienproduktionen zu sehen ist. Wir treffen Neda in ihrer Altbauwohnung in Hamburg. Es gibt Kekse, Kaffee und im Laufe des Abends auch ein paar Zigaretten, als wir ins Sofa einsinken und über den Sinn des Lebens philosophieren.

Gibt es Unterschiede, was den Sinn des Lebens anbelangt, zwischen Deutschland und dem Iran? Gibt es einen iranischen und einen deutschen Lebenssinn? Ja, ich denke das hat mit den Kulturen zu tun. Die Menschen hier wachsen viel unabhängiger auf und dadurch ergeben sich individuelle Lebensinhalte und Lebenssinn-Formen. In einem Land wie dem Iran, in dem die Familie eine große Rolle spielt, wird die Sinngebung des eigenen Lebens anders geprägt. Weniger autonom und frei, als es hier der Fall ist. Es geht dort mehr um die Gemeinschaft.

Welche Erinnerungen hast du an eure Ankunft damals in Deutschland? Ich war davon überzeugt, dass ich schon fließend Deutsch sprechen könnte. Wir hatten Familie hier, ich hatte die

Sprache schon mal gehört und mir sehr souverän mein »eigenes Deutsch« ausgedacht. Am ersten Kindergartentag in Deutschland kam dann das große Erwachen: Die sprachen ein ganz anderes Deutsch! In der Schule war ich dann die Exotin, das einzige Ausländerkind in meiner Klasse, aber mir wurde viel Neugier und Interesse entgegengebracht. Im Religionsunterricht durfte ich den islamischen Gebetsablauf samt Gebetsteppich vorstellen. Das war aufregend, alle schauten zu und stellten Fragen. Ich denke, dass genau diese Offenheit mich wiederum wissbegierig gemacht hat, die hiesigen Rituale und Traditionen kennenzulernen. Es fand ein offener Austausch statt, ohne, dass mir etwas aufoktroyiert wurde. Darum kann ich mit dem Wort Migrationshintergrund nichts anfangen – ich habe keinen Hintergrund, ich bin im Vordergrund. Ich bin Ausländerin, ich bin Perserin, Iranerin.

Mit welchen Schwierigkeiten hattest du zu kämpfen? Wenn in der fünften Klasse zum Beispiel am Abend eine Klassendisco stattfand, dann waren da ganz viele Fragezeichen von zu Hause. Und ich zwischen diesen Kulturen: Ich war Klassensprecherin und habe die Party mitorganisiert, gleichzeitig musste ich zu Hause dafür kämpfen, dass ich überhaupt hingehen konnte. Selbstverständlichkeiten sind eben jene Ecken und Kanten, an denen sich Gesellschaften und Kulturen unterscheiden. Der Spagat zwischen diesen Welten gehörte als Kind und Jugendliche zu meinem Alltag. Noch heute gibt es Momente, die nicht frei davon sind. Man kann Menschen und ihre Prägungen nicht ändern, nur immer wieder versuchen, den Blickwinkel weit genug zu halten. Das ist nicht immer leicht, aber es schult.

Hast du aus dieser Zeit etwas für deinen Sinn des Lebens mitgenommen? Wachstum! Jede Widrigkeit im Leben lädt mich zum Wachsen ein. Dieser Gedanke erhält mir mein Freiheitsgefühl, meine Unabhängigkeit. Ich darf im Stande sein, Lösungen zu finden oder Änderungen einzuschlagen. Dadurch bin ich aufgefordert, mehr bei mir zu sein, bei dem, was ich für mein Leben wirklich will, daran zu

»*Das Leben ist das Beste, auch wenn das wahnsinnig kitschig klingt. Und das sage ich als große Zweiflerin. Das Leben ist das Schönste, obwohl es nicht immer sanft ist.*«

wachsen und damit der Welt das schenken, worin ich gut bin und was mir Freude macht. Das ist mein Lebenssinn. Wachsen ist meist mit Schmerz verbunden, aber ich glaube, der Schmerz kann auch ein Freund sein, weil er mir hilft, etwas zu lösen. Wenn ich dann zurückblicke, wird mir erst die eigene Entwicklung klar. Es gibt sicherlich einfachere Wege, aber ich brauche die Schattenseiten zum Wachsen, die Dunkelheit, die Ruhe, damit ich die Sonne umso mehr genießen kann. Ich finde, manchmal fühlt es sich an wie ein Baum, der immer wieder Blätter verliert und immer mehr zu dem wird, was er in seiner Essenz ist.

Ein schönes Bild! Was hast du sonst über das Leben gelernt? Das Leben ist das Beste, auch wenn das wahnsinnig kitschig klingt. Und das sage ich als große Zweiflerin. Das Leben ist das Schönste, obwohl es nicht immer sanft ist. Aber es ist die beste Schule. Das größte Abenteuer. Manchmal ungefragt brutal und dann unerwartet schillernd. Letztendlich bestimmt meine eigene Energie viel im Leben mit. Mit dem, was ich denke, wie ich gehe, stehe, lache, mache. Außerdem habe ich gelernt: Wenn man dem Leben einmal die Stirn bietet, dann zieht es breitflächig nach. Ich bin felsenfest davon überzeugt, dass man den Pegel, wie sehr das Leben einen beansprucht, selbst setzt. Das ist krass, aber auch geil. Das ist wie Dünger für den Baum und vor allem nie langweilig.

Du weißt sehr genau, was den Sinn des Lebens für dich ausmacht. Was würdest du Menschen mitgeben, die ihren Sinn noch finden möchten? Ich glaube, der Sinn ist einfach da. Finden klingt so, als wäre er außerhalb von einem. Dabei ist er in einem und man muss ihn einfach nur sehen wollen. Da findet sich nichts von außen, glaube ich. Was meiner Meinung nach aber auf jeden Fall hilft, ist: An den Beat glauben! An den Herzschlag, der schon da ist, bevor wir das Licht der Welt erblicken. Tatsächlich wird mir gerade klar, ich glaube, dieses An-den-Herzschlag-Glauben habe ich von meinen Eltern. Bei ihnen ist es mehr an den Glauben und Gott gebunden, bei mir ist es mein Herz. Ich vertraue dem Leben.

Welche Rolle spielt die Religion denn für dich bei der Suche nach dem Sinn des Lebens? Ich gehe gern in Kirchen, Moscheen, oder Synagogen. Es sind alles Orte, an denen Menschen versuchen, näher bei sich zu sein, eine Einkehr zu finden. Ich möchte glauben, dass Religionen immer Gutes in ihrem ursprünglichen Sinn hatten, ganz gleich was die Menschen daraus gemacht haben. Den Sinn für das eigene Leben muss man dennoch selbst in sich finden und der kann sich auch immer wieder wandeln, genauso wie wir uns im Leben auch immer weiter »verändern«.

»*Natürlich kann man nicht jeden Tag sein Leben so leben, als würde man morgen sterben. Aber letztendlich ist der Tod eine Instanz, die manche Situationen im Leben relativiert.*«

Wenn du gerne in Kirchen, Moscheen und Synagogen gehst – glaubst du denn an Gott? Ich glaube schon, wie auch immer der aussieht. Vor allem aber glaube ich an den Herzschlag. Diese Faszination, dass da schon irgendetwas so vor sich hinsurrt, bereits auf dem Ultraschallbild. Ich finde es einfach nur unfassbar, das Leben, der Motor, der läuft – bis ich irgendwann tot bin.

Wie gehst du mit deiner eigenen Sterblichkeit um? Der Tod ist für mich sehr gegenwärtig. Oft mache ich Witze darüber und meine es dennoch ernst, wie: Ich könnte jetzt das Haus verlassen, die Treppe runterfallen, Genickbruch, fertig. Ich denke mir: Wenn ich morgen tot wäre, hab ich dann so gelebt, wie ich das Leben wollte? Natürlich kann man nicht jeden Tag sein Leben so leben, als würde man morgen sterben. Aber letztendlich ist der Tod eine Instanz, die manche Situationen im Leben relativiert. Sie hilft einem, sanftmütiger zu sein oder auch härter in dem, was man will.

Die Schauspielerei ist etwas, was du seit dem Kindergarten machen wolltest. Was fasziniert dich bis heute daran? Ich kann mich noch genau an meinen ersten Auftritt erinnern – als Rosenknospe im Kindergarten in Teheran. Ich war hin und weg und wollte dieses Kostüm gar nicht mehr ausziehen. Diese Magie, dass die Bühne etwas behaupten kann, was die Realwelt nicht kann – auf einmal war ich eine Blume, zweifellos. Die Bühne ist ein gesetzesfreier Raum, wie beim Träumen ist alles erlaubt. Es ist egal, welche Rolle ich spiele, ob sie nur einen Satz hat oder neunzig Minuten tragen soll: In einen Charakter einzutauchen, besonders, wenn er mir sehr fremd ist, eine Figur zu entwickeln, und durch sie zu atmen, das ist der absolute Thrill.

Gibt es eine Rolle, die du unbedingt noch spielen möchtest? Mich interessieren Rollen oder Charaktere, die in sich eine Widersprüchlichkeit oder große Not haben. Die kaputte und dunkle Seite einer vielleicht heiteren Erscheinung. Es gibt so viele Charaktere, wie es Menschen auf der Welt gibt, deshalb finde ich es schwer zu sagen: Diese oder jene Rolle möchte ich noch unbedingt spielen. In letzter Zeit neigen die Rollen oft zu »böse Intrigantinnen«, das bringt mir großen Spaß.

Und wenn du nicht gerade auf einer Bühne oder vor der Kamera stehst: Was macht dich dann glücklich? Ich bin glücklich, wenn ich hier durch die Räume laufe, die Vögel draußen höre. Mir meiner Freiheit bewusst werde. Manchmal könnten mir die Tränen kommen, wenn mich ein Mensch auf der Straße lieb anlächelt. Ich habe einen Ritus: Abends, bevor ich ins Bett gehe, versuche ich fünf Dinge zu finden, für die ich dankbar bin, auch wenn es ein beschissener Tag war. Das ist mir bisher ganz gut gelungen, selbst wenn es nur ein leckeres Mittagessen oder ein paar Sonnenstrahlen waren.

TAO SCHIRRMACHER

Surfer und Künstler

Tao Schirrmacher ist dreifacher Europameister im Wellenreiten und eine Koryphäe an der Eisbachwelle in München. Es gibt nur wenige, die mit so viel Leichtigkeit die Welle reiten, seit nunmehr fünfzehn Jahre surft er schon hier. Am liebsten ist Tao aber unter Wasser unterwegs: beim Tauchen und Schätzesammeln für sein Projekt ›Lost N' Drowned‹. Im Moment trifft man ihn nicht mehr ganz so häufig hier, denn Tao ist erst vor Kurzem Vater geworden. Seitdem beschäftigt er sich mehr mit seiner Herkunft: Im Alter von drei Monaten wurde er aus Korea adoptiert. An einem schwülwarmen Sommertag treffen wir uns an der Welle, um über das Surfen zu sprechen, aber auch über die Fesseln einer Festanstellung, über das eigene glückliche Ego – und warum das am Ende einfach leider doch nicht reicht.

Hat deine Adoption jemals deine Gedanken über den Sinn des Lebens beeinflusst? Ja und Nein. Meine Eltern haben das immer offen mit mir kommuniziert. Es wäre auch schwer zu verheimlichen gewesen, denn beide sind blond (lacht). Auch im Kindergarten war es äußerlich klar – und genau deswegen für mich immer normal. Ich merke jetzt erst, seitdem ich selbst Vater bin, dass mich meine Herkunft immer mehr interessiert – gleichzeitig ist es auch wahnsinnig unwichtig für mein alltägliches Leben. Ich bin glücklich aufgewachsen, meine Eltern sind meine Eltern. Das ist nicht anders als bei dir. Deswegen hat mich das Thema auch nie getriggert. Manchmal denke ich darüber nach, ob ich mich auf die Suche nach meinen leiblichen Eltern machen soll, aber wenn das nicht klappen sollte, wäre es auch nicht schlimm.

»Die meisten Menschen denken, sie sind glücklich, weil das Konstrukt stimmt, aber das hat nichts mit dem Sinn des Lebens zu tun. Es geht darum, sich frei zu machen von genau dieser konstruierten Welt.«

Du bist nun selbst Vater geworden. Beantwortet ein Kind denn die Frage nach dem Sinn des Lebens? Das war vielleicht früher eine einfache Antwort, aber so neoliberalistisch wie wir heute leben, passt das nicht mehr. Klar, der biologische Sinn unseres Lebens ist sicherlich, sich fortzupflanzen. Dem gegenüber steht aber auch der ganz egoistische Sinn, dieses »Was möchte ich machen, damit ich glücklich bin?«. Entweder gehe ich den ganzen Tag surfen oder arbeiten – da hat ja jeder etwas anderes – aber ich glaube, man merkt so oder so recht schnell: Wenn ich immer nur das mache, was mir Spaß macht, erfüllt mich das auf Dauer auch nicht. Ich hatte immer wieder die Möglichkeit, genau das zu machen, was ich will – und trotzdem hat es nicht gereicht. Ich kann nicht sagen, der Sinn meines Lebens ist surfen zu gehen oder ein Kind zu haben.

Was glaubst du dann, was der Sinn des Lebens für dich ist? Es ist eher ein komplexer Kontext aus allen Faktoren, die sich im Leben ergeben und das große Ziel ist, am Ende im Reinen mit sich zu sein. Am Ende des Lebens, am Ende des Tages. Leider schaffen das nur die wenigsten, denn wir leben in einer konstruierten Welt und viele fügen sich nur ein. Für eine Antwort auf die Frage nach dem Sinn des Lebens muss man sich aber auch selbst Gedanken darüber machen, was einem wichtig ist – und das wissen nur die wenigsten, weil man dafür sehr nah an sich selbst dran sein muss. Die meisten Menschen denken, sie sind glücklich, weil sie einen okayen Job haben, dort Geld verdienen und das Konstrukt stimmt, aber das hat nichts mit dem Sinn des Lebens zu tun. Es geht darum, sich frei zu machen von genau dieser konstruierten Welt.

Wenn du eher Fan davon bist, dich von Konstrukten frei zu machen, glaubst du wahrscheinlich auch nicht an Gott? Ich bin nicht religiös, obwohl ich sozusagen in eine evangelische Familie eingetreten bin (lacht). Ich glaube allerdings schon, dass man etwas braucht, woran man glaubt. Es gibt ja Leute, die sagen »Surfing is my religion« – woran man also glaubt, das sei mal dahingestellt. Egal, was das im konkreten Fall ist, Gläubige haben immer einen Ansprechpartner falls sie sich mal verloren fühlen: Dann beten sie zu Gott. Entweder holt man das aus sich selbst heraus – oder wenn man das nicht kann, dann braucht man etwas von außen wie die Kirche.

Wer glaubt, blickt oft auch etwas gelassener auf den Tod. Was denkst du, was danach mit uns passiert? Ich glaub nicht an die klassische Reinkarnation, also dass du im nächsten Leben als Baum hier stehst. Aber ich glaube schon, dass die Energie, die jeder Mensch mitbringt, irgendwo vorhanden bleibt.

Und apropos Energie: Wann fühlst du dich lebendig? In sportlichen Extremsituationen, wenn ich mich darauf fokussieren muss, mir nicht wehzutun. Kennst du den Augenblick, wenn du fast vom Fahrrad gefallen wärst? Das sind Momente, in denen man spürt, wie wach der Geist eigentlich sein kann. Dafür muss man sich allerdings nicht in Lebensgefahr begeben – der eine springt mit dem Fallschirm, dem anderen reicht es vielleicht, aus dem Fenster zu gucken, um sich lebendig zu fühlen.

Für dich ist es das Surfen. Was bedeutet es dir – außer der Lebendigkeit? Das Geniale am Surfen ist, wenn man dahingleitet und eigentlich alles andere nebensächlich wird. Beim Flusssurfen schwitzt man nicht einmal viel, es geht also weniger um die körperliche Betätigung, sondern es ist eher gut für den Geist. Ich glaube, dass das Surfen für viele auch eine Flucht darstellt – es ist diese romantische Pseudo-Freiheit, die es spannend macht. Mir geht es aber gar nicht nur um das Surfen, sondern um das Element Wasser an sich.

Ich habe wahnsinnig viel in meinem Leben darum herum gestaltet – mein Hobby, meine Kunst, in gewissen Teilen auch meine Arbeit. Wasser ist ein ganz besonderes Element, vor allem wenn man tauchen geht – es schließt die Welt oben ein bisschen aus.

Ist Tauchen für dich ein bisschen wie Mediation? Ja, auf jeden Fall! Ich bin kein Taucher, der mit Sauerstoffflasche ins Meer geht, ich bin nur mit dem Schnorchel im Fluss unterwegs. Eher wie ein Zwischenweltentaucher. Das Schöne da unten: Man kämpft gegen die Strömung und ist eigentlich schwerelos. Das Wasser hat aber auch etwas Konservierendes, wenn ich mir all die Dinge ansehe, die ich beim Tauchen schon gefunden habe. Vor ein paar Jahren habe ich ein Hakenkreuz von 1924 aus dem Schlamm gezogen – das Wasser umschließt es auf ganz besondere Weise.

AUF DER SUCHE NACH DEM SINN

Und abseits vom Wasser: Wann bist du noch glücklich? Wenn ich so beschäftigt bin, dass mich meine alltäglichen Sachen nicht tangieren. Und beschäftigt sein kann auch bedeuten, dass ich Ameisen beobachte. Einfach fokussiert sein, im Flow sein.

Das klingt so, als wärst du gut darin, das Hier und Jetzt zu genießen. Tatsächlich nicht – ich bin sehr vergangenheitsaffin. Ich merke es aber mittlerweile und kann mich dann relativ schnell wieder frei machen davon. Meine Gedanken zu Vergangenem klingen in etwa so: »Was kann ich aus dem machen, was wir schon kreiert haben?« Aber eigentlich muss man das nehmen, was gerade da ist. Ich bin auf der anderen Seite aber auch nicht der Mensch, der einen Zehnjahresplan erstellt.

Wenn ich dich also fragen würde, ob Sicherheit oder Freiheit wichtiger ist, würdest du sicher der Freiheit den Vorrang geben, oder? Das könnte man meinen. Ich hab gerade wieder gekündigt, weil ich diese Nonsens-Arbeit einfach nicht auf Dauer kann. Selbstständig sein gibt mir viel mehr Freiheit – und damit auch Sicherheit, weil ich meine Zeit zum einen selber einteilen kann und ich zum anderen sicherstellen kann, dass ich keine Bullshit-Jobs mache. Ich hab auch schon diverse Unternehmen gegründet, aber das war bisher nicht der richtige Weg. Jedes Mal kam ich wieder an den Punkt, dass etwas gefehlt hat und das war das Kreative und Künstlerische. Natürlich denke ich mir manchmal, es wäre besser, mehr Geld zu verdienen, aber Reichtum ist ja immer Ansichtssache. Für einen Obdachlosen bist du schon die glücklichste Frau der Welt, weil du hier mit einem Laptop sitzt. Es kommt immer darauf an, wo man steht.

ÜBER DAS GESPRÄCH HINAUS

Ich habe Tao Schirrmacher schon einmal für ein Interview über das Flusssurfen in München getroffen. Als wir auf der Suche nach einem spannenden Sportler sind, fällt er mir sofort ein. Schließlich erzählt er mir am Telefon noch von seiner Adoption, von der ich bis dato gar nichts wusste. An Tao beeindruckt mich immer wieder, dass er sich nicht um Konventionen schert: Er hat gerade wieder seine Festanstellung gekündigt, war den Winter über mit seiner Familie in Portugal – natürlich zum Surfen. Und ihn umgibt so eine wahnsinnige Leichtigkeit, beim Sport, aber auch generell im Leben. München ist klein – manchmal treffen wir uns zufällig auf der Straße, und es ist jedes Mal eine Freude!

LINUS GIESE

Buchhändler und Autor

Linus Giese erzählt mir, dass er früher schon eines dieser Kinder war, die am Freitagnachmittag in der Stadtbibliothek standen, um sich für das Wochenende mit Lesestoff einzudecken. Auf seinem Blog ›buzzaldrins.de‹ rezensiert er seit Jahren die Romane anderer. 2020 erschien nun auch sein eigenes Debüt ›Ich bin Linus‹ über seine Transition und sein Coming-out, das er mit Anfang dreißig hatte. Wir treffen ihn in dem queerfeministischen Buchladen ›She Said‹ in Berlin, in der er als Buchhändler arbeitet. Irgendwann will Linus noch ein Kinderbuch schreiben, aber diesen Sommer möchte er vor allem eines: zum ersten Mal in Badehose im Freibad liegen.

Wäre ein Leben ohne Bücher für dich sinnlos? Auf jeden Fall! Für mich würde es sich sinnlos anfühlen, wenn ich nicht die Möglichkeit hätte, durch das Lesen fremde Perspektiven einzunehmen und in das Leben anderer Menschen einzutauchen. Ich hätte mich wahrscheinlich auch nie getraut, mich zu outen, wenn ich nicht vorher Bücher von Menschen gelesen hätte, die genau diesen Weg gegangen sind, die mir gezeigt haben: Es ist möglich, so zu leben. Von daher wäre mein Leben deutlich ärmer, wenn es keine Bücher gäbe.

Würdest du sagen, dein Coming-out hat deinem Leben einen neuen Sinn verliehen? Es hat mein Leben auf jeden Fall grundlegend verändert. Davor habe ich ein sehr zurückgezogenes Leben geführt. Ich hatte Angst, Dinge auszuprobieren oder das Leben in voller Gänze zu genießen. Seit meinem Coming-out nehme ich anders am Leben teil: Ich habe viel mehr Spaß, bin deutlich glücklicher und erfüllter. Vor ein paar Wochen war ich zum ersten Mal seit meiner Mastektomie, der Brustentfernung, im Freibad, und dieses Gefühl, in Badehose zu sein und das Wasser auf dem Oberkörper spüren zu können, war für mich überwältigend.

Was war für dich die größte körperliche Veränderung? Es war krass, als ich meine Periode plötzlich nicht mehr bekommen habe. Darunter habe ich immer sehr gelitten, deshalb war es gut, als ich gemerkt hab, das bin ich jetzt los. Abgesehen von der körperlichen Ebene war es ein wichtiger Schritt, meinen Namen zu ändern. Sobald der auf dem Personalausweis, der Krankenkassenkarte und meiner EC-Karte stand, musste ich mich nicht ständig im Alltag outen, ob ich wollte oder nicht. Davor musste ich jedes Mal erklären, warum ich anders aussehe als auf dem Foto oder warum ich Linus heiße, aber auf meiner Karte ein anderer Name steht. Jetzt kann ich mir endlich aussuchen, ob ich das erklären möchte.

Rückblickend gesehen: Gibt es auch etwas, das du heute anders machen würdest? Mein Coming-Out war erst mit 31. Deshalb denke ich manchmal schon darüber nach, wie mein Leben ausgesehen hätte, wenn ich mich schon zehn Jahre früher geoutet hätte. Manche Dinge wären vielleicht nicht so schwer gewesen. Aber ich kann die Zeit nicht zurückdrehen, ich kann nur versuchen, jetzt alles zu genießen und mir dadurch ein bisschen was zurückzuholen. Manchmal macht es mich traurig, dass ich mir selbst so lange die Möglichkeit genommen habe, glücklich zu sein.

Würdest du sagen, du warst davor nicht glücklich? Ich kann es natürlich nicht pauschal für all die Jahre davor sagen, aber ich merke im Vergleich schon sehr, dass ich vorher lange nicht so glücklich war wie jetzt. Vor meinem Coming-out war mir wahnsinnig wichtig, andere Menschen nicht zu enttäuschen, »normal« zu sein, nicht aus der Reihe zu tanzen. Ich habe ein Leben geführt, in dem es in erster Linie darum ging, andere glücklich zu machen. Mit dem Coming-out habe ich zum allerersten Mal darüber nachgedacht: Was macht *mich* eigentlich glücklich? Wie muss mein Leben aussehen, damit *ich* zufrieden bin?

Und was macht dich heute glücklich? Tretboot fahren, Pommes essen, in den Donut-Laden gehen. Vor allen Dingen eigentlich schwimmen und essen.

Gibt deine Arbeit als Autor und Aktivist deinem Leben auch Sinn? Auf jeden Fall! Wenn ich meine Geschichte teilen und damit das Leben anderer Menschen beeinflussen kann, macht mich das glücklich und stolz. Gleichzeitig hat man auch ein Verantwortungsgefühl, wenn viele Menschen etwas in einem sehen. Diese Rolle gibt meinem Leben Sinn, erdrückt mich aber manchmal auch. Weil Menschen etwas in mir sehen, was ich niemals erfüllen kann. Ich bin kein Therapeut und ich kann auch nicht für alle Menschen da sein, die gerade auf der Suche nach sich selbst und dem Sinn im Lebens sind. Ich habe die letzten Jahre so viel Zeit online verbracht – mit Aufklärung und damit über meine Geschichte sprechen –, dass ich mir jetzt denke: Nun bin ich mal dran mit leben. Ich ziehe mich also gerade etwas zurück, dann kommt aber wieder das schlechte Gewissen, das sagt, ich müsste mehr machen, meine Reichweite besser nutzen.

> »Vor meinem Coming-out habe ich ein Leben geführt, in dem es
> in erster Linie darum ging, andere glücklich zu machen.
> Danach habe ich zum allerersten Mal darüber nachgedacht:
> Was macht mich eigentlich glücklich?«

Du erlebst auch viel Hass – sowohl im Netz als auch offline. Wie gehst du damit um? Es ist zum Glück nicht mehr so schlimm, wie es kurz nach meinem Coming-out war. Ich war relativ naiv, unter meinem Klarnamen zu schreiben und offen damit umzugehen, wo ich arbeite. Ich war zum ersten Mal im Radio, danach haben die Leute geschrieben, wie schrecklich meine Stimme klänge. Danach habe ich immer darauf geachtet, wie ich klinge. Die Leute haben aber nicht nur böse Kommentare geschrieben, sondern sind auch im Buchladen vorbeigekommen. Die Polizei konnte einen Täter ermitteln, der sogar vor meiner Wohnungstür stand. Ich hab mir Unterstützung geholt und eine Therapie bei einer Supervisorin gemacht, die auf Hass im Netz spezialisiert ist.

Mit dieser Erfahrung, die du da gemacht hast – glaubst du denn, dass der Mensch von Grund auf gut oder böse ist? Das ist eine schwere Frage. Wahrscheinlich gibt es böse Menschen, aber ich habe keine Antwort darauf, was Menschen böse macht. Ich war mit viel Ablehnung und Hass konfrontiert – das hat bei mir leider dazu geführt, dass ich ein Stück weit das Vertrauen verloren habe, dass Menschen erst einmal gut sind. Ich bin vorsichtig geworden dabei, neue Menschen kennenzulernen.

Du bist aber auch ein wichtiges Vorbild für viele. Gibt's einen Ratschlag, den du gerne weitergibst? Wenn ich mit Menschen über mein Coming-out spreche, stelle ich oft fest, dass sich meine Erfahrung auf ganz viele andere Situationen im Leben übertragen lässt. Deshalb rate ich eigentlich immer zu überprüfen: Bin ich glücklich mit dem Leben, das ich führe? Und wenn nicht, was kann ich ändern, um glücklicher zu werden? Und dafür ist es nie zu spät – egal, ob man wie ich 31 ist, 51 oder 71.

Denkst du eigentlich viel an die Vergangenheit oder bist du eher jemand, der in der Gegenwart oder in der Zukunft lebt? Eigentlich würde ich behaupten, ich lebe nie in der Vergangenheit, aber ich habe gerade mit meinem Therapeuten angefangen, mit meinem inneren Kind zu arbeiten. Früher dachte ich noch: Was interessiert es mich, was vor 25 Jahren war? Aber heute empfinde ich diese Arbeit als hilfreich und tröstlich. Gleichzeitig versuche ich sehr, im Hier und Jetzt zu leben und nicht so stark in die Zukunft zu gucken, weil das auch lähmend sein kann. Ich kann nicht wissen, was ich mit fünfzig machen werde, ich kann nur versuchen, den Tag heute zu genießen.

»Ich war mit viel Ablehnung und Hass konfrontiert – das hat bei mir leider dazu geführt, dass ich ein Stück weit das Vertrauen verloren habe, dass Menschen erst einmal gut sind.«

Würde das Leben denn Sinn machen, wenn wir unsterblich wären? Wahrscheinlich hat es etwas Gutes, dass das Leben endlich ist. Sonst könnte ich mich vielleicht nie zu einer Entscheidung durchringen. Auf der anderen Seite würde ich auch nicht Nein sagen, wenn ich das Angebot bekommen würde ewig zu leben.

Was denkst du, was nach dem Tod mit uns passiert? Ich hoffe, dass wir in eine bessere Welt kommen. Aber der Tod ist etwas, das mir richtig Angst macht. Gar nicht einmal das Sterben an sich, sondern dass danach womöglich nichts mehr ist. Deshalb beschäftige ich mich auch so selten damit. Im Januar ist mein Vater gestorben, er war lange krank gewesen und trotzdem war es am Ende überraschend. Ich kann damit nicht umgehen, deshalb schiebe ich das noch weg.

Bist du gläubig? Gar nicht, aber ich bin der Religion auch nicht abgeneigt. In den letzten vier Jahren habe ich so viele Dinge gemacht, von denen ich niemals gedacht hätte, dass ich sie mal mache, deshalb würde ich nichts ausschließen.

Die Religion könnte also noch wichtig werden. Gibt es denn auch etwas, was dir früher einmal wichtig war und heute egal ist? Was andere über mich denken! Als ich noch kein Testosteron genommen habe, haben mich die meisten Menschen noch als Frau gelesen oder angesprochen. Das hat bei mir damals noch das Gefühl verstärkt, mich besonders männlich kleiden oder geben zu müssen. Heute erlaube ich mir zum Beispiel, meine Nägel zu lackieren. Ich möchte kein Cis-Mann mehr sein, wie früher noch. Ich will einfach die Person sein, die ich bin.

ILONA HARTMANN

Autorin und Twitter-Star

Wer auf Twitter unterwegs ist, folgt sehr wahrscheinlich Ilona Hartmann aka @zirkuspony. Die Autorin und Texterin wurde nicht nur im Internet mit ihren klugen Alltagsbeobachtungen und witzigen Anekdoten berühmt, sondern auch in der Offline-Welt: 2020 erschien ihr Debütroman ›Land in Sicht‹, sie arbeitet für Medien wie die ZEIT oder Der Freitag, zusammen mit Christoph Amend vom ZEIT Magazin hört man sie in dem Podcast ›Und was machst du am Wochenende?‹. Wir treffen Ilona in Berlin und reden mit ihr über den Zeitgeist und das Internet. Und wie sie erkannt hat, dass es sich nicht lohnt, immer nur auf das Glück zu warten.

Du kennst deine Generation sehr gut. Was glaubst du, ist ihr Sinn des Lebens? Millennials machen einen Spagat zwischen der alten, sicheren Welt – viele sind Kinder von Boomern, die noch sehr für Stabilität und für konventionelle Werte stehen – gleichzeitig stellen wir gerne Fragen und verhandeln vieles neu: Wie wollen wir arbeiten? Wie wohnen wir zusammen? Wie sehen unsere Städte aus? Und unsere Beziehungen? Wie wollen wir unsere Kinder erziehen? Und was sind die Dinge, auf die wir uns noch verlassen können? Ich glaube, so erklärt sich auch der momentane Podcastboom: Es gibt einen großen Redebedarf, weil gewohnte Konventionen gebrochen werden. Wir hatten ein zweigeteiltes Aufwachsen – zuerst in einer sehr geschützten

»Es gibt Krisen, die sind so beschissen, dunkel und unnötig, dass sie niemand verdient hat.«

Welt und dann kamen das Internet, 9/11, der Klimawandel, Corona und viele weitere politische auch oft längst überfällige Aufbrüche wie Black Lives Matter, #metoo und ein neuer, intersektioneller Feminismus.

Hilft dir dein Humor dabei, all diese Dinge zu verarbeiten? Humor erleichtert mich und damit auch mein Leben. Er ist wie Knallfolie zwischen mir und einem Ereignis – er macht es damit weniger schmerzhaft und schafft eine Distanz, aus der heraus man reflektieren kann. Aber ich habe mich auch lange gegen das Lustigsein gewehrt.

Wieso das? Weil man als Frau vom Lustigsein erst mal kaum Vorteile hat. Es gibt Studien dazu, dass lustige Männer als schlagfertig und selbstbewusst wahrgenommen werden – lustige Frauen dagegen als vorlaut oder bossy. Das hab ich subtil auch zu spüren bekommen. Außerdem dachte ich lange: Man ist entweder schlau oder lustig. Im Studium habe ich mich damit gequält, wahnsinnig komplizierte, intellektuell hochtrabende Arbeiten zu schreiben. Humor ist dagegen das Zugänglichste überhaupt. Zum Glück weiß ich heute: Man kann beides recht gut vereinen.

Hast du eigentlich Vorbilder beim Schreiben? Gar nicht bewusst, aber manchmal lese ich in alte Kinder- oder Jugendbücher rein und stelle fest, dass sie mich sehr geprägt haben. Ich hatte neulich die zerfledderte Ausgabe von Andreas Steinhöfels ›Die Mitte der Welt‹ in der Hand. Krass, die Art wie der schreibt und beobachtet – das hab ich so aufgesogen, dass ich mich da total wiedererkannt habe. Ich habe viel gelesen als Kind. Auf der einen Seite war ich zwar ein Drauß, weil ich auf dem Land aufgewachsen bin, auf der anderen Seite ein Drinni, weil Einzelkind. Viel allein und in Fantasiewelten vergraben – da waren Bücher und Musik natürlich toll.

Wann denkst du heute über den Sinn des Lebens nach: alleine oder in Gesellschaft? Natürlich kenne ich diese Momente, in denen man alleine im Regionalzug durchs Vogtland fährt und sich denkt: »Oh mein Gott, what a life, was soll denn das hier alles? Was mach ich hier?« Ich glaube allerdings, es ist weniger die Frage, ob alleine oder in Gesellschaft, als in welchem Zustand man sich gerade mit sich selbst befindet. Und je positiver der ist, desto positiver kann man die Frage für sich beantworten.

Also braucht es gar nicht die Krisen, um den Sinn des Lebens zu erkennen? Ich frage mich manchmal, ob so eine Sicht nicht auch eine Strategie ist, um schwere Zeiten zu romantisieren und aufzuladen mit doch wenigstens irgendeinem Sinn. Es gibt Krisen, die sind so beschissen, dunkel und unnötig, dass sie niemand verdient hat. Es ist natürlich gut, wenn man daraus etwas Positives ziehen kann, aber ich finde es total fair, wenn eine Krise einfach nur eine Krise sein darf.

Das stimmt wohl! Was hast du sonst noch über das Leben gelernt? Niemand hat eine Ahnung. Das Bauchgefühl hat immer recht. Ich muss viel mehr Sport machen, als mir klar war und lieb ist. Sorgen machen ist manchmal eine einfache Beschäftigung, aber es ist besser, die sich erst dann zu machen, wenn sie angebracht sind, nicht schon vorher. Weitermachen und immer dranbleiben. Beständigkeit und Kontinuität sind super ätzend und langweilig, aber wichtig und sie zahlen sich oft aus. Sachen anzusprechen ist meistens besser, als Sachen nicht anzusprechen. Und wenn auf irgendwas drauf steht, dass es nicht backofenfest ist, dann ist es wirklich nicht backofenfest (lacht).

Wann bist du glücklich? Jetzt gerade. Und auch sonst eigentlich recht häufig, seitdem ich angefangen habe, nicht mehr zu erwarten, dass das große Glück erst noch kommt. Ich dachte früher, das Leben funktioniert so, dass man erst einmal alles Mögliche abhakt: Schule, Studium, Job, Freunde finden, Partner:in finden, auf jeden Fall eine gute Wohnung finden, toll passende Jeans finden und dann geht's los, dann wird man glücklich. Irgendwann habe ich verstanden: Man muss schon auf dem Weg anfangen, glücklich mit den normalen, unperfekten und vielleicht sogar langweiligen Zuständen zu sein, sonst verpasst man sich und sein Glück.

Gibt es etwas, was dein Leben verändert hat? Um die große Veränderung feststellen zu können, müsste ich vielleicht noch mal zwanzig Jahre älter werden, aber was mich auf jeden Fall geprägt hat, waren die beiden Umzüge. Sowohl Leipzig als auch Berlin haben mich als Städte stark beeinflusst, denn an einem anderen Ort wäre mein Leben sicherlich anders verlaufen. Ein wichtiger Punkt war auch, meinen Vater kennenzulernen, mein Buch zu schreiben – das sind in etwa die großen Schritte. Und natürlich viele kleine Begegnungen! Man sagt, man wird so, wie die fünf Leute, die einem am nächsten stehen und das finde ich eine schöne Vorstellung: Dass man ein Puzzle ist, aus allen Orten, an denen man war und allen Menschen, die man getroffen hat.

Gibt es für dich einen Moment, der sich besonders sinnerfüllt angefühlt hat? Es hat für mich meistens mit Menschen zu tun. Ich finde es schön, wenn man sich mit jemandem verbunden fühlt. Da merke ich jedes Mal, wie sozial der Mensch eigentlich ist, wie sozial ich bin. Vor allem nach so einer langen Zeit ohne viel menschlichen Kontakt. Dass das etwas total Bestätigendes und Beruhigendes ist, wenn man mit Menschen ein gutes Gespräch führt oder

> »Man muss schon auf dem Weg anfangen, glücklich mit den normalen, unperfekten und vielleicht sogar langweiligen Zuständen zu sein, sonst verpasst man sich und sein Glück.«

sich einfach erkannt und gesehen fühlt. Das gibt es nicht so oft, aber jedes Mal, wenn es passiert, freue ich mich wahnsinnig drüber und versuche, das zu speichern. Weil das zumindest im Kleinen total sinnstiftend und erdend ist.

Welchen Ratschlag hast du für diejenigen, die noch auf der Suche sind nach ihrem Sinn? Sich erst einmal nicht stressen, dass man keinen gefunden hat. Es ist ja nicht so, dass man bei der Geburt einen Zettel in die Hand gedrückt bekommen hat, mit dem man sich verpflichtet, den Sinn des Lebens einzutragen, bevor man irgendwann stirbt. Mein Ratschlag wäre: Auf das Bauchgefühl hören und weitermachen. Im besten Fall kommt man dann irgendwo an, wo man sich denkt: Das fühlt sich sinnhaft an. Oder man versteht: Dieses Sinngefühl ist eigentlich auch gar nicht so entscheidend. Irgendetwas davon wird man auf jeden Fall spüren.

Vielen Leuten hilft bei der Sinnsuche die Religion. Bist du eigentlich gläubig? Ich bin vor drei Wochen aus der Kirche ausgetreten, also von daher …

Was glaubst du denn, was nach dem Tod mit uns passiert? Ich hoffe ehrlich gesagt nicht, dass es ein Danach gibt. Ich finde, das reicht dann auch. Also wenn ich tot bin, möchte ich wirklich meine Ruhe haben (lacht).

Wann fühlst du dich auf der anderen Seite sehr lebendig? Komischerweise meistens auf dem Fahrrad. Fahrradfahren ist für mich so ein Ding. Leider auch beim Starten von einem Flugzeug, das ist so ein geiler Moment, den ich total magisch finde und mir wahrscheinlich nicht mehr sehr oft erlauben werde in der Zukunft. Und natürlich, wenn ich gute Musik höre!

Du schreibst auch über Musik. Was bedeutet sie dir? Zum einen geht's um Abgrenzung und Identifikation. Also die Leute definieren sich in der Jugend auch oft über ihren Musikgeschmack und irgendwie bin ich darauf hängengeblieben. Musik gibt mir immer noch so einen bestimmten Vibe. Außerdem bin ich ein Phasenmensch, ich hatte schon sämtliche Haarfarben und Persönlichkeiten, die damit einhergegangen sind. Ein ganz elementarer Bestandteil dieser Inszenierung oder Selbsterprobung war und ist immer die Musik. Wie ein Soundtrack für mein Leben. Das schiebt mich immer wieder neu und macht mich richtig, richtig glücklich.

KASSANDRA WEDEL

Tänzerin

Die Tänzerin und Schauspielerin Kassandra Wedel ist seit ihrem vierten Lebensjahr gehörlos. Schon im Kindesalter bekam sie Ballettunterricht und noch vor ihrem Abitur ließ sich Kassandra zur Choreographin ausbilden – heute gibt sie Workshops für freie Projekte, bei denen sie sich künstlerisch entfalten kann. Kassandra steht aber auch gerne als Schauspielerin auf der Bühne, zum Beispiel für die Oper Wuppertal und die Münchner Kammerspiele, oder vor der Kamera – sogar im Tatort spielte sie schon eine Rolle. Deutschlandweit bekannt wurde Kassandra allerdings mit ihrem Auftritt in der Show ›Deutschland tanzt‹, wo sie den ersten Platz belegte. Es ist total faszinierend, wenn man Kassandra dabei zusieht, wie sie nach Gefühl und Bass tanzt. Unser Interview führen wir ganz einfach per E-Mail.

Du hast dein Gehör im Kindesalter verloren. Hast du danach jemals am Sinn des Lebens gezweifelt? Ich hatte eine wunderbare Kindheit – meine Mama wusste erst einmal nicht, dass ich taub war. Das fand man erst später heraus. Als ich älter wurde, waren meine Mitmenschen leider nicht immer so nett zu mir, es kamen mehr Vorurteile auf. In der Pubertät habe ich dann zum ersten Mal am Sinn des Lebens gezweifelt, weil sich mir die Welt plötzlich von einer anderen Seite zeigte – rau, grau, verletzend. Und ich dachte: Was für ein komisches Theaterstück.

Erinnerst du dich daran, wie es war zu hören oder ist der Unfall so früh passiert, dass du es nicht anders kennst? Ich war erst dreieinhalb Jahre, als der Autounfall passierte. Ich erinnere mich also nicht bewusst an das Hören, aber ich glaube mein Geist und Körper erinnern sich im Unterbewussten sehr wohl. Das würde erklären, warum ich für manche Menschen eine Stimme in meinem Kopf höre, wenn sie sprechen, obwohl ich sie übers Ohr nicht hören kann. Oder warum ich einen Wasserfall »hören« kann, sobald ich ihn sehe.

Du tanzt auch nach Gefühl. Wie kann man sich das vorstellen? Ich habe eine auditive Klangvorstellung – für mich ist Bewegung manchmal Klang oder gar Musik. Manchmal lasse ich die Musik aber auch komplett aus und lausche nur nach innen, versuche mich nach meinen eigenen Klängen und Gefühlen zu bewegen. Hinzu kommt meine Gebärdenpoesie – das ist eine visuelle Poesie, wie dichten in 3D-Form. Man muss sie gesehen haben, um sie zu verstehen. Ich liebe einfach Geschichtenerzählen jeder Art.

Du hast schon viele Geschichten auf der Bühne oder vor der Kamera erzählt. Welches war der bisher schönste Moment in deiner Karriere? Da gibt's nicht diesen einen einzigen Moment, es sind eher Puzzleteile, die wundervoll waren. Bei der Sendung ›Deutschland tanzt‹, kurz bevor es losging, diese Vorfreude und Aufregung. Das Füßestampfen mit allen anderen Tänzern – wie ein »Jetzt zeigen wir's euch!«. Oder als Fairy Queen an der Oper Wuppertal – ich habe mich tatsächlich jedes Mal wie eine Feenkönigin gefühlt. Ich liebte alles daran: meine Haare, die Kostüme und die gesamte Inszenierung. Diesen Momenten gehen aber auch immer andere Momente hinter den Kulissen voraus. Ich werde nie vergessen, als der Chor bei diesen Proben zum ersten Mal sang und gebärdete – da hatte ich Gänsehaut und Tränen in den Augen. Auf der Bühne gibt es auch immer wieder überraschende Situationen, wie wenn das Publikum lacht, obwohl man eigentlich sehr ernst war. Ich liebe einfach die Augenblicke, in denen man das Leben spürt und es vorankommt, denn dafür leben wir doch, oder?

Du stehst heute ganz selbstbewusst auf der Bühne. Gibt es auch etwas, das dir früher einmal wichtig war und heute ganz egal ist? Auf der Bühne konnte ich schon immer gut loslassen, sie ist für mich ein gewisser Schutzraum – da kann man sich auch verstecken hinter Rollen oder Make-up, aber im Privaten hatte ich lange diese Fixierung auf mein Äußeres. Ich war sehr perfektionistisch mit mir und meiner Haut. Außerdem wollte ich, dass alle mich mögen. Heute ist mir das egal, denn Seelenwohl und Seelenpflege sind wichtiger – und dadurch blüht auch meine Haut auf!

»*Wenn wir unsterblich wären, würde das Ganze
doch eigentlich noch mehr Sinn machen.*«

Was bringt deine Seele denn zum Leuchten?
Was macht dich glücklich? Wenn ich im Flow
bin – ganz bei mir und frei von Sorgen. Vielleicht treibe ich dabei im Wasser, vielleicht tanze
oder male ich, vielleicht sitze ich in der Natur,
aber es muss ein Treiben-Lassen sein. Ein Im-
Jetzt-Leben-und-Genießen. Es können auch
kleine Momente des Erkennens sein, die mich
erhellen und beflügeln – dann bin ich glücklich.

Also bist du eher jemand, der im Jetzt lebt und
nicht so sehr an die Zukunft denkt? Auf der
Bühne lebe ich tatsächlich überwiegend im
Jetzt! Manchmal springe ich in die Vergangenheit, wenn ein Trauma mich einholt oder
um schöne erlebte Geschichten und Momente
wieder aufleben zu lassen – die Vergangenheit
kann ja auch etwas Wunderbares sein. In der
Zukunft lebe ich nur dann, wenn ich tagträume,
ansonsten bin ich eher nicht die Person,
die alles im Voraus plant. Ich mag die Freiheit,
Impulsen zu folgen und die Spontanität
des Lebens – eben wie bei einer Performance.

Würdest du sagen, dass Tanzen dein Sinn im
Leben ist? Es ist nicht mein Sinn des Lebens an
sich, auch wenn ich schon immer durchs
Leben tanze. Das Tanzen ist für mich eher Ven-
til, ein Werkzeug, eine Art mich auszudrücken und mit Emotionen umzugehen.

Glaubst du unser Leben hätte auch dann einen
Sinn, wenn wir unsterblich wären? Klar, warum
sollte es dann keinen Sinn mehr habe?

Dann hätten wir nicht so viel Angst – vor
allem vor der Sterblichkeit. Wenn wir verstehen würden, dass wir unsterblich wären,
würde das Ganze doch eigentlich noch mehr
Sinn machen.

Und wann denkst du eher über den Sinn des
Lebens nach: alleine oder in Gemeinschaft?
Es kommt darauf an, aber früher waren es bei
mir oft jene Momente, in denen ich zwar
mittendrin war, aber mich doch außen vor
gefühlt habe. Dann wurde ich schnell zur
visuellen Beobachterin und habe den Sinn der
Szene infrage gestellt.

Was hast du über das Leben gelernt? Dass ich
dem Leben in mir folgen und meinen Fähigkeiten vertrauen sollte. Fantasie ist mir
wichtiger als Wissen, denn sie trägt mich weiter.
Früher glaubte man tatsächlich noch, dass
Gehörlose keinen Geist hätten – somit wurde
ihnen sehr wenig zugetraut.

Was wünscht du dir heute für Gehörlose in
Deutschland? Ich wünsche mir, dass wir nicht
mehr ständig auf unsere Taubheit reduziert
werden, dass uns auf Augenhöhe begegnet und
mehr zugehört wird. Es ist erstaunlich, wie
langsam wir vorankommen. Das Paradoxe ist:
Hörende wollen hier nicht hören. Das stand
sogar schon in der Bibel: Ihr habt Ohren und
hört nicht.

»*Scheiß auf die ganzen Zweifler – es ist ihre Angst,
ihr Mangel an Fantasie, Liebe und Vertrauen.
Vertraue dir, mache es auf deine eigene Art.*«

Wenn du aus der Bibel zitierst, glaubst du wahrscheinlich auch an Gott? Ich glaube an Gott, aber auf meine Weise. Ich bin nicht kirchlich aufgewachsen, meine Mom hat mir alle Freiheiten gelassen, meinen eigenen Glauben finden zu können. Ich bin ohne Vater groß geworden, aber Gott hat mich irgendwie mit erzogen. Nur eine Sache konnte ich nie verstehen: Dass Gott nur Herr und Vater genannt wird, dass er immer männlich war. In meiner kindlichen Vorstellung war er weder das eine noch das andere, sondern beides in einem – ein Neutrum, reine göttliche Liebe und Energie, immer zugänglich. Für mich ist Gott auch Seele, Geist, das reine Gemüt und vor allem bedingungslose Liebe.

Wenn du an Gott glaubst, beinhaltet das den Glauben an ein Leben nach dem Tod? Was denkst du, was mit uns passiert? Ich vermute, unsere Seele lebt, es stirbt nur der materielle Körper. Etwas von uns lebt weiter – sei es auch nur als Gedanke in einem anderen Menschen oder das, was wir anderen an Wegen bereitet haben. Mir hat mein Vater letztens dieselbe Frage gestellt und ich las ihm daraufhin die Geschichte mit den Zwillingen im Bauch vor, die sich unterhalten, ob ein Leben nach der Geburt überhaupt existiert. Wir mussten lachen und die Vorstellung, dass es immer auf den Blickwinkel ankommt, hat uns beide entspannt. So verflüchtigt sich die Angst vor dem Tod ganz schnell.

Welche Geschichten oder Ratschläge gibst du denn sonst gerne noch weiter? Der Ratschlag ist oft derselbe, nur die Worte ändern sich, je nach Person und Situation, aber er beinhaltet eigentlich immer die Liebe oder wie man sie ausdrückt – darum geht es doch oft. Alles in Liebe zu tun ist auch mein Rat an mich selbst, ich muss mich genauso immer wieder darin üben.

Und welchen Ratschlag hättest du für dich selbst gerne früher erhalten? Wenn du Künstlerin werden willst – egal, was für eine – dann findest du einen Weg! Ich würde mir heute nur noch sagen: Mach und zweifle nicht! Scheiß auf die ganzen Zweifler – es ist ihre Angst, ihr Mangel an Fantasie, Liebe und Vertrauen. Vertraue dir, mache es auf deine eigene Art, denn man muss es nicht so machen, wie die anderen.

Welche Rolle spielt für dich die Liebe bei der Suche nach dem Sinn des Lebens? Eine große! Aber ich würde sagen, mein Sinn des Lebens ist, Liebe zu verstehen und auszudrücken, denn Liebe ist heilend.

KATHARINA SCHULZE

Politikerin

Katharina Schulze ist die Fraktionsvorsitzende der Grünen im Bayerischen Landtag und Mitglied im Parteirat der Bundes-Grünen. 2008 trat sie der Grünen Jugend bei, 2013 wurde Katharina erstmals in den Landtag gewählt, außerdem erschien 2020 ein Buch von ihr mit dem Titel ›Mut geben, statt Angst machen‹. Ihre Schwerpunkte sind die Innenpolitik, Wirtschafts-, Sozial- und Digitalisierungspolitik. Als Grünen-Politikerin denkt sie dabei Klimaschutz und Gleichberechtigung immer mit. Wie Politik heute funktionieren kann, zeigt Katharina nicht nur auf ihren Social Media Kanälen, sondern auch hinter dem Rednerpult: Sie spricht geradeheraus und besticht mit ihrer offenen Art. Genauso ist es, als wir die Politikerin an einem Montagmorgen im Bayerischen Landtag treffen – sie redet frei von der Leber weg. Wenn man ihr zuhört, versteht man ihre tiefe Begeisterung für Politik und ihr Engagement für eine bessere Welt.

Macht die Politik dein Leben sinnvoller? Zum Teil schon. Mein Leben wäre natürlich auch ohne sehr sinnvoll, aber die Politik gibt noch mal den extra Puderzucker. Wenn ich mit meiner Arbeit ein bisschen dazu beitragen kann, dass unsere Gesellschaft nachhaltiger, gerechter, weltoffener und feministischer wird, dann motiviert mich das, jeden Tag aufzustehen.
Ich komme aus einem Elternhaus, in dem es immer hieß: »Du bekommst die Welt nicht besser gemeckert, du musst sie besser machen.« In der Rückschau haben unsere Eltern meinem Bruder und mir damit etwas sehr Wichtiges mitgegeben. Wenn du dir Verbündete suchst, wenn du ins Tun kommst, dann hast du ja selbst auch das Gefühl, es bewegt sich was.

Ist es auch dieses Gefühl, das dich glücklich macht? Glücklich bin ich, wenn ich mit Menschen zusammen bin, die mir wichtig sind. Und auch, wenn ich alleine bin, das tut manchmal

> »So richtig lebendig fühle ich mich in Gesellschaft.
> Wenn man zusammen an etwas arbeitet, gemeinsam
> ein Ziel vor Augen hat.«

richtig gut! Aber so richtig lebendig fühle ich mich in Gesellschaft. Wenn man zusammen an etwas arbeitet, gemeinsam ein Ziel vor Augen hat, sich die Bälle zuspielt und damit Neues entsteht –, das macht Freude.

Gab es einen Moment in deiner Karriere, in dem sich dein Job besonders sinnvoll angefühlt hat? Der Bürgerentscheid gegen die dritte Startbahn am Münchner Flughafen vor ein paar Jahren war für mich eine Herzensangelegenheit für Klimaschutz und für die Heimat. Es hat sich damals angefühlt wie David gegen Goliath – wir waren eine Gruppe Ehrenamtlicher, die erstmal Spenden sammeln musste, um überhaupt Plakate finanzieren zu können. Aber wir haben die Mehrheit überzeugt, dass zwei Startbahnen reichen und den Bürgerentscheid gewonnen. Da sieht man mal wieder: Wenn Menschen sich zusammentun, können sie Berge versetzen.

Gibt es etwas, das du in deiner politischen Laufbahn unbedingt noch erreichen möchtest? Es gibt eher etwas, das ich in meiner Lebenszeit noch erleben will: Eine grüne Kanzlerin oder einen grünen Kanzler und eine grüne Ministerpräsidentin oder Ministerpräsidenten in Bayern. Denn dann gibt es konsequenten Klimaschutz und eine gerechtere, gleichberechtigtere Gesellschaft. Ich bin mir sicher, dass ich das noch erleben werde, egal ob ich dann noch in der aktiven Politik bin oder

mich ehrenamtlich bei den Grünen engagiere. Ich werde so oder so immer ein politischer Mensch bleiben.

Wie gelingt es dir, dranzubleiben, obwohl in der Politik vieles nicht so klappt, wie man es gerne hätte? Ich bin von Grund auf optimistisch und glaube fest daran, dass Veränderung möglich ist. »Mut geben statt Angst machen« – das ist für mich ein wichtiges Motto, weil ich davon überzeugt bin, mit Leidenschaft, Optimismus und guten Ideen erreichen wir viel mehr, als wenn man Ängste schürt. Aber natürlich habe auch ich diese Tage, an denen ich geknickt oder frustriert bin. Ich sage mir dann immer: Steter Tropfen höhlt den Stein. In der letzten Legislatur waren wir noch die kleinste Oppositionskraft im Landtag – mit siebzehn Abgeordneten, jetzt sind wir 38, die Oppositionsführerin. So kann es weitergehen! Also: Change is coming – manchmal etwas zu langsam für mich, aber er kommt. Das ist die gute und wichtige Botschaft!

Zu deinen Stärken wird oft gezählt, dass du so nahbar und authentisch bist. Warum fällt das anderen Politiker:innen oft schwer? Weil die Politik eigentlich ein super hartes Geschäft ist, in dem sich viele gut überlegen, ob sie sich verletzlich machen sollten. Jegliche Emotion, die du preisgibst, kann dir im nächsten Moment um die Ohren fliegen, der nächste Shitstorm wartet schon. Die Folge: Viele werden dann zum lebendigen Politiksprech-Roboter – um ja keine Fehler zu machen. Diese vorsichtige Art wird dann oft kritisiert, ragt man jedoch aus der Konformität heraus, ist es auch nicht recht. Wie oft habe ich schon gehört: Die ist zu bunt, das geht doch nicht so wie die das macht. Ich habe für mich beschlossen, bei mir zu bleiben und aufzuzeigen, dass Politik auch anders sein kann.

Du kriegst viele Hassnachrichten. Hast du das Gefühl, dass mit Frauen auch hier anders umgegangen wird? Absolut. Es ist ja auch schon wissenschaftlich nachgewiesen, dass Hass und Hetze im Netz Frauen, Menschen mit Migrationshintergrund und aufgrund von Behinderung, sexueller Orientierung oder geschlechtlichen Identität noch einmal krasser treffen. Ich hab mal mit einem Abgeordnetenkollegen zusammen für eine Fotoaktion einen gewaltigen Shitstorm aus rechtsextremen Kreisen bekommen. Wir haben uns die schlimmsten Sachen gegenseitig vorgelesen, um das gemeinsam zu verarbeiten. Es fing schon mal so an: Er, älterer Mann, wurde in den E-Mails meistens gesiezt, während ich, junge Frau, natürlich durch die Bank geduzt wurde. Zudem kamen bei mir viele sexualisierte Hassnachrichten – ich sei zu dick, zu dünn, zu hässlich, zu hübsch, verdiene Gewalt. Das tut weh, so etwas zu lesen. Mein Kollege hatte nichts dergleichen bekommen. Selbst im Hass werden Frauen also noch mal anders abgewertet. Dahinter steckt eine Strategie. Einige Leute haben ein Problem damit, wenn Frauen, wenn People of Color ihre Stimme erheben. Ich sage dann immer: Gewöhnt euch dran, wir werden nämlich nicht weichen!

Wie hältst du das aus? Wie machst du weiter? Anfangs dachte ich, ich muss das einfach aushalten, habe die Absender geblockt und gelöscht. Aber niemand muss Hass einfach hinnehmen. Mittlerweile zeige ich konsequent an und mache Politik gegen Hetze im Netz. In mir lösen solche Nachrichten zumindest meistens eher die Haltung aus, dass ich mir denke: »Ihr kriegt mich nicht klein.« Und wenn es jemanden aufregt, dass ich im Fernsehen über Frauenrechte rede, dann werde

ÜBER DAS GESPRÄCH HINAUS

Katharina Schulze und ich haben uns direkt am Morgen nach der Bundestagswahl getroffen – und ich war schlichtweg baff vom Bayerischen Landtag: der Ausblick über die Stadt, der Plenarsaal, der wahrscheinlich schönste Raucherbalkon der Welt. Die Räumlichkeiten hatten aber auch etwas Einschüchterndes. Vielleicht funktioniert es ja so: Umso größer der Raum für das Interview, desto mehr Zeit braucht man, um sich im Gespräch zu treffen. Also war ich froh, dass Katharina so geradeheraus war. Ich hatte das Gefühl, sie ist in der Politik genauso wie auch privat – und das macht Mut. Die Zeit der ›Politiksprech-Roboter‹ darf gerne endlich vorbei sein.

ich im nächsten Interview erst recht darüber sprechen. Es gibt aber zum Glück auch viele Leute, die einem in der Politik sagen, dass sie die Arbeit, die ich mache, gut finden.

Gibt es denn einen Ratschlag, den du gerne weitergibst? Zuerst einmal: Nimm nur Ratschläge an, um die du auch gebeten hast. Aber wenn jemand von mir einen Ratschlag haben möchte, dann würde ich immer raten: Bleib bei dir und deinem inneren Kompass! So, wie du es machst, wird es am Ende für dich richtig sein. Man muss sich nicht verbiegen. Ein Beispiel: Am Anfang meiner politischen Karriere wurde meine Art zu reden oft kritisiert. Zu schnell, zu viel Denglisch, zu viel Mimik und Gestik. Also habe ich versucht, langsam zu sprechen, es so zu machen, wie alle es mir geraten haben – und mich dabei total unwohl gefühlt. 2018 wurde ich dann vom Verband der Redenschreiber zur besten Wahlkampf-Rednerin gekürt – da hätte ich am liebsten die ganzen (überwiegend) alten Herren kontaktiert, die mir damals geraten haben, ganz anders aufzutreten. So wie du bist, ist es genug – das sage ich auch immer im Gespräch mit Schulklassen. Auch wenn z.B. jemand introvertiert ist, kann er oder sie genauso gut in die Politik – wir brauchen auch die leisen Stimmen dringend! Du musst deinen eigenen Weg gehen und dafür musst du dich selber kennen.

Hättest du diesen Ratschlag denn gerne selbst früher erhalten oder vielleicht auch einen anderen? Ich habe erst später gelernt, dass das Leben immer weitergeht Aber wenn man es nicht selbst erlebt hat, kann man es halt auch nicht so gut verinnerlichen.

Auch als Mutter bekommt man ungefragt Ratschläge. Du hast erst kürzlich einen Sohn bekommen – verleihen Kinder dem Leben noch mal neuen Sinn? Also ich habe mein Baby nicht bekommen, damit mein Leben einen Sinn erhält – das wäre ja auch eine Bürde für meinen Sohn! –, aber er bereichert mein Leben auf jeden Fall auf eine ganz besondere Art. Manche Eltern machen sich erst Gedanken um die Klimakrise, wenn sie Kinder bekommen.

Du hast einen Sohn – verleihen Kinder
dem Leben noch mal neuen Sinn?

»Ich habe mein Baby nicht bekommen, damit mein Leben einen
Sinn erhält, – das wäre ja auch
eine Bürde für meinen Sohn! –,
aber er bereichert mein Leben auf
eine ganz besondere Art. Manche
Eltern machen sich erst Gedanken
um die Klimakrise, wenn sie Kinder bekommen. Darüber habe ich
schon vorher viel nachgedacht –
darum gab es bei mir nicht diesen
Erweckungsmoment.«

»*Sterben ist fast ein Tabu. In unserer Gesellschaft haben wir das Alter, den Tod so an den Rand gedrängt, dabei kommt er irgendwann in jedes Leben.*«

Darüber habe ich schon vorher viel nachgedacht – darum gab es bei mir nicht diesen Erweckungsmoment, auch wenn ich mir natürlich wünsche und alles dafür tun möchte, dass mein Sohn und alle anderen Kinder eine gute Zukunft haben.

Du bist selbst am Ammersee aufgewachsen und verbringst gerne Zeit am Wasser. Warum zieht es dich immer wieder hin? Ich liebe es einfach, mit einem Eis am Wasser zu sitzen und nichts zu machen. Das Wasser ist mein Happy Place, meine Heimat. Es beruhigt mich ungemein. Auch, dass es so unterschiedlich aussehen kann – im Herbst ganz anders als im Sommer. Du kannst am Ufer spazieren, drin schwimmen, drauf segeln. Wunderbar!

Oft heißt es: Der Sinn des Lebens sei glücklich zu sein. Was hältst du davon? Das glaube ich nicht, weil das Glücklichsein kein Selbstzweck ist. Ich glaube nicht, dass wir nur auf dieser Welt sind, um glücklich zu sein. Außerdem ist es ein viel zu hohes Ziel und macht unglaublich Druck. Das frustriert doch nur, weil es immer Zeiten geben wird, in denen man mal nicht glücklich ist. Deshalb finde ich es sehr schwierig und zu absolut, sich hinzustellen und zu sagen: »Du hast nur ein gutes Leben geführt, wenn du glücklich warst.«

Glaubst du denn, es braucht genauso die Krisen, um über den Sinn des Lebens nachzudenken? Es ist zutiefst menschlich, sich in Krisen sinnsuchende Fragen zu stellen Ich bin mir nicht sicher, ob man in dem Moment diese Fragen dann auch gut beantworten kann. Ich wünsche jedem Menschen, dass er oder sie nicht durch solche Täler gehen muss, aber sie gehören nun mal zum Leben dazu. Und dann ist es besser, sie anzunehmen und zu versuchen, nicht an der Krise zu zerbrechen, sondern vielleicht sogar daran zu wachsen.

Das klingt ja fast religiös. Welche Rolle spielt Gott, wenn es um den Sinn des Lebens geht? Für mich keine.

Und wie gehst du mit deiner eigenen Sterblichkeit um? Hast du Angst vor ihr? Ich habe schon Angst vor dem Tod. Ich glaube, das liegt daran, weil wir in unserer Gesellschaft kaum über ihn sprechen. Sterben ist fast ein Tabu. Alte Menschen sind im Heim oder werden zu Hause gepflegt – und irgendwann ist es vorbei. In unserer Gesellschaft haben wir das Alter, den Tod so an den Rand gedrängt, dabei kommt er irgendwann in jedes Leben. Vielleicht schaffen wir es künftig, diesem Teil eines jeden Lebens offener zu begegnen.

BEDRIYE SAKARYA

Alleinerziehende, berufstätige Mutter

Bedriye Sakarya ist alleinerziehende Mutter von Zwillingen und berufstätig in Vollzeit. Die beiden Kinder waren erst eineinhalb Jahre alt, als die Beziehung mit ihrem Ex-Mann endete. Bedriye hat einige Jahre in dem Friseursalon ihres Vaters gearbeitet, bis sie den Mut fasste, endlich ihren eigenen Weg zu gehen. Heute arbeitet sie vierzig Stunden im neuen Job. Ihr Vater hilft bei der Betreuung der Kinder, denn mit ihrem Ex-Mann hat Bedriye keinen Kontakt mehr. Sie weiß nicht einmal, ob er noch in derselben Stadt lebt, Unterhalt zahlt er nicht. Wir treffen uns bei mir zu Hause, rauchen viele Zigaretten und haben gleich einen Draht zueinander. Auch meine Mama war alleinerziehend, daher kann ich mich in vieles hineinfühlen, was Bedriye erzählt.

Gab es einen Moment in deinem Leben, der sich besonders sinnvoll angefühlt hat? Als ich meinen Ex-Mann rausgeschmissen habe. Ich hatte Angst vor ihm, seine Aggressionen haben sich nicht mehr nur gegen mich gerichtet, sondern auch gegen die Kinder. Also habe ich die Polizei gerufen, das Schloss wechseln lassen und danach zum Glück durchgehalten. Das war für mich rückblickend einer der wichtigsten Momente in meinem Leben, in dem ich wahnsinnig stark sein musste. Ein weiterer war, als ich meiner Mama irgendwann sagen musste: Bitte besuche mich nicht, ich besuche dich! Es waren immer Situationen, in denen ich mich abgrenzen musste, die für mich in Nachhinein einen großen Sinn hatten. Grenzen zu setzen war schwierig für mich, weil ich das als Kind nicht gelernt habe.

Wie ist denn das Verhältnis deiner eigenen Eltern? Zueinander, aber auch zu dir – wenn du sagst, du musstest dich von deiner Mutter abgrenzen? Als meine Eltern geheiratet haben, wusste mein Papa schon, dass er homosexuell ist. Er hat sich nicht getraut, es zu sagen – das war so eine arrangierte Ehe. Meine Mutter ist bald nach der Hochzeit schwanger geworden, da war sie erst 16. Ich war ein Jahr alt, als mein Vater sich vor ihr geoutet hat. Dann waren sie noch zusammen, aber inoffiziell natürlich nicht mehr. Sie hat mich sehr geliebt, aber konnte nicht auf mich aufpassen. Sie war einfach noch zu jung. Ich kam also zu meinen Großeltern, sie besuchte mich öfter, aber ich merkte schon, dass sie komisch geworden war. Zwar eine hübsche, gepflegte Frau und auch immer sehr liebevoll zu mir, aber da war so ein Angstgefühl ihr gegenüber. Schließlich fing sie an, böse zu werden. Der Zwiespalt war, dass sie nicht wollte, dass ich meine Großeltern mehr liebe als sie, gleichzeitig konnte sie nicht selbst für mich sorgen. Irgendwann erfuhr ich, dass meine Mutter psychisch krank war. Also bin ich bei meinem Vater aufgewachsen.

Wie hat dein Vater damals reagiert, als du dich von deinem Mann getrennt hast? Der war schon auf Warteposition. Wie meine ganze Familie – keiner von ihnen wollte, dass ich ihn überhaupt heirate. Meine Oma hat mal auf Türkisch einen Spruch über meinen Ex-Mann gesagt, der übersetzt bedeutet »Der ist eine leere Dose, da haust du drauf, es macht viel Lärm, aber es ist nichts drin.« (lacht) Aber sie wussten eben auch, wie ich bin: Ich habe ihn natürlich verteidigt. Heute weiß ich: Alleine, dass mein Vater nicht viel von ihm hielt, war ein schlechtes Zeichen. Mein Vater war ja auch alleinerziehend mit mir und ich habe das Gefühl, Alleinerziehende kennen ihre Kinder oft besonders gut, weil es keinen anderen Elternteil gibt.

Hast du auch das Gefühl, du hast dich selbst durch deine Kinder noch mal besser kennengelernt? Auf jeden Fall! In gewisser Weise waren meine Kinder meine Rettung. Zum einen, weil ich sie vor meinem Ex-Mann schützen wollte. Ich wusste, ich muss ihn zurücklassen, sonst gehen wir alle unter. Zum anderen habe ich mich aber auch von vielen anderen

ÜBER DAS GESPRÄCH HINAUS

Noch bevor ich Bedriye treffe, ziehe ich gedanklich schon meinen Hut: Was hat diese Frau schon alles erlebt und geschafft? Und obwohl Bedriye mit ihrem Vollzeitjob und den Zwillingen wahrscheinlich den vollsten Kalender aller Gesprächspartner:innen hat, finden wir schnell und unkompliziert einen Termin.

Weil wir auch über sehr sensible Themen wie häusliche Gewalt und psychische Krankheiten sprechen, freue ich mich am meisten über ihr Feedback, als ich ihr das Interview schicke: »Vielen herzlichen Dank, mein Vertrauen in dich war goldrichtig!«

*»Ich wollte, dass meine Kinder anders sein dürfen.
Nicht schon wieder eine Generation, die zwischen zwei
Kulturen steht und sich hin- und hergerissen fühlt.«*

Menschen und Erwartungen befreit, ganz einfach weil ich Verantwortung übernommen habe. Ich wollte, dass meine Kinder anders sein dürfen. Nicht schon wieder eine Generation, die zwischen zwei Kulturen steht und sich hin- und hergerissen fühlt. Ich will mir darüber keine Gedanken mehr machen. Deshalb feiere ich heute Weihnachten mit meinen Kindern – einfach weil es schön ist und ihnen Freude macht.

Seid ihr denn religiös? An was glaubst du?
Wir sind Agnostiker. Ich glaube schon an irgendetwas, aber nicht an eine Religion – das habe ich immer als einengend empfunden. Der Glaube an Gott ist total schön, ich will das auch niemandem nehmen, aber ich will ihn so praktizieren, wie ich möchte und nicht, wie mir das jemand anderes sagt. Und das war mir auch für meine Kinder sehr wichtig: Freiheit.

Wenn du keiner Religion angehörst – glaubst du dann an so etwas wie eine Seele? Meine Mutter ist gerade verstorben und ich kann nicht glauben, dass sie jetzt für immer und ewig einfach weg ist. Irgendwas muss man in so einer Situation glauben – alleine schon zur Trauerbewältigung. Vielleicht ist die Seele auch einfach nur die Liebe und die Erinnerung an den anderen Menschen.

Was möchtest du einmal deinen eigenen Kindern hinterlassen? Dass meine Kinder gut über mich reden, dass sie sagen: »Mama war schon cool.« Das wäre mein Wunsch. Ich bin stolz darauf, dass ich so offene und glückliche Kinder habe. Und dass sie auch stolz auf mich sind und zufrieden »nur« mit mir. Als sich mein Ex-Mann nicht mehr gemeldet hat, meinte mein Sohn einmal zu mir: »Mama, ich glaube, der liebt uns gar nicht. Ich glaube, wir sind dem egal.« Und da habe ich nur geantwortet: »Selber Schuld. Er weiß ja gar nicht, was ihm entgeht.« Es wäre aber natürlich für uns alle angenehmer und leichter, wenn ich einen funktionierenden Ex-Partner und Vater für die Kinder hätte.

Das alles alleine zu stemmen ist eine krasse Leistung. Worauf bist du besonders stolz? Darauf, dass ich mir immer das Positive in mir behalten habe. Ich möchte nicht irgendwann verbittert sein. Und ich möchte auch nicht böse über Männer reden. Ich kenne leider ganz viele Frauen, die alleinerziehend oder bereits länger Single sind, die über Männer schimpfen.

Was wünscht du dir für Alleinerziehende in Deutschland? Was hat dir selbst gefehlt?
Mit meinem Job und den zwei kleinen Kindern hatte ich keine Zeit, mich groß zu informieren und alles durchzulesen. Mit dem Jugendamt habe ich leider keine guten Erfahrungen gemacht. Ich hätte es gut gefunden, wenn

> »Wer auf der Suche ist, sollte mal alles ausblenden und den Sinn nicht da draußen suchen, sondern in sich. Und das braucht immer wieder Zeit, in der man über sich nachdenkt.«

mir jemand einfach die Informationen gegeben hätte, die für mich wichtig waren. So musste ich alles stundenlang im Internet zusammensuchen. Dass das Ganze ein bisschen unbürokratischer oder leichter gemacht wird – das wär's!

Du musstest viele Hindernisse überwinden. Glaubst du rückblickend, dass man den Sinn des Lebens vor allem in seinen Krisen erkennt?
Oh, ja! Deswegen hab ich auch keine Angst mehr vor Krisen. Ich kann mir das Positive beibehalten. Ich habe mir das Positive behalten, deshalb kann ich wirklich noch in allem etwas Gutes finden (lacht). In jedem Fall aber lerne ich etwas daraus. In der Vergangenheit kam nach jeder Krise wieder ein Aufschwung, ich konnte mich weiterentwickeln – mich selbst und die Richtung besser kennenlernen, die ich für den Moment gebraucht habe.

Um auf die schönen Seiten des Lebens zu kommen: Wann fühlst du dich denn besonders lebendig?
Wenn ich Musik höre und tanze. Meine Kinder und ich machen oft mal Tanzpartys, auch zum Putzen. Tanzen ist tatsächlich meine große Leidenschaft.

Nehmen wir an, der Sinn verändert sich im Laufe des Lebens. Was könnte deiner sein, wenn die Kinder mal aus dem Haus sind? Ich bin mir sehr sicher, dass ich dann irgendwas Neues für mich brauche, um mich zu entwickeln, um

nicht das Gefühl zu haben, auf der Stelle zu treten. Ob das jetzt beruflich oder privat ist, werden wir sehen. Aber ich bin mir ziemlich sicher, dass ich noch Input brauche, etwas lernen möchte. Ich würde schon gerne etwas Sinnvolleres machen – vielleicht sogar ehrenamtlich. Etwas in diese Gesellschaft einbringen – Obdachlosen helfen, beispielsweise. Das ist eine Sache, die ich toll fände.

Das klingt, als ob du in jedem Fall immer einen Sinn für dich finden wirst. Was wäre dein Tipp zur Sinnfindung, wenn man noch auf der Suche ist?
Was mir immer guttut und was ich regelmäßig brauche, ist Zeit für mich und mein Inneres! Wenn ich davon zu wenig habe, werde ich unzufrieden und unglücklich. Wer auf der Suche ist, sollte mal alles ausblenden und den Sinn nicht da draußen suchen, sondern in sich. Und das braucht immer wieder Zeit, in der man über sich nachdenkt. Der Sinn des Lebens ist doch, sich selbst glücklich zu machen. Dann darf man sich also immer wieder die Frage stellen: Was macht mich denn glücklich?

HUBERT SCHMID

Müfllader

Es gibt so viele Berufe, ohne die unsere Gesellschaft nicht funktionieren würde. Die uns zusammenhalten und trotzdem oft im Hintergrund ablaufen – wie zum Beispiel Mülllader:innen. Über den Abfallwirtschaftsbetrieb München bekomme ich den Kontakt von Hubert Schmid, er arbeitet schon seit 25 Jahren bei der Müllabfuhr und ist auf den Betriebshöfen bekannt wie ein bunter Hund. Denn er übernimmt nicht nur viele Presseanfragen, sondern redet auch sonst gerne, tanzt auf allen Hochzeiten. Doch das letzte Jahr hat ihn demütig gemacht: Nach einer Thrombose im Bein dauerte es Monate, bis er wieder arbeiten konnte. Hubert war ans Bett gefesselt – für einen wie ihn, der immer in Bewegung sein muss, eigentlich das Schlimmste.

In deinem Job hast du sicher mit einigen Vorurteilen zu kämpfen. Wann fühlt sich deine Arbeit für dich trotzdem sinnvoll an? Am sinnvollsten fühlt sich es sich an, wenn sich Leute bei uns bedanken, dass wir die Tonnen ausgeleert haben. Und das kommt immer wieder vor. Es ist für mich der größte Sinn und das größte Dankeschön, wenn Menschen so was zu schätzen wissen. Und natürlich auch das Arbeiten im Team, meine Kollegen. Nach meiner Fußverletzung bin ich nun endlich wieder da. Seitdem haben mich sicherlich schon vierzig Leute angesprochen, wie es mir mittlerweile geht, das ist schön.

Was gefällt dir an dem Beruf besonders gut? Ich bin da draußen mein eigener Chef. Das habe ich noch nie leiden können, auch in anderen Jobs nicht, wenn mir einer über die Schulter schaut und alle fünf Minuten fragt, wie

Hast du Angst vor dem Tod?

»Ja, schon. Ich würde gerne wissen, wann er passiert. Dann würd ich ein bisschen vorplanen. Weißt du, was ich dann noch alles machen würde? Auf der Bank Schulden aufnehmen, mir ein teures Auto kaufen, tolle Urlaubsreisen machen.«

lange ich noch brauche. Ich möchte meine Arbeit einfach für mich machen – meine Ruhe haben. Das war in der Schule schon so. Während die anderen im Schwimmbad waren, habe ich meinen Quali gemacht. Der war damals noch wirklich viel wert, wie ein Realschulabschluss! Danach hatte ich das Glück, den Job zu bekommen, den ich wollte: Techniker. So was gehört für mich auch zum Sinn des Lebens!

Ich vermute, Techniker war nicht schon als Kind dein Traumberuf. Gab es da einen? Ich wollte natürlich Fußballer werden. Das war ein Muss, ich habe sehr lange im Fussballverein gespielt, Mitte der 80er habe ich es aufgegeben. Und Rockstar war auch immer ein Traum, ohne Musik geht gar nichts. Wenn es Musik nicht mehr gäbe, wäre das mein Todesurteil.

Die spielt in deinem Leben also eine große Rolle. Ist Musikhören auch etwas, wobei du das Zeitgefühl verlierst? Am meisten eigentlich bei Konzerten, weil die immer viel zu schnell vorbei sind. Plötzlich heißt es schon »Zugabe« und du denkst dir, das kann's aber noch nicht gewesen sein, die haben doch erst angefangen zu spielen!

Du hattest eine Thrombose im Bein, konntest erstmals weder laufen noch auf Konzerte gehen. Hat das deinen Blick aufs Leben verändert? Also in der schlimmsten Zeit, so um Weihnachten herum, war ich mir sicher, dass ich es nicht mehr lange mache. Ich hatte noch nie solche Schmerzen. Wenn ich mal zehn Minuten durchschlafen konnte, war das viel. Ansonsten saß ich ständig auf dem Bettrand und habe nicht mehr gewusst, was ich noch machen soll. Ich habe eigentlich nur noch von Tag zu Tag gelebt. Seitdem weiß ich vieles

mehr zu schätzen. Dass es nicht selbstverständlich ist, dass ich den ganzen Tag herumlaufen kann.

Hast du in dieser Zeit auch mal am Sinn des Lebens gezweifelt? Ich glaube, wenn ich jünger gewesen wäre, hätte es mich härter getroffen. Zum einen, weil ich damals noch mehr unterwegs war, zum anderen, weil ich dann gewusst hätte, das kommt jetzt mein Leben lang immer wieder. Zum Glück hatte ich so was nun zum ersten Mal, das wundert mich sowieso. Und es hat sich nicht angefühlt wie das Ende meines Lebens. Es wird noch einiges passieren – da bin ich mir sicher und dafür sorge ich. Deswegen zweifle ich nicht am Leben.

Du dachtest während deiner Krankheit ans Aufgeben. Hast du Angst vor dem Tod? Ja, schon. Ich würde gerne wissen, wann er passiert. Dann würd ich ein bisschen vorplanen. Weißt du, was ich dann noch alles machen würde? Auf der Bank Schulden aufnehmen, mir ein teures Auto kaufen, tolle Urlaubsreisen machen.

Was glaubst du denn, was nach dem Tod mit uns passiert? David Bowie schrieb das Lied ›Ashes to Ashes‹ – das sagt alles. Die österreichische Band Erste Allgemeine Verunsicherung erzählt in einem ihrer Songs von einer Oma, die im Sterben liegt – der Pfarrer gibt ihr die letzte Ölung und nimmt ihr Geld mit. Kein Wunder, dass der Vatikan die reichste Organisation der Welt ist ...

Dann glaubst du vermutlich auch nicht an Gott? Egal, welche Religion – das gibt es alles nicht. Selbst wenn ich glauben würde, dann würde das nicht so ablaufen, dass ich dafür Geld bezahlen muss.

HUBERT SCHMID

>»Im Nachhinein freut es mich eigentlich mehr
als damals, dass ich Vater geworden bin, weil ich sehe,
wie meine Tochter sich entwickelt hat.«

Welche Rolle spielt Geld in deinem Leben? Früher
eine große, heute ist mir das ziemlich egal.
Es ist zwar wichtig, aber lange nicht das Wichtigste! Aber das kann einem natürlich erst
dann egal sein, wenn man ein bisschen was
davon übrig hat – das weiß ich schon auch!

Wann bist du glücklich? Das ändert sich von
Jahr zu Jahr. Ich kann heute über Sachen
glücklich sein, die hätten mich früher gar nicht
interessiert. Wenn das mit dem Bein gut
ist, ist das für mich mehr Glück, als wenn ich
100.000 Euro gewinne. Und als Nächstes
würde ich dann gerne wieder jemanden kennenlernen! Am glücklichsten bin ich, wenn
ich unter Leuten bin.

Welchen Ratschlag gibst du gerne weiter?
Man darf sich nicht alles gefallen lassen! Egal in
welcher Lebenslage, ob bei der Arbeit oder
privat. Man soll sich sogar beschweren, finde
ich. Das ist besser. Sonst treiben es die anderen immer noch weiter, weil sie merken, es funktioniert – mit dem kann man es machen.

*Hast du deinen eigenen Ratschlag immer beher-
zigt oder hat dir das Leben auch die eine oder
andere Lektion erteilt?* Doch, das Leben kann
manchmal schon sehr gemein sein – wie
in dieser Zeit mit der Thrombose. Oder damals,
das war in den 80er Jahren, als eine besondere Frau mit mir Schluss gemacht hat, das
fuchst mich bis heute. Ich mag sie immer noch

und wir laufen uns manchmal zufällig über
den Weg, wie zum Beispiel auf dem Oktoberfest.
Meistens ist dann ihr Mann dabei – ich glaube,
der hasst mich wie die Pest. Ich weiß
nicht warum. Vielleicht mag sie mich ja auch
immer noch.

*Beziehungen können definitiv einen starken
Einfluss auf unser Leben haben. Gibt es eine, die
dein Leben verändert hat?* Die zu meiner
Tochter! Sie hat mein Leben natürlich sehr verändert. Im Nachhinein freut es mich eigentlich mehr als damals, dass ich Vater geworden
bin, weil ich sehe, wie sie sich entwickelt hat.
Ich war damals 27 und habe mich sehr einge-
engt gefühlt – zum einen hatten wir nur
ein kleines Apartment, zum anderen wollte
ich natürlich viel feiern gehen. Ein paar
Jahre später wäre mir damals lieber gewesen,
aber wahrscheinlich wäre ich dann mit der
Mutter nicht mehr zusammen gewesen (lacht).

*Lebst du eigentlich eher in der Zukunft, in der
Gegenwart oder in der Vergangenheit?* Also die
Gegenwart hat mir fast noch nie gefallen,
immer bloß kurz. In der Vergangenheit lebe ich
mindestens zur Hälfte. Darüber denke ich
jeden Tag nach. Über die Zukunft will ich gar
nicht so viel nachdenken, die lass' ich lieber
auf mich zukommen!

MARCEL REIF

Sport-Kommentator

Marcel Reif ist Sportjournalist und Fußball-kommentator, große Aufmerksamkeit bekam vor allem seine Moderation mit Günther Jauch beim »Torfall von Madrid« – hierfür gewannen die beiden den Bayerischen Fernsehpreis. Etliche Jahre hat Reif danach für Sky kommentiert, aktuell hört und liest man ihn in seinem BILD-Podcast ›Reif ist live‹. Die Begeisterung für Fußball begann bei Marcel Reif schon früh: Nachdem seine Eltern mit ihm von Israel nach Deutschland gezogen waren, spielte er beim 1. FC Kaiserslautern. Wir treffen den Journalisten in seiner Wohnung in München – er ist eben erst aus Zürich zurück, wo er nicht nur arbeitet, sondern als Schweizer Staatsbürger auch einen Wohnsitz hat. Wir sprechen über die Flucht seiner Eltern, die Angst vor der Rente und über eine ungebrochene Faszination – nämlich die für den Fußball.

Fußballfans sagen, der Sport ist ihre Religion – sie gehen sonntags ins Stadion wie Gläubige in die Kirche. Können Sie dem auch etwas abgewinnen?
Das stimmt, Fußball kann zu einer Art Religionsersatz werden, denn er gibt Halt und diese Liebe für den Sport ist unverrückbar. Man trifft sich in einer Kathedrale und hält eine Art Messe ab – das sind exakt die Parameter, die bei Gläubigen genauso zutreffen. Außerdem sind der Verein und das Stadion auch Familienersatz, man ist Teil einer Gruppe. Mir war das immer zu viel und suspekt, aber wenn es jemandem genau das verschafft, was er braucht, dann mag ich darüber nicht richten. Ich kann nur sagen: Fußball bedeutet mir viel, ohne ihn wäre ich heute sicher nicht, wo ich bin und was ich bin. Aber eine Religion? Religiös bin ich sowieso nicht und wenn dann auf meine eigene Art.

>*»Sie können mir Geld klauen, das kann ich morgen
wieder verdienen, aber wenn Sie mir Zeit klauen,
dann sollten Sie sich warm anziehen.«*

*An was glauben Sie dann, wenn nicht an Gott und
die Kirche?* Ich glaube an Werte. An meine
Söhne weiterzugeben, was mir selbst wichtig ist.
Leider glaube ich nicht daran, dass ich,
wenn ich brav bin, in den Himmel komme.
Ich mache mich aber auch nicht lustig
darüber, ganz im Gegenteil. Wer daraus Stärke
zieht und darin einen Sinn des Lebens findet –
großartig! Mein Vater war Jude, meine Mutter
Katholikin, aber mir war Club-Mitglied-
schaft nie wichtig.

*Die Religion gibt allerdings viele Antworten auf
wichtige Fragen. Beschäftigen Sie sich denn
mit Ihrer eigenen Sterblichkeit oder mit dem Tod?*
Ich bin jetzt Anfang siebzig, die Endlichkeit
wird mir also schon bewusster. Aber mein Alter
ist nichts, was meinen Tagesablauf oder Entscheidungen, die ich treffe, beeinflusst. Meine
Frau und ich haben uns gerade ein Haus in
Apulien gebaut – da könnte ich mich genauso
fragen: Lohnt sich das, wie viel werde ich
davon noch haben? Aber so möchte ich gar
nicht denken.

*Wenn ich das so höre, schließe ich daraus, dass
Sie eher stark in der Gegenwart leben?* Auch das
ist altersgemäß. Die Währung Zeit ist mir
einfach viel wichtiger geworden, als sie es früher noch war. Sie können mir Geld klauen,
das kann ich morgen wieder verdienen, aber
wenn Sie mir Zeit klauen, dann sollten Sie
sich warm anziehen. Dazu kommt: Ich lebe sehr

gerne im Jetzt. Für meine Söhne muss ich
keine Pläne mehr machen, die sind alt genug.
Also kümmere ich mich um mich selbst und
um mein nächstes Umfeld – und dabei will
ich keinen Moment verpassen.

Bei welcher Tätigkeit verlieren Sie das Zeitgefühl?
Beim Glücklichsein. Das Zeitgefühl kommt
immer dann, wenn ich merke, ich habe einen
Termin und kann ihn nicht einhalten –
und das mag ich absolut nicht, auch bei anderen nicht. Oder eben wenn mir Zeit gestoh-
len wird – da spüre ich das Zeitgefühl mehr,
ansonsten gucke ich nicht oft auf die Uhr.

*Sie sind Anfang siebzig. Warum arbeiten Sie
eigentlich immer noch so viel? Gibt Ihre Arbeit
Ihnen einen Sinn?* Als ich mit 66 Jahren aufhören wollte, hat meine Familie Panik gescho-
ben, dass ich verbittert in der Ecke sitzen und
sagen würde: »Mensch, ich weiß noch so viel,
aber keiner will's hören!« Wir waren kürzlich
auf einer Hochzeit, der Mann ist gerade sechzig
geworden und er hört nächstes Jahr auf zu
arbeiten. Ich staune bei so was immer, denn ich
hätte Angst, in ein Loch aus Langeweile
zu fallen – viele fangen ja an zu gärtnern, dieses Hobby ist mir leider nicht gegeben.
Und warum soll ich eigentlich etwas loslassen,
das ich liebe? Ich lasse auch meine Frau
nicht los. Dank meines Jobs kann ich heute in
der Zeitung lesen, was ich gestern Schlaues
von mir gegeben hab. Das gibt mir eine Struktur,

eine Bedeutung und es bedient natürlich eine gewisse Eitelkeit, man kann sich wichtig machen. Aber der entscheidende Punkt ist – und das macht für mich wirklich Sinn: Es macht mir unvermindert Spaß!

Haben Sie denn immer noch Spaß am Fußball? Sie haben ja schon Ihr ganzes Leben mit ihm zu tun. Das Faszinierende am Fußball ist, dass ich mit Anfang siebzig noch genauso dem Spiel folge wie als kleines Kind – ich kann als älterer Herr immer noch infantil und ein großer Junge sein. Ich wollte eigentlich nie Sportjournalist werden oder beruflich etwas mit Fußball zu haben, weil ich Angst hatte, mir mein großes Hobby zu verderben. Das ist aber zum Glück nicht passiert, ich kann auch immer noch gerne Fußball schauen, ohne es zu kommentieren. Nur manchmal schlafe ich beim Gucken ein, meine Söhne mögen das gar nicht. Aber wenn es nicht gut genug ist, verabschiede ich mich halt auf meine Art.

Sie haben drei Söhne. Gibt Nachwuchs dem eigenen Leben noch mal einen neuen Sinn? Er verändert das Leben in jeder Beziehung. Als mein erster Sohn geboren wurde, war ich 27 – viel zu jung, aber natürlich hat das meinem Leben auch einen Sinn gegeben. Ich bin gerne Vater. Ich finde, Fortpflanzung ist auch Teil unseres Deals hier auf diesem Planeten. Etwas in die Welt setzen, damit sich das Rad weiterdreht.

Sie selbst sind in Polen geboren und haben einen Teil Ihrer Kindheit in Israel verbracht. Inwiefern hat Sie das geprägt? Ich habe nie eine Heimat gebraucht und trotzdem immer ein Zuhause gehabt. Denn ich fühle mich immer dort heimisch, wo die Leute um mich herum sind, die ich liebe. Wir sind mit meinen Eltern oft umgezogen – kein Vorwurf – aber ich habe daher eine gewisse Bindungsunfähigkeit an Orte. Hätte ich irgendwo Wurzeln geschlagen, wäre ich ja bald wieder entwurzelt worden.

AUF DER SUCHE NACH DEM SINN

»*Meine Eltern mussten auf ihrer Flucht irgendwie überleben. Mein Problem war dagegen, ob ich den 850er Fiat bekomme, in Weiß mit roten Ledersitzen.*«

Mit acht Jahren sind Sie nach Deutschland gezogen. Waren Sie wütend auf das Land, weil einige Ihrer Verwandten im Dritten Reich hier umgebracht wurden? Das hat mich noch niemand so gefragt. Ich habe keine Großväter, viele Familienmitglieder wurden einfach ermordet. Insofern – es könnte schon sein, dass ich als Junge wütend war auf Deutschland. Aber das habe ich nicht lange durchgehalten, weil mein Vater darüber nicht gesprochen hat. Und heute glaube ich zu wissen warum: Weil er meiner Schwester und mir eben ersparen wollte, wütend zu sein auf das Land, in dem wir leben. Auf der Straße in jedem einen Täter zu sehen, das hätte das Leben sehr erschwert. In Deutschland bin ich also in einer ziemlichen Blase aufgewachsen, aber bei unseren Reisen nach Israel habe ich schon mitbekommen, dass Verwandte meinen Vater oder mich verurteilt haben, weil wir lebten, wo wir lebten.

Fanden Sie es gut, dass Ihr Vater das so geregelt hat oder hätten Sie gerne mehr darüber gesprochen? Erstens hab ich das in dieser Zeit nicht so richtig mitgekriegt. Zweitens stand und steht es mir bis heute nicht zu, das zu bewerten. Und drittens: Ich halte es für heldenhaft und genial. Mein Vater hat nur überlebt, weil er aus dem Zug Richtung Todeslager herausgeholt wurde. Meine Eltern mussten auf ihrer Flucht Gras essen, irgendwie überleben. Mein Problem war dagegen, ob ich den 850er Fiat bekomme, in Weiß mit roten Ledersitzen, Abrissheck und Holzlenkrad. Die haben ihre nackte Existenz retten müssen und ich hab in der Nase gebohrt – daher erlaube ich mir kein Urteil.

Auch wenn Sie im Vergleich zu Ihren Eltern sehr behütet aufgewachsen sind: Haben Sie mal am Sinn des Lebens gezweifelt? Als meine zweite Ehe kaputtging, mit den zwei kleinen Kinder, die waren damals erst vier und sechs. Da hatte ich eine schwere Krise und dachte: Welchen Sinn macht das Ganze?

Glauben Sie, dass man vor allem in seinen Krisen über den Sinn des Lebens nachdenkt? Ne, das passiert bei mir eher in Jubel-Phasen! Wir haben uns ja gerade das Haus in Apulien gebaut und wenn wir dort sind und auf der Terrasse sitzen, denke ich: Mein lieber Schwan, das macht Sinn!

Sie haben viel erreicht und erlebt. Was würden Sie sagen, was haben Sie über das Leben gelernt? Fragen Sie mich das am Totenbett, dieses absolute Bilanzieren ist nicht mein Ding. Im Moment habe ich aber gelernt, dass man nicht Everybody's Darling sein kann. Wenn man jung ist, möchte man von allen geliebt werden. Irgendwann versteht man aber: Man kann bestenfalls fünfzig Prozent für sich gewinnen – vor allem in meinem Job. Fans denken nicht mit dem Kopf, sondern mit dem Herzen.

MILA SEVDALINOVA

Schülerin und wohnungslos

Mila Sevdalinova* gilt als wohnungslos, im Moment lebt sie in einer Wohngemeinschaft eines Frauenhauses. Mit 21 Jahren verließ sie nach einem Streit ihr Zuhause, ihre gläubigen Eltern akzeptieren ihre Bisexualiät nicht. Mila litt an Essstörungen, bis heute hat sie Probleme mit ihrem Körper und dem Essen. Außerdem wurde bei ihr eine sogenannte hochfunktionale Depression diagnostiziert. Mila lebt fürs Theater, hat eine Ausbildung in der Theaterpädagogik gemacht, aber durch die aktuelle Situation und ihre Krankheit kann sie nicht in dem Beruf arbeiten. Ich treffe die junge Frau auf einem Münchner Friedhof und spaziere mit ihr an den Gräbern entlang, während wir über die Kraft von Kreativität, gute Filme, Weiblichkeit, Herkunft, Selbstmordgedanken und ihr schwieriges Elternhaus sprechen.

* Name geändert

Du hast selbst oft am Sinn des Lebens gezweifelt. Wie kann man denn Sinn finden, wenn man ihn verloren hat oder noch auf der Suche ist?
Man muss sich darüber bewusst werden, dass das Leben irgendwann vorbei ist. Und bevor man weg ist, was möchte man denn? Es geht darum, eine Erfüllung zu finden – es gibt immer etwas, das man toll findet. Und man sollte sich nicht unter Druck setzen. Ich gehe gerne auf Friedhöfen spazieren und denke mir dabei immer: All diese Menschen hatten ein Leben – ich weiß aber nichts von denen, und es macht mir auf der einen Seite ein bisschen Angst, dass von mir eines Tages auch nur ein Grabstein übrig sein wird. Aber gleichzeitig ist diese Vorstellung auch so eine Erleichterung, weil es den Druck nimmt. Du kannst einfach machen, was du willst!

> »*Wenn man durch die Angst geht, dann findet man dahinter meistens etwas Schönes.*«

Was glaubst du denn, was nach dem Tod mit uns passiert? Ich wünschte, wir würden einfach alle zu Sternschnuppen werden – das wäre schön! Wahrscheinlich ist es aber eher wie ein sehr tiefer Schlaf, denn vor der Geburt war nichts, also wird auch danach nichts sein. Der Tod ist aber tatsächlich ein sehr krasser Motivator für mich, mein Leben wirklich zu leben. Ich hatte ein paar Momente, in denen ich fast gestorben wäre – weil ich mich umbringen wollte oder weil ich beinahe einen schlimmen Unfall gehabt hätte – dabei hatte ich jedes Mal Glück, wie eine Art Schutzengel.

Wenn du an Engel glaubst, glaubst du auch an Gott? Ich glaube nicht an den klassischen Gott, wie er in den drei Weltreligionen vertreten ist. Aber ich würde mir wünschen, dass es etwas gäbe, auch wenn ich nicht weiß, was das sein könnte. Wenn es Geister gäbe – die Vorstellung finde ich richtig cool. Ich wär gerne ein Geist und würde Leuten einen Schreck einjagen (lacht).

Was hast du bisher über das Leben gelernt? Gibt es einen Ratschlag, den du gerne weitergibst? Es ist so kitschig, aber es gibt einen Bollywood-Film, der heißt ›Drei Idioten‹. In einer Szene sitzen drei Jungs auf dem Bett und haben Angst vor den Klausuren. Einer sagt: »Unser Herz ist ein Feigling. Das müssen wir nur austricksen. Immer wenn dein Herz anfängt, Angst zu haben, leg deine Hand darauf und sag dir, alles wird gut. Dadurch bekommst du Mut.«

Und es ist tatsächlich so: Wenn man durch die Angst geht, dann findet man dahinter meistens etwas Schönes.

Ist das auch die Erfahrung, die du selbst gemacht hast? Leider nicht. Ich habe zuerst mal gelernt, dass das Leben wehtut. Dabei denke ich gerne an verschiedene Menschen, die eine berührende Geschichte haben – wie zum Beispiel an den Sänger Müslüm Gürses. Er ist in den späten 60ern in der Türkei aufgewachsen, hatte eine grausame Kindheit und sehr viel Tragik in seinem Leben erlebt. Ich fände es gut, wenn ich eines Tages so wie er zurückblicken und sagen könnte: »Ich habe das alles überlebt und das war es wert.«

Wenn wir uns das Heute anschauen: Du bist im Moment wohnungslos. Wie kam es so weit? Ich habe mich bei meinen Eltern nie wirklich zu Hause gefühlt, weil sie mich nicht so akzeptieren konnten, wie ich bin. Sie wissen gar nicht, wer ich bin – vor allem, wenn es um das Thema Sexualität geht. Ich wurde also rausgeworfen oder bin auch irgendwie freiwillig gegangen – sie meinen heute noch: Ich kann zurück, aber ich darf meine Bisexualität dann nicht ausleben. Ich möchte aber einfach ich sein dürfen. Jeden Tag gesagt zu bekommen, wie hässlich und fett ich sei – das konnte ich auch nicht mehr aushalten. Wann ich endlich heiraten würde. Dass sie enttäuscht von mir sind. Ich weiß, dass meine Eltern oft vieles nicht so meinen – die wollen nur das Beste für mich, drücken es allerdings so aus, dass es mich eher verletzt und mir Druck macht. Ich liebe meine Familie und ich weiß, dass sie mich auch liebt – aber zwischen der ganzen Liebe liegen ein paar ungeklärte Probleme.

Dein Vater kommt ursprünglich aus der Türkei, deine Mutter hat dich noch in ihrer Heimat Bulgarien bekommen – mit vier Jahren kamst du nach Deutschland. Welche Erinnerungen hast du an deine Kindheit? Ich habe ein paar Erinnerungen, aber ich weiß nicht, wie sehr ich mich auf sie verlassen kann, weil ich nicht weiß, ob es wahre Erinnerungen sind. Das ist auch so eine Sache, die sich immer wieder in meinem Leben findet: das Thema Identität und die Kultur meiner Eltern – wie eine Frau sein sollte. Ich sollte immer eine gewisse Vorstellung von Weiblichkeit erfüllen, die ich so nicht leben wollte und konnte. Und da hat es angefangen mit der Rebellion: Ich habe meine Haare gefärbt oder einfach abgeschnitten, bin länger draußen gewesen als verabredet, und auch mehrmals abgehauen. Zum ersten Mal mit zehn Jahren, damals war ich für einen Monat im Kinderheim, es war grauenvoll dort.

Was ist nach dem jetzigen Rauswurf passiert? Wie kann man sich dein Leben im Moment vorstellen? Zuerst war ich in zwei verschiedenen Frauenhäusern, in denen war es jeweils sehr laut und dreckig. Man musste für alles um Erlaubnis fragen und ich war dort leider auch total falsch aufgehoben – das habe ich aber erst später erfahren. Die Frauen dort waren nicht nur älter, sondern hatten auch ganz andere Erfahrungen gemacht. Die Fenster ließen sich dort nicht öffnen, man befürchtete, jemand könnte sich hinausstürzen. Es passiert wohl oft, dass Frauen sich dort umbringen. Nun bin in einer WG, die zu einem Frauenhaus

gehört, und etwas freier. Außerdem arbeite ich gerade im Rahmen eines Bundesfreiwilligendienstes in der Pflege.

Was vermisst du ohne eigene Wohnung? Privatsphäre, die existiert nicht. In den Frauenhäusern können die Betreuerinnen jederzeit in dein Zimmer, auch wenn man nicht da ist. Jedes Mal, wenn das passiert ist, hab ich mich danach eklig gefühlt, denn ich bin ein sehr chaotischer Mensch – besonders wenn es mir schlecht geht, repräsentiert mein Zimmer, wie ich mich wirklich fühle. Wenn ein Mensch dort einfach so reingeht und das sieht, ist es für mich total beschämend. Was ich wiederum gar nicht brauche, ist ein Bett: Seitdem meines vor Jahren kaputtgegangen ist, habe ich auf dem Boden geschlafen – wie man das ja in vielen Kulturen bis heute macht. Das ist

AUF DER SUCHE NACH DEM SINN

»Die Kunst bringt mich immer wieder zum Lachen, egal wie schlecht es mir geht.«

wirklich total bequem. Aber seit ich in der WG auf einer Matratze schlafe, habe ich wieder Rückenschmerzen.

Du hast viele Krisen erlebt. Glaubst du denn, dass man vor allem in den schwierigen Zeiten über den Sinn des Lebens nachdenkt? Ja, denn wenn man etwas Schlimmes durchmacht, bricht man aus dem gewohnten Rahmen aus. In einer Krise entstehen immer auch Lücken in diesem Rahmen – und in denen kann man dann was Neues sehen.

Glaubst du an einen Sinn im Leben? Unser Leben hat einen Sinn, wenn wir ihm einen Sinn geben. Und es ist auf jeden Fall sinnvoller, wenn wir unser Leben mehr mit Liebe verbringen können als mit Hass. Ich möchte endlich anfangen, mich selbst zu lieben, aber ich bekomme es leider noch nicht hin – daran arbeite ich noch. Und ich muss mich öffnen, um andere Menschen lieben zu können, das fällt mir sehr schwer. Mein großer Glaubenssatz ist: Vertraue niemandem, erwarte nichts. Ich würde das gerne auflösen, aber ich trage diesen Satz seit meiner Kindheit mit mir rum.

Welchen Sinn hast du deinem Leben gegeben? Besonders dann, wenn ich tagelang nur zu Hause in meinem Zimmer bin, fühle ich mich richtig sinnlos. Der Sinn ist, etwas zu tun und andere Menschen zum Machen zu bringen. Ich habe gerade ein Projekt mit meinen Freunden gestartet – sie sind alle ähnlich chaotisch wie ich – bei dem wir gemeinsam jeweils das Zimmer von einem von uns aufräumen. Das verbindet, und es fühlt sich für mich sinnvoll an, wenn ich anderen helfen kann.

Dazu passt ja dein momentaner Job im Pflegedienst. Davor hast du aber eine Theaterausbildung gemacht – was bedeutet dir das Theater? Ich liebe es einfach. Es ist ein Ort, an dem man sich verlieren kann. Die Kunst bringt mich immer wieder zum Lachen, egal wie schlecht es mir geht. Obwohl ich das Theater immer geliebt habe, durfte ich früher nicht mitmachen – meine Eltern haben es nicht erlaubt, weil ich ein Mädchen bin. Als Kind war ich einmal mit der Schulklasse in einer Theateraufführung und das war für mich damals unglaublich – alles war glitzernd. Einige Kinder wurden auf die Bühne geholt und ich weiß noch, wie toll ich es fand, dort oben zu stehen, und – das hört sich vielleicht blöd an – auch Aufmerksamkeit zu bekommen. Seither habe ich das Theater immer romantisiert. Es ist ein Ort, an dem man einfach sein kann, was man will.

TIM RAUE

Sternekoch

Tim Raue gehört zu den bekanntesten und höchstdekorierten Sterneköchen Deutschlands – das nach ihm benannte Restaurant in Berlin-Kreuzberg hat aktuell zwei Michelin Sterne und 19,5 Gault-Millau-Punkte. Zudem ist es eine der wenigen deutschen Adressen in der Liste der ›The World's 50 Best Restaurants‹. In Kreuzberg ist er auch aufgewachsen, allerdings unter ganz anderen Bedingungen: Sein Vater misshandelte ihn, er war Mitglied der Straßengang ›36 Boys‹. Seine Kochlehre veränderte sein Leben: Im Alter von nur 23 wurde er Küchenchef und heute sieht man ihn in TV-Formaten wie ›Kitchen Impossible‹ oder ›The Taste‹ – internationale Aufmerksamkeit bekam er durch seine Folge bei der Netflix-Show ›Chef's Table‹. Wir treffen Tim Raue in seinem Büro, gleich neben dem Sternelokal. Und obwohl sein Kalender wie immer voll ist, nimmt er sich zwei Stunden für das Gespräch, in dem er – auch wie immer – kein Blatt vor den Mund nimmt.

Könnten Sie einen Moment in Ihrem Leben benennen, der sich besonders sinnvoll angefühlt hat?

Als wir den Verein ›Kiez-Perspektiven & Chancen‹ für Jugendliche aus Kreuzberg gegründet haben – ich bin ja selbst hier in sehr einfachen Verhältnissen aufgewachsen. Mir ist aber hängen geblieben: Du kannst es schaffen, wenn du etwas leistest. Es geht nicht darum, wie du aussiehst oder wo du herkommst – das möchte ich nun weitergeben. Und ein sehr sinnvoller Moment für meine eigene Entwicklung war auf jeden Fall, als ich beschlossen habe, eine Therapie zu machen, um meinen Umgang mit meinem Umfeld zu reflektieren und ein besserer Mensch zu werden. Ich musste lernen, dass für keinen im Lokal der eine von 900 Tellern, die wir in vier Stunden anrichten, die Welt bedeutet. Nur für mich, denn für mich kann die Welt zusammenbrechen, wenn etwas damit nicht stimmt. Das war eine der härtesten Aufgaben überhaupt, in den Spiegel zu gucken und mir sehr ehrlich einzugestehen, wo meine Schwächen liegen.

Sie sind wahnsinnig ehrgeizig und perfektionistisch. In Ihrer Jugend sind Sie früh auf die schiefe Bahn geraten. Hätten Sie in Ihrer kriminellen Laufbahn denselben Ehrgeiz entwickelt wie in der Küche? Ich denke schon, denn mein Ehrgeiz war schon sehr früh vorhanden. Er ist entstanden, weil mein Vater mich als Kind verprügelt und seinen Frust an mir ausgelassen hat. Bis dahin hatte ich zwar auch keine einfache Kindheit, aber ich war ein netter Kerl. Durch die Misshandlung von meinem Vater wurde ich bösartig, zum Täter. Er hat mich geschlagen, bis ich bewusstlos wurde oder innere Verletzungen hatte –, dabei habe ich aber nie Angst gefühlt, sondern immer nur Demütigung. Und diese Demütigung ist etwas ganz Mieses, weil die sich umkehrt in Aggression, in rasende Wut. Also habe ich mich gewehrt, wollte zerstören und gewinnen um jeden Preis. Schon als kleiner Junge bin ich beim Fußball so lange gerannt, bis ich umgefallen bin. Ich muss mich heute noch eher bremsen als motivieren.

Das ist in Ihrem Job wahrscheinlich auch gut. Würden Sie sagen, die Arbeit ist Ihr Sinn im Leben? Früher noch war mein Sinn des Lebens auf jeden Fall zu arbeiten, zu performen und andere glücklich zu machen. Kochen ist ein sehr sozialer Job, weil es darum geht, etwas für andere zu machen – und es ist ein Job, in dem man viel von sich hergeben muss. Ein guter Koch oder eine gute Köchin bist du nur, wenn du das von Herzen machst – du musst wirklich mit Hingabe hobeln statt den Trüffel abzuwiegen! Ich musste allerdings lernen, dass der Applaus nicht das Wichtigste sein darf, was dich antreibt. Früher wollte ich um jeden Preis gefallen – heute koche ich nur noch, wie ich möchte. Deshalb ist es auch okay, dass der dritte Stern niemals kommen wird.

Die Franzosen möchten Balance im Essen und ich will Süße, Säure, Schärfe, Spaß. Damit kann ich leben.

Was ist denn Ihr Sinn des Lebens, wenn es nicht die Arbeit ist? Mittlerweile ist es tatsächlich Zeit. Die größte Kostbarkeit ist es, Zeit genießen zu können. Ich habe letztes Jahr angefangen, mir das selbst beizubringen. Ich setze mich mit meinen drei besten Freunden in ein Straßencafé, wir bestellen Kaffee oder ein Gläschen Champagner und gucken. Für mich erfüllt das einen unglaublichen Sinn, dieses Sitzen und Das-Leben-vorbeiziehen-Lassen. Ich kann einfach sein, mich zurückziehen und muss mir in dem Moment nichts beweisen.

Mit 41 gab es einen großen Wendepunkt für Sie. Was ist passiert? Meine damalige Frau und ich haben uns getrennt – wir waren zusammen seit unserer Jugend und haben alles miteinander aufgebaut. Aber ich habe den Job immer vorne angestellt, um die Schulden abzuarbeiten. Denn wenn du aus der Scheiße kommst, dann willst du dahin nie wieder zurück. Durch den hohen Druck habe ich mich selbst und meine Bedürfnisse komplett vergessen, genauso wie die Menschen um mich herum. Die Trennung war ein wichtiger Einschnitt, der mir die Augen geöffnet hat – mir wurde klar: So möchte ich nicht weiterleben!

Gab es auch mal einen Moment in Ihrem Leben, in dem Sie ernsthaft am Sinn des Lebens gezweifelt haben? Es gab als Kind einmal den Moment, in dem ich nicht mehr konnte. Ich stand auf einem Strommasten und wollte springen – es gab kein Zuhause, keine Liebe, keine Zuneigung, gar nichts mehr. Und da habe ich mich gefragt: Warum bin ich überhaupt hier? Zum Glück hat mich ein Bauer da runtergeholt.

Danach habe ich nie mehr am Sinn, allerdings immer wieder an meiner Bestimmung gezweifelt. Also daran, was mein Wert für andere ist? Und viel wichtiger: Für mich selbst? Ich habe lange in meinem Leben nur versucht zu funktionieren und zu überleben, aber nicht zu genießen – Ruhe zu finden, das ist bis heute schwierig für mich. Ich bin ein absoluter Kontrollfreak, meine Uhren laufen alle fünf Minuten im Voraus.

Findet Ihr Leben im Moment statt oder spielen die Vergangenheit und die Zukunft auch eine Rolle? Ich lebe immer im Hier und Jetzt, aber die Vergangenheit ist für mich die Basis dafür. Die Vergangenheit prägt dich und sagt, wer du bist. Aber das bedeutet nicht, dass du nicht heute sofort etwas ändern kannst. Jeder Tag beeinflusst dein Leben neu, ich kann mir jeden Morgen vornehmen: »Heute bin ich nett« oder »Heute schaffe ich das«. Oder in meinem Fall: »Heute sage ich zwei Termine ab, sonst kriege ich nicht alles geregelt.« Ich habe keine Assistentin oder keinen Assistenten, der meinen Kalender betreut, sondern ich entscheide, wann ich wo bin. Das ist tatsächlich mein größter Luxus.

Und außer dieser Freiheit – was macht Sie glücklich? Am glücklichsten bin ich in den kleinen Momenten, in denen ich mich entspannen kann und nicht im Fokus stehen muss – ich bin als Tim Raue zwar sehr nach außen gehend, aber der private Tim ist eher schüchtern. Ich hätte meine zweite Frau niemals angesprochen. Für mich ist das eine unfassbare Überwindung, ich möchte nicht in die Privatsphäre von jemandem eindringen. Das finde ich absolut ungehörig.

Also schüchtern erlebt man Sie in der Küche nun nicht. Bei der Arbeit bin ich direkt. Das Problem ist, dass ich anscheinend von Natur aus einen sehr intensiven, eindringlichen Blick habe, wenn mir etwas nicht passt. Aber das meint nicht, dass ich wirklich jemanden umbringen möchte – auch wenn der Eindruck entstehen könnte (lacht). Genauso wie ich mich freue, kann ich mich eben auch ärgern.

Gibt's einen Ratschlag, den Sie für sich selbst gerne früher erhalten hätten – vielleicht auch in Bezug auf die toughe Arbeit in der Küche? Dass es elementar im Leben ist, widerstandsfähig zu sein und Willensstärke zu haben. Dass nichts gleich beim ersten Versuch klappt – man muss also hartnäckig bleiben. Dass Leidenschaft auch bedeutet, dass da Leiden geschaffen werden – wie der dumme Spruch

AUF DER SUCHE NACH DEM SINN

>> *Es ist wichtig, dass du dir selbst treu bist.
Es geht nicht darum, wie dich jemand findet, sondern
nur darum, ob du damit glücklich bist.*«

»Qualität kommt von quälen«. Manchmal muss man sich tatsächlich quälen, um dorthin zu kommen, wo man hin möchte. Am Anfang meiner Karriere konnte ich zum Beispiel nicht schneiden. Also habe ich zwei Jahre lang jede Nacht abends zu Hause gesessen und Karotten, Fenchel, Zwiebeln kleingehackt, bis ich es konnte.

Ist das auch der Ratschlag, den Sie heute selbst gerne weitergeben? Ich sage immer, es ist wichtig, dass du dir selbst treu bist. Aber das erste und viel wichtigere ist, dass du weißt, wer du bist. Es geht nicht darum, wie dich jemand findet, sondern nur darum, ob *du* damit glücklich bist. Die meisten Menschen, die ich kenne, sind leider unglücklich mit sich selbst. Das Problem ist nur, man strahlt diese Unzufriedenheit aus. Ich sehe das den Menschen an: Wenn sich bei uns jemand im Restaurant beschwert, dann weiß ich, ob das daran liegt, dass der Fisch tatsächlich nicht perfekt gegart ist, oder ob es an der Person selbst liegt.

Also geht es darum, mit sich im Reinen zu sein – was haben Sie sonst über das Leben gelernt? Alles! Die Schönheit, die bösen Abgründe – ich habe alles gesehen. Es ist noch gar nicht so lange her, vielleicht zwei Jahre, da war der Moment, in dem ich wusste: Wenn ich heute sterbe, wäre es okay. Ich habe jeden Ort gesehen, den ich sehen wollte. Ich habe jeden Wein getrunken, den ich probieren wollte.

Ich besitze alles, was ich haben wollte. Was jetzt noch kommt, ist nur noch ein Extra. Deshalb kann ich seither eine gewisse Gelassenheit haben in Hinblick auf meinen Tod.

Was glauben Sie denn, was nach dem Tod mit uns passiert? Sind Sie gläubig? Wir können ja das Leben an sich schon nicht erklären – wie aus einer Million Spermien sich eines durchsetzt, wie die Seele entsteht und der Charakter. Ich hab mich mit Religionen ein bisschen beschäftigt, der Buddhismus ist mir noch am nächsten. Da geht's darum, wie gut du heute in der Welt mit anderen umgehst, und das gibt dir eine Möglichkeit in der nächsten Welt.

Zum Schluss: Was möchten Sie denn einmal hinterlassen? Für mich persönlich die schwierigste Frage. Ich werde keine Kinder haben, das geht nicht. Das hat mich eigentlich nie so richtig bedrückt, bis ich diese Uhren-Werbung gesehen habe: »Man besitzt eine Patek Philippe nicht, man bewahrt sie für die nächste Generation auf.« Jedes Mal, wenn ich das lese, denke ich: »Fuck, es wäre schon schön, etwas weitergeben zu können.« Natürlich hinterlasse ich trotzdem etwas. Es gibt Menschen, die mit mir Zeit verbracht, gearbeitet haben, die ich inspiriert habe, abgeschreckt habe (lacht). Wenn ich tot bin, verschwinde ich also nicht, es ist dann nicht so, als wäre ich nie da gewesen. Obwohl es auf der anderen Seite auch völlig wurscht ist, ob ich da war oder nicht.

PETAR BJELAJAC

Krankenpfleger

Petar Bjelajac ist erst vor wenigen Jahren nach Deutschland gezogen, um in der Pflege zu arbeiten. In seinem Heimatland Bosnien verdient man gerade einmal einen Bruchteil des Gehalts, das in Deutschland immer wieder in der Kritik steht. Neben seinem Vollzeitjob lernt Petar gerade für die Prüfungen zum Krankenpfleger, denn seine Ausbildung wird in Deutschland nicht anerkannt. Petar fühlte sich alleine in Bosnien, nachdem seine Mutter starb, als er gerade einmal zwanzig war. In Deutschland hat er seinen Vater, der seit vierzig Jahren hier lebt, sowie seine Frau – erst diesen Sommer haben die beiden geheiratet. Der junge Mann erzählt von der schwierigen Zeit, nachdem er seine Mutter verloren hatte, von seinem Beruf, der ihm ans Herz gewachsen ist, und darüber, warum Ziele für ihn das Wichtigste sind.

In der Pflege zu arbeiten, Menschen zu helfen ist ein sehr sinnvoller Job. Hast du das Gefühl, dass dir dein Job Sinn gibt? Oh ja, oft merkt man aber auch erst danach, wie sinnvoll es war zu helfen. Im Moment arbeite ich in der Psychiatrie. Wenn man dort sieht, in welchem Zustand manche Patienten ankommen, kann man sich kaum vorstellen, dass es ihnen irgendwann wieder gut gehen wird. Und dann trifft man sie Monate später vor dem Krankenhaus auf dem Weg zur Arbeit – und sie sind wieder stabil. Wir hatten auf der Station zum Beispiel einen kleinen Jungen mit der Diagnose Bulimie. Bevor er entlassen wurde, wollte er, dass ich ihm zum Andenken etwas schreibe und ihn zur Verabschiedung in den Arm nehme. In solchen Momenten weiß ich dann, wie wichtig ich auch für meine Patienten bin. Man kann natürlich nicht immer helfen, aber man kann zumindest Schmerzen lindern – und das finde ich schon sehr sinnvoll.

Hast du das Gefühl, dass du das Leben dank deiner Arbeit mehr wertschätzt? Auf jeden Fall – ich schätze meine Gesundheit sehr. Auf unsere Station kommen viele ältere Leute mit Demenz, es gibt aber auch immer mehr Patienten mit Depressionen, manche haben schon Suizidversuche hinter sich. Dabei merke ich immer wieder: Ich brauche nicht so viel, ich bin zufrieden, wenn es mir und meiner Familie, meinen Freunden, meiner Frau gut geht. Und dabei hilft mir auch die Religion.

An was glaubst du? Ich bin auf meine eigene Art religiös, ich gehe nur hin und wieder zur Kirche. An Weihnachten war ich zum ersten Mal in einer evangelischen Kirche, das war mit meiner Frau. Sie ist evangelisch, ich bin orthodox. Es ist schön, wenn jemand an etwas glaubt – egal, welche Religion das ist. Ich habe

viel mit Patienten zu tun, die auch gläubig sind, und das hilft ihnen. Manche fragen mich auch, ob ich für sie beten kann.

Du hast als Krankenpfleger täglich mit Krankheit oder dem Tod zu tun. Schwindet so die Angst – gewöhnt man sich ans Sterben? Ich glaube schon. Als Krankenpfleger hat man natürlich auch immer wieder mit toten Menschen Kontakt – muss sie waschen oder transportieren. Ich persönlich habe keine Angst vor dem Tod. Obwohl ich erst Anfang dreißig bin, habe ich mir schon viele Gedanken darüber gemacht. Ich habe zwar noch keine Patientenverfügung für mich, aber der Organspendeausweis liegt schon bei mir zu Hause – das möchte ich unbedingt machen!

Dann weißt du ja schon mal, was nach dem Tod mit deinem Körper passiert. Und was ist mit dem Rest – deiner Seele, deinem Geist – wie auch immer man es nennen möchte? Ich glaube, dass wir an einen guten Ort gehen. Manche Religionen sagen, es gibt Himmel und Hölle. Ich habe vor ein paar Tagen ein interessantes Interview mit einem Rabbi gehört – er hat über das »Level zwei« gesprochen. So nannte er das Leben nach dem Tod, das fand ich gut. Ich wusste nicht, dass man im Judentum nicht an einen bösen Teufel glaubt wie im Christentum. Auf jeden Fall fände ich es wichtig, dass ich noch all das machen kann, was ich mir vorgenommen habe, bevor ich sterbe: ein Haus bauen, eine Familie gründen, meine Ziele erreichen.

Zum Thema Familiengründung: Glaubst du, dass Kinder dem Leben noch mal einen neuen Sinn geben können? Einen Sinn haben wir immer, aber wenn du Kinder bekommst, ist das wie ein Plus. Aber unterm Strich – ob Kinder oder

PETAR BJELAJAC

»*Ich bin nicht so sentimental, dass ich Kinder bräuchte, damit etwas von mir überdauert, wenn ich gehe. Ich muss nicht unbedingt in Erinnerung bleiben.*«

nicht – ist es viel wichtiger, dass du weißt, was du im Leben gut gemacht hast. Ich bin nicht so sentimental, dass ich Kinder bräuchte, damit etwas von mir überdauert, wenn ich gehe. Ich muss nicht unbedingt in Erinnerung bleiben.

Wenn es für dich nicht zwingend Nachwuchs ist – was ist dann deine Antwort auf die Frage nach dem Sinn des Lebens? Das ist echt eine schwierige und philosophische Frage. Für mich zählt eigentlich nur, dass alles, was ich gemacht habe, sich in eine positive Richtung entwickelt hat. Und ein Ziel ist wichtig. Egal, ob man es erreichen kann oder nicht – aber dass man es überhaupt hat.

Ein Ziel von dir war für deinen Job nach Deutschland zu ziehen. Warum wolltest du weg aus Bosnien? Es gab verschiedene Gründe. Meine Mutter ist gestorben, als ich zwanzig war – danach habe ich allein auf unserem Bauernhof in Bosnien gelebt. Viele von meinen Freunden sind weggezogen, in die nächste große Stadt – ich war also alleine. Zudem hat das Geld nicht gereicht. Es war eigentlich egal, ob ich arbeiten gegangen bin oder nicht, ich war immer auf null. In Deutschland verdiene ich viel mehr, auch wenn ich dafür noch einmal zwei Jahre Ausbildung machen muss.

Du hast einiges hinter dir. Hast du denn auch mal am Sinn des Lebens gezweifelt? Ja, nachdem meine Mutter gestorben war – das war schwierig für mich. Ich habe viel nachgedacht. Die Religion hat mir auch hier sehr geholfen. Ich habe zwar gewusst, dass das passieren wird, aber egal, ob du gut vorbereitet bist oder nicht, es ist immer hart, wenn jemand stirbt, den du liebst. Ich habe mich damals sehr einsam in Bosnien gefühlt – mein Vater und der Rest meiner Familie waren weit weg. Aber es war eine gute Übung für schwere Zeiten.

Was würdest du rückblickend sagen, was du bisher über das Leben gelernt hast? Du brauchst viel Glück – gute Noten allein bedeuten erst mal nichts. Aber ich habe auch gelernt, dass man es immer weiterversuchen muss! Und für wichtige Entscheidungen sollte man sich Zeit nehmen. Ich denke über große Dinge immer einige Nächte nach, denn ich will die Entscheidung auf keinen Fall bereuen. Also zusammengefasst: Viel versuchen und viel nachdenken!

Gibt es trotzdem eine Entscheidung, die du bereust? Es gibt sicherlich einige. Aber in diesem Moment, in dem ich die Entscheidung treffe, war sie immer richtig. Vielleicht war es eine Situation, in der ich so reagieren musste. In der ich vielleicht ängstlich war – Angst ist eine große Bremse. Früher hatte ich so viele Ängste: Wie reagieren meine Eltern?

> »Die Vergangenheit ist gut, um zu lernen und für die
> Erfahrung – sie ist wie Statistik. Wer eine gute Lösung sucht,
> findet sie vielleicht in der Vergangenheit.«

Mache ich meine Sache gut? Wie fällt das Urteil der anderen aus? Aber dann, in dieser Zeit, als meine Mutter gestorben ist, bin ich ein bisschen mehr zum Mann geworden.

Nun haben wir viel über die Vergangenheit gesprochen. Was denkst du denn über die Gegenwart und die Zukunft? Die Vergangenheit ist gut, um aus ihr zu lernen, und für Erfahrungswerte – sie ist wie Statistik. Wer eine gute Lösung sucht, findet sie vielleicht in der Vergangenheit, manchmal wiederholt sich etwas. Aber ich bin immer für die Zukunft – ein Ziel haben und nach vorne schauen. Versuchen, sich zu verbessern.

Bei welcher Tätigkeit kannst du dagegen total im Hier und Jetzt sein? Beim Basketball verliere ich das Zeitgefühl. Leider habe ich wegen der Arbeit und dem ganzen Papierkram gerade nicht so viel Zeit dafür. Aber draußen in Bewegung zu sein ist immer gut. Genauso wie Leute zu treffen. Ich habe noch viele alte Freunde, die in Serbien, Slowenien oder in Bosnien wohnen. Wir hören uns nicht oft, mit vielen habe ich sicherlich drei Monate nicht gesprochen. Aber ich weiß, wenn wir uns alle in einem halben Jahr wiedersehen, ist es wie immer. Das ist für mich Freundschaft.

Freundschaften sind essenziell. Worauf könntest du auf der anderen Seite gut verzichten? Auf E-Mails, Instagram, Facebook. Ich kann wunderbar ohne Social Media leben. Das Internet ist natürlich praktisch – ich lese gerne online Zeitungen – aber die sozialen Netzwerke brauche ich alle nicht. Ich hasse auch Mails! Wenn ich sehe, dass ich nur eine Werbemail bekommen habe, bin ich erleichtert. Denn hinter jeder Mail steckt ein To do.

Wann fühlst du dich frei? Sobald ich nichts machen muss, einen Urlaubstag habe. Ich fühle mich aber auch schon frei, wenn meine Frau am Abend sagt: »Heute koche ich!« Ich weiß, dass Verantwortung wichtig ist, aber so richtig frei ist man nun einmal erst, wenn alles erledigt ist.

NARIMAN HAMMOUTI

Soldatin

Nariman Hammouti wuchs als Kind marokkanischer Eltern in Deutschland auf. 2005 entschied sie sich dazu, zur Bundeswehr zu gehen. Heute trägt sie den Dienstgrad Oberleutnant zur See und ist Vorsitzende des Vereins ›Deutscher.Soldat e.V.‹ Nariman hat zwei Auslandseinsätze in Afghanistan hinter sich. Ein paar Tage nach unserem Interview fliegt sie für sechs Monate als UN-Militärbeobachterin in den Südsudan. Bei unserem digitalen Gespräch spricht sie über ihre Angst und darüber, was noch nicht so gut läuft bei der Bundeswehr – wie schon in ihrem Buch ›Ich diene Deutschland‹. Nariman ist offen, weint und lacht im Gespräch und ich habe das Gefühl, ich kann alle Fragen stellen, die ich zur Bundeswehr habe – zum Krieg, zum Tod und wie man zwischen all dem einen Sinn in diesem Job findet.

Würdest du sagen, die Entscheidung zur Bundeswehr zu gehen, hat deinem Leben einen neuen Sinn gegeben? Auf jeden Fall, ich habe dadurch eine neue Richtung bekommen, die mir zuvor gefehlt hat. Mit Anfang zwanzig habe ich im Callcenter gearbeitet und wusste nicht so recht wohin mit meinem Leben. Ich hatte kein Ziel. Das war natürlich nicht die große Erfüllung – klar, ich habe ein bisschen Geld verdient, aber einen großen Sinn gab mir dieser Job nicht. Das klingt vielleicht blöd, aber als ich mit meiner WG damals den Film ›Pearl Harbor‹ im Kino gesehen hatte, war ich total angefixt von dieser Kameradschaft, dem Stolz, und diesem Für-sein-Land-Einstehen – das können die Amerikaner ja gut transportieren (lacht). So kam ich zur Bundeswehr und dort habe ich schnell gemerkt: Ich kann etwas verändern und einen Beitrag leisten, der wichtig ist.

NARIMAN HAMMOUTI

Inwiefern hast du dich selbst denn verändert? Gibt es etwas, was dir früher einmal wichtig war und heute ganz egal ist? Wie ich aussehe – das ist mir mittlerweile oft vollkommen egal. Ich war vor der Bundeswehr eine richtige Diva, bin morgens extra früher aufgestanden, um mich zu schminken. Alle paar Wochen saß ich im Nagelstudio und habe akkurat geplant, was ich am nächsten Tag anziehe. Ich hatte immer Absätze an. Heute schlafe ich morgens lieber länger und muss auch nicht mehr darüber nachdenken, was ich anziehe. Ich habe ja eine Uniform, das macht das Ganze ein bisschen leichter.

Was hat dir von Anfang an gefallen an deinem Job als Soldatin? Von der Grundausbildung an hatte ich das Gefühl dazuzugehören. Ich war dort nie anders oder »keine richtige Deutsche«.

Im Alltag hört man ja ständig solche rassistischen Sätze, bei der Bundeswehr nicht. Damals war es eher eine Besonderheit, dass ich eine Frau bin, denn Frauen waren erst seit vier Jahren im Dienst. Aber der Zusammenhalt in der Truppe war und ist heute immer noch einfach besonders. Man lernt sich kennen und weiß, man muss etwas gemeinsam schaffen. Und diese Momente habe ich in dem Beruf immer wieder, es ergeben sich tolle Freundschaften. Ich habe mit vielen Menschen zu tun, mit denen ich unter normalen Umständen niemals in Kontakt treten würde – und das bereichert mein Leben ungemein.

Was macht man eigentlich bei der Bundeswehr? Wer an Soldat:innen denkt, denkt sofort ans Kämpfen. Was oft vergessen wird: Wir helfen auch viel in anderen Ländern – ich gehe zum Beispiel jetzt als UN-Militärbeobachterin in den Südsudan. Bei einer UN-Friedensmission sind wir dem Frieden verschrieben, das ist auch der Slogan der UN: ›Dedicated to Peace‹. Und wenn wir dort stationiert werden, sind wir tatsächlich noch mal einer viel größeren Gefahr ausgesetzt – wir sind häufig alleine dort, ich bin bei meinem nächsten Einsatz die einzige Deutsche im Team. Im Ausland ist mein Geschlecht übrigens oft ein Vorteil, weil ich viel schneller Zugang zu den Frauen vor Ort finde, denen oft Schreckliches widerfahren ist. Die unterhalten sich natürlich lieber mit einer anderen Frau, egal ob ich eine Uniform trage oder nicht. Zudem spreche ich viele Sprachen, im Arabischen sogar zwölf Dialekte.

Gibt es einen Alltag, wenn du monatelang bei einem Auslandseinsatz bist? Irgendwann schleicht sich tatsächlich ein Alltag ein, aber immer mit der Gefahr, überfallen oder

> *»Der Zusammenhalt in der Truppe war und ist heute immer noch einfach besonders. Man weiß, man muss etwas gemeinsam schaffen. Und diese Momente habe ich in dem Beruf immer wieder, es ergeben sich tolle Freundschaften.«*

erschossen zu werden – eben weil man diese Uniform trägt. Es ist bei jedem Einsatz etwas anderes: Als ich mit der Marine auf See unterwegs war, hatte ich eher großes Heimweh, aber als ich das erste Mal nach Afghanistan geflogen bin – das war schon gruselig. Die Angst verschwindet auch nicht, man lernt nur in den Einsätzen, damit zu leben.

Weißt du noch, wie dein erster Auslandseinsatz war? Das vergisst man nicht. Obwohl man alles Theoretische in der Ausbildung davor lernt – sich verteidigen, ausweichen, schnell reagieren –, aber wie es dann vor Ort ist, wie alles aussieht, wie ist es dort riecht und sich anfühlt – darauf bereitet einen keiner vor. Also alle Sinne, die wir eben brauchen, um uns an so eine neue Situation zu gewöhnen. Bei meinem ersten Mal in Afghanistan hatte ich einen kompletten Overload an Eindrücken und weiß deshalb alles noch bis ins kleinste Detail. Wir sind nach Usbekistan in einer Luftwaffenmaschine geflogen – ich war davor noch nie in einem militärischen Flugzeug, das war schon mal krass. Nach der Landung konnten wir uns ausruhen, aber ich war so unter Strom, ich hab kein Auge zugetan. Am nächsten Tag ging es weiter mit einer Transall nach Kundus, da wusste ich: Jetzt geht's wirklich in den Krieg. Eine Transall verliert auch viel schneller an Höhe als ein normales Flugzeug – ein Schutzaspekt, damit man

unentdeckt bleibt. Mir war total schlecht nach der Landung. Es war staubig und heiß – und dann nimmt man seinen Helm ab und vor einem liegt die Berglandschaft des Hindukusch. Unsere Ankunft wurde gesichert und streng bewacht von Dutzenden Fahrzeugen und der Luftwaffe. Wir wurden direkt in ein gepanzertes Fahrzeug gepackt und zum Lager gefahren. Es waren so viele Eindrücke, ich war total überwältigt. Zudem wird man noch mit Informationen vollgepumpt, muss sich die ganze Zeit konzentrieren – ich war einfach nur müde. Im Lager angekommen, sind wir erst einmal etwas essen gegangen – in der Wand der Truppenküche klaffte das Einschussloch einer Rakete. Das machte die Angst in dem Moment natürlich nicht kleiner, ganz im Gegenteil. Bei so einem Einsatz ist man 24 Stunden im Arbeitsmodus. Die einzige Zeit, die man für sich hat, ist, wenn man abends im Bett mit seiner Stirnlampe ein Buch liest.

Warst du dort tatsächlich auch einmal in Lebensgefahr? Es gab einen Raketenangriff auf unser Lager in Afghanistan. Ein pfeifendes Geräusch, es knallte und ich spürte, wie mir Steine in den Rücken fielen. Und die aufkommende Panik – die fängt bei mir im großen Zeh an und geht dann in den Rücken hoch. Ich dachte nur: »Ruhig bleiben!« Das hört sich jetzt, wenn ich es erzähle, sehr lange an, aber das waren tatsächlich nur Bruchteile von Sekunden.

Ich schaute mich nach den anderen um, hab dann noch eine Kameradin mitgeschleift, die komplett erstarrt war, und gedacht: »Wo ist der Schutzbau, wo muss ich langlaufen? RENN!« Und ein paar Meter weiter von dort, wo wir gerade noch gestanden hatten, schlug eine Rakete ein. Da wusste ich: »Jetzt ist es ernst, jetzt bin ich angekommen.« Auch wenn wir das unzählige Male geübt hatten, war mir bis dahin nicht klar, wie sich eine Rakete anhört. Aber danach wusste ich, wie der Krieg klingt.

Warum würdest du überhaupt dein Leben für Deutschland opfern? Für mich ist Einigkeit und Recht und Freiheit nicht nur eine Nationalhymne, sondern ein Lebenscredo. Ich bin glücklich darüber, dass ich in Deutschland lebe und ich möchte meine Heimat beschützen. Und wenn das heißt, dass ich mein Leben im Notfall dafür geben muss, dann mach ich das.

So einer Gefahr ausgesetzt zu sein, ändert das auch den Blick aufs Leben? Oh ja! Du weißt, wie gut es dir geht, wenn du gesund zurückkommst. Und diese Angst, es nicht wieder nach Hause zu schaffen, die ist jedes Mal vorhanden. Immer.

Inwiefern hast du dich schon mit deinem eigenen Tod auseinandergesetzt? Das kommt in diesem Beruf ganz automatisch! Bevor man zu seinem ersten Auslandseinsatz fährt, muss man sein Begräbnis schriftlich festlegen – was bei mir schwierig war, weil immer noch keine muslimischen Bestattungen bei der Bundeswehr möglich sind, obwohl schon Tausende Muslime bei uns arbeiten. Ich musste meinem Chef also eine Art Bedienungsanleitung schreiben, wie er im Fall meines Todes mit mir umgehen soll und habe schon mal vorsichtshalber mein eigenes

Leichentuch gekauft. Dann geht man noch zum Fotografen, um ein Grabfoto zu schießen. Das sind die Fotos, die vor den Särgen getragen werden bei der Trauerfeier.

Welche Beziehung hast du heute zum Tod? Früher dachte ich mir noch, dass ich gar nicht so steinalt werden möchte – das hat sich durch meine Nichten und Neffen verändert. Ich will noch so viel wie möglich von ihnen mitbekommen. Toll finde ich den Tod auch heute natürlich nicht, aber ich habe ihn akzeptiert. In Afghanistan war das noch nicht so – aber heute weiß ich, dass man für solche Einsätze die Möglichkeit zu sterben einkalkulieren muss.

Was glaubst du denn, was nach dem Tod mit uns passiert? Ich glaube, dass es etwas nach dem Tod gibt. Dazu trägt natürlich auch meine religiöse Erziehung bei. Und ich glaube, dass unsere Taten im Jetzt unser Dasein nach dem Tod bestimmen. Vielleicht ist es auch das, was mich ein bisschen aufrechterhält, mich dazu bringt zu versuchen, ein guter Mensch zu sein – auch wenn mir das natürlich nicht immer gelingt: Damit das, was nach dem Tod passiert, garantiert schön ist.

An was glaubst du? Gehörst du einer Religion an? Ich bin Muslima, ich glaube an Gott und an das Gute im Menschen. Das erkennt man auch besonders in Kindern: Wenn die zusammen im Sandkasten spielen, sind Hautfarbe, Herkunft, sexuelle Orientierung oder Religion vollkommen egal. All die Vorurteile bekommt man erst im Laufe des Lebens mit. Das erschreckt mich – ich möchte, dass wir einfach nur den Menschen sehen. Deshalb plädiere ich auch bei Soldaten dafür, dass man nicht vergisst, wer sich unter der Uniform befindet: ein Mensch, der Tochter oder Sohn

Welche Beziehung hast
du zum Tod?

»Früher dachte ich mir noch, dass
ich gar nicht so steinalt werden
möchte – das hat sich durch meine
Nichten und Neffen verändert.
Ich will noch so viel wie möglich
von ihnen mitbekommen.
Toll finde ich den Tod auch heute
natürlich nicht, aber ich habe
ihn akzeptiert.«

»*Ich musste meinem Chef eine Art Bedienungsanleitung schreiben, wie er im Fall meines Todes mit mir umgehen soll und habe schon mal vorsichtshalber mein eigenes Leichentuch gekauft.*«

ist, Vater oder Mutter, Schwester oder Bruder, beste Freundin oder bester Freund.

Wahrscheinlich freust du dich schon sehr darauf, all deine Liebsten wieder in die Arme zu schließen. Wann bist du sonst noch glücklich? Ich war glücklich, als ich das erste Mal zum Integrationsgipfel der Bundeskanzlerin eingeladen war und dann auf einmal neben ihr sitzen durfte. Oder als ich den Anruf bekommen habe, dass ich den nächsten Bundespräsidenten mitwählen darf. Aber du hast recht, ich bin auch einfach glücklich, wenn ich im Sommer bei schönem Wetter mit meinen Freundinnen oder meiner Familie auf dem Balkon sitzen und einfach nur im Moment sein kann. Das habe ich auch über das Leben gelernt: Dass es auf die kleinen Sachen ankommt – mit seinen Liebsten zusammensitzen oder seiner Nichte beim Rutschen zugucken.

Wann fühlt sich dein Leben noch sinnerfüllt an? Wenn ich mich engagiere – zum Beispiel im Verein ›Deutscher.Soldat e.V.‹ oder intern in der Bundeswehr für die Belange von Muslimen und weiblichen Soldatinnen. Ganz konkret fällt mir noch eine Situation in einem Waisenhaus in Afghanistan ein. Dort habe ich eine Frau getroffen, die Bücher brauchte, um den Kindern lesen beizubringen. Sie konnte es aber selbst nicht. Also bin ich mit ihr ein Buch durchgegangen und habe ihr alle Buch-

staben auf eine Musikkassette aufgenommen. Tatsächlich war ich ein paar Jahre später wieder in Kundus. Ich habe sie getroffen und sie sagte zu mir: »Ich kann jetzt lesen und schreiben!« Das sind vielleicht nur kleine Veränderungen, aber mir gibt das viel.

Was ist für dich persönlich der Sinn des Lebens? Dazu beizutragen, dass unsere Welt besser wird. Dass unser Land besser wird, dass Rassismus weniger wird. Ich wünsche mir, dass meine Nichten und Neffen in einem Land aufwachsen, in dem sie nicht mehr ständig gefragt werden: »Woher kommst du?« Ich habe so viele Privilegien, dann kann ich mich wenigstens für eine bessere Zukunft einsetzen.

Die Fragen

Ich habe in den Interviews viele spannende
Fragen gestellt. Die Gespräche gingen meist
lange, nur ein Bruchteil der Fragen hat es ins
Buch geschafft. Daher kommt hier noch einmal
eine Auswahl der meistgestellten Fragen,
die dabei helfen können, dem Sinn des Lebens
etwas näherzukommen.

Wann bin ich glücklich?
Was habe ich über das Leben gelernt?
Worauf kann ich gut verzichten?
Wann fühle ich mich lebendig?
Was war mir früher einmal wichtig,
das mir heute egal ist?

Welchen Ratschlag gebe ich
gerne weiter?
Welchen Ratschlag hätte ich für mich
selbst gerne früher erhalten?

Was ist für mich der Sinn des Lebens?
Könnte ich einen Moment in meinem
Leben benennen, der sich besonders
sinnvoll angefühlt hat?
Habe ich auch einmal am Sinn des
Lebens gezweifelt?
Erkennt man den Sinn des Lebens vor
allem in seinen Krisen?
Was gibt mir Kraft weiterzumachen,
wenn alles bedeutungslos erscheint?

Ist der Sinn des Lebens etwas Indi-
viduelles oder gibt es einen
gemeinsamen für uns als Menschen?
Wie kann man Sinn finden,
wenn man noch auf der Suche ist?
Sicherheit versus Freiheit – was ist
mir wichtiger?
Wann fühle ich mich frei?

Welche Rolle spielt die Liebe, wenn es
um ein sinnerfülltes Leben geht?
Verleihen Kinder dem eigenen Leben
einen (neuen) Sinn?
Welche Rolle spielt die Verbindung
zu anderen Menschen bei der Sinn-
findung?

Lebe ich eher in der Zukunft, in der
Gegenwart oder in der Vergangenheit?
Wann denke ich eher über den
Sinn des Lebens nach: alleine oder in
Gesellschaft?
Bei welcher Tätigkeit verliere ich das
Zeitgefühl?

Welche Rolle spielt Religion bei der
Suche nach dem Sinn des Lebens?
Glaube ich an Gott? Oder daran, dass
ich eine Seele habe?
Ist der Mensch von Grund auf gut
oder schlecht?
Was glaube ich, was nach dem Tod mit
uns passiert?
Wie gehe ich mit meiner eigenen Sterb-
lichkeit um? Habe ich Angst davor?
Was möchte ich einmal hinterlassen?
Hätte unser Leben auch einen
Sinn, wenn wir unsterblich wären?

ANJA SCHAUBERGER

Die Autorin

Anja Schauberger hat bereits in ihrem autobio-
graphischen Debütroman über die Krebs-
erkrankung ihrer Mutter ihre einfühlsame Art
zu schreiben bewiesen. Seit über zehn
Jahren arbeitet sie außerdem als freie Journalistin – zu ihren Kunden zählten bereits
NEON, SZ-Magazin und Zeit Online. Im Moment
unterstützt sie die Redaktion von München
Tourismus mit Texten und Ideen, zuvor hatte sie
als Redaktionsleitung das Online-Stadt-
magazin ›Mit Vergnügen‹ in München aufgebaut. Ein roter Faden, der sich immer durch
ihre Arbeit zieht, ist die Freude an Begegnung
und Gesprächen mit Menschen.

SUSANNE SCHRAMKE

Die Fotografin

Susanne Schramke hat schon als Vierjährige die Kamera zu ihrem bevorzugten Kommunikationsinstrument erkoren. Die Momente, die sie festhält, erzählen Geschichten – von Mut, Stärke und Zuversicht, von Herausforderungen und Entscheidungen. Ihr Portfolio verbindet authentische Augenblicke mit visuellen Botschaften und umfasst alles, was Menschen in Bewegung bringt – vor der Haustür oder auf der anderen Seite der Welt.

Die Autorin und die Fotografin danken allen Interviewten und Porträtierten
für ihre Zeit, ihre zahlreichen wertvollen Gedanken, und dass sie sie
in ihrem Zuhause oder Garten empfangen haben. Dank geht außerdem an
das Bayerische Staatsballett München, das Volkstheater München, die
ESO Supernova, das Zoologische Museum Hamburg, die Werner-von-Siemens-
Schule Wiesbaden, den Bayerischen Landtag, die Ludwig-Maximilians-
Universität, die Buchhandlung ›She said‹ in Berlin, den Betriebshof Ost vom
AMW, das Caritas Altenheim St. Franziskus und die St. Maximilian Kirche
in München.

Deutsche Originalausgabe
Copyright © 2022 von dem Knesebeck GmbH & Co. Verlag KG, München
Ein Unternehmen der Média-Participations

Projektleitung und Redaktion: Anja Sommerfeld, Knesebeck Verlag
Gestaltung und Satz: Yannick Wolff, München
Fotolocation Cover: ESO Supernova
Herstellung: Arnold & Domnick, Leipzig
Druck: Graspo CZ, a. s.
Printed in Czech Republic

ISBN 978-3-95728-520-1
Alle Rechte vorbehalten, auch auszugsweise.
www.knesebeck-verlag.de

Hier gibt es Unterstützung und
Informationen zu in diesem Buch besprochenen Themen:

Unabhängige Patientenberatung: www.patientenberatung.de
Stiftung Gesundheitswissen: www.stiftung-gesundheitswissen.de
NAKOS: www.nakos.de
Freunde fürs Leben e. V.: frnd.de
Agentur für psychische Gesundheit: shitshow.de
Beratungsstellen der Diakonie,
Caritas, AWO oder Sozialpsychiatrischer Dienste

FSC
www.fsc.org
MIX
Paper from
responsible sources
FSC® C010798